KB058053

만인의 건축 만인의 도시

일러두기

1. 외국 인명과 지명은 한글맞춤법과 외래어표기법에 의해 표기하는 것을 원칙으로 했으나 일부는 건축계에서 통용되는 방식에 따랐다.
2. 성서에 나오는 인명과 지명은 1998년에 대한성서공회에서 펴낸 『개역개정판 성경』에 따라 표기했다.

만인의 건축
만인의 도시

김석철 지음

시공사

차례

Ⅲ 국내의 건축 · 도시 이야기

Ⅳ 푸른 태양: 나의 건축, 나의 도시

부록: 예술의전당에서 강남북 상징 가로로

천 년 건축을 빚는 르네상스맨, 김석철

김순덕(『동아일보』 논설위원)

모스크바에는 4월에도 눈이 내렸다. 1996년 『동아일보』에서 연중 특집으로 기획한 '천 년 건축'을 취재하러 나선 길이었다.

붉은 광장 아래쪽, 크렘린의 성벽과 굼 백화점 사이에 자리 잡은 성 바실리 사원은 거물급 신하를 거느린 소공자 같았다. 낮에 한참 일하고 저녁까지 먹은 뒤, 그 눈보라가 치는데 글쎄, 선생님은 밤의 성 바실리 사원을 보아야 한다는 것이었다. 나는 손을 내저었다. "추워요. 낮에 실컷 봤어요."

선생님은 빙그레 웃으며 혼자 나갔다. 그러고는 "모든 위대한 예술처럼 성 바실리 사원은 잠자는 우리의 영혼을 흔든다"고 우리 신문에 글을 써 주었다. …… 나는 그때 잠자고 있었다.

선생님은 그런 분이다. 2주일 동안 러시아, 체코, 영국, 인도, 중국을 돌면서 선생님은 나를 수시로 놀래 주었다.

가장 놀라운 것은 그 부지런함이다. 62학번, 내가 태어난 해에 대학을 들어간 분인데도 젊은 사람은 따라가지도 못할 만큼 빨리 걷는다. 깨어 있는 시간에는 도무지 잠시도 가만히 있지 않는다. 비행기를 타서도 좌석에 앉는 순간부터 원고를 쓰기 시작한다. 혼자 식당에 가면 음식이 나오는 동안에 벌써 원고를 쓰고 있다.

한번은 멍청하게 물어본 적이 있다.

“도대체 잠은 안 주무세요? 일하고, 책 쓰고, 책 읽고, 강의하고(그는 명지대학교 건축대학장을 맡고 있으면서 1년의 3분의 1은 뉴욕과 베네치아를 오가면서 컬럼비아 대학교와 베네치아 대학교에서 강의를 한다), 그걸 언제 다 하세요?”

선생님은 또 빙그레 웃었다. 하루 예닐곱 시간은 잔다며 이런 말을 했다.

“바쁜 사람은 되레 시간이 많아요. 어제도 시를 읽고 싶어서 책방에서 시집 사 와서 읽었어요. 바쁘지도 않은 사람이 시간 없다고 하는 거예요.”

더 놀라운 것은 끊이지 않는 호기심과 열정이다. 털털거리는 택시로 댓 시간 시달리며 인도의 타지마할을 보러 간 다음날 아침도 선생님은 여전히 산뜻했다. 새벽에 호텔 풀장에서 수영까지 했다는 거다.

“아니, 물을 보고 어떻게 수영을 안 해요? 생각 같아선 그냥 뛰어들고 싶었지만, 김 기자가 호텔 방에서 내려다보면 안 되겠다 싶어서 수영복사 입고 했지요.”

입맛처럼 애국적인 것도 없는 법이다. 하지만 선생님과 함께 다니면 늘 새롭고 이국적인 음식을 먹을 수 있다. 낯선 외국, 처음 간 식당에서도 가장 전통적이고도 전형적인 그 나라 요리를 주문한다. 선생님에게는 미각 체험도 새로운 것에 대한 열정의 소산이다. 지금도 잠들기 전에 다음날 할 일을 생각하면 가슴이 뛴다는 게 아닌가.

하지만 무엇보다 놀라운 것은 선생님의 박학다식함이다. 어떤 주제로 이야기를 시작해도 막힘이 없다. 그 풍부한 인문학적 지식, 예술에 대한 폭넓은 이해, 동서고금을 넘나드는 다양한 인용과 방대한 정보량, 숫자와 인명에 대한 섬세한 기억, 거기에 유머와 가슴에 남는 교훈까지! 선생님의 말을 듣다 보면, 그대로 받아써도 책이 되겠구나 싶을 정도다.

한마디로 선생님은 천재다. 천재는 천재이되, 모나거나 괴팍하거나 주변 사람을 불편하게 하는 천재가 아니라, 있는 그대로 빛을 내뿜는, 그래서 그 빛으로 사방을 깨우는 르네상스맨이다.

사실 '모나거나……', 이 대목에 대해서는 자신이 없다. 나는 기자이니까 좀 낫지만, 선생님과 일하는 사람은 거의 죽는다. 남들은 살벌한 성격이라고 한다. 급하고, 거칠고, 불같고, 위악적僞惡的이기도 하다. "내가 필요한 건 노예야!" 하고 말하는 걸 들은 적도 있다.

그러나 나는 영화 〈아마데우스〉에서 모차르트를 시기한 살리에리를 바보라고 생각하는 사람이다. 천재는 경쟁의 대상이 아니다. 천재는 인류에게 하늘이 내려준 선물이자 축복이다. 천재를 천재로 인정하고 그가 능력을 발휘하게끔 도와주는 것이 평범한 인간의 도리다.

타고난 부지런함과 건강(하루도 빠짐없이 술을 마시고도 거뜬할 정도. 한때 '간 박사' 김정룡 씨가 일주일간 마신 술의 양을 기록하라고 해서 해 본 적이 있는데, "보통 사람들에겐 치사량이지만 당신의 간은 멀쩡하다. 뇌보다 간이 더 좋은 것 같다"고 해서 웃은 적이 있단다), 끝없는 호기심과 열정, 어마어마한 독서량과 지식이 선생님에게는 모두 건축을 위한 것이다. 건축은 수많은 사람의 삶을 담고 있는 결정체인 것. 모든 학문을 섭렵하고, 모든 상황을 염두에 두고, 역사와 공존하고 자연과 교감하면서, 미래를 설계하는 것이 바로 건축이기 때문이다.

선생님은 아직도 꿈이 있다. 6백 년 고도古都 서울을 역사와 자연이 숨쉬는 도시로 만드는 것이다. 내가 알기로만 30년이 넘은 꿈인데, 그동안 아무리 외쳐도 실현되지 않은 건데, 아직도 포기하지 않는다. 도대체 왜 되지도 않는 일에 애쓰느냐고 물었더니 선생님은 단순명쾌하게 대답했다.

"돼야 하니까요. 또 될 거니까요."

가만히 따져 보면, 우리가 해외 관광을 가서 보고 사진 찍고 감동받아 오는 건 자연 아니면 건축물이다. 자연은 하느님이 만들었지만 건축물을 만든 건 인간이다. 이런 말을 해도 용서된다면, 이런 점에서 건축가는 하느님과 어깨를 나란히 할 만하다.

우리나라에 김석철이라는 건축가가 있어 나는 행복하다. 그가 천 년의 열정으로 빚은 예술의전당, 베니스 비엔날레 한국관, 제주 영화박물관, 그리고 앞으로 이루어질 '걷고 싶은 도시, 서울'을 아끼고 사랑하는 건 우리에게 주어진 몫이다.

16년 전에 『천년의 도시 천년의 건축』을 출간했다. 이 책은 위대한 건축과 도시 이야기다. 건축 서적으로는 드물게 인문 분야 베스트셀러가 되었으나 출판사 사정으로 절판되었다. 이후에 초판 2만 부를 찍은 『김석철의 세계건축기행』은 14쇄까지 찍었고 중국어로 번역되기도 했다. 『천년의 도시 천년의 건축』이 출간된 지 16년 만에 이후의 글을 더하여 『만인의 건축 만인의 도시』로 다시 펴낸다.

시민들이 건축과 도시의 내용을 알아야 한다. 위대한 건축과 도시를 통해 직접 얻는 것이 수많은 서책들에서 얻는 것보다 더 크다. 『로마제국 쇠망사』를 쓴 에드워드 기번Edward Gibbon은 자신의 아버지에게 쓴 편지에서, 자신이 포로 로마노에서 머문 일주일 동안 대영 도서관에서 20년 공부한 것보다 더 깊은 깨달음과 앎을 얻었다고 썼다. 건축과 도시를 통해서 참다운 인문의 세계를 알 수 있다. 건축과 도시에 대한 당대의 사상과 물상이 후대에 남아 전달되는 것이다. 우리 도시에 대한 무관심이 결국 삼류 문명의 건축과 도시를 만든다. 건축가와 도시 계획가의 일이 성직자와 같다고 말하는 것은, 그들의 일이 50년, 100년을 가기 때문이다.

개정판을 다시 내면서 건축과 도시에 대한 서울 시민의 무관심이 여전함을 느낀다. 이 책에 실린 글들인 「이상한 세 공공 건축」과 「예술의전당에서 강남북 상징 가로로」 등에서 우리가 우리 도시의 주인임을 알게 하고 싶었다.

100여 일간의 재편집 과정에는 시공사의 강혜진 편집자, 박지은 디자이너와 아키반의 김상하 실장, 박철준 연구원의 헌신적인 노력이 있었다.

이 책이 출간되는 2013년이면 예술의전당을 개관한 지 25년이 된다. 이 해가 아키반 건축도시연구원이 시작한 지 40년 되는 해이기도 하다. 1972년 아키반 창설 멤버인 고 이정근 박사, 김진균, 이상해 교수, 전, 현직 아키반 동료들과 평생의 반려 이향림에게 고마운 마음을 전한다.

2013년 2월

1967년 신문회관에서 첫 전시회를 할 때 〈아키반 선언〉을 발표했다. 그 후 39년 동안 쓴 글들을 여기 모았다. 『AQUAPOLIS』, 『A+U』, 『ANYPLACE』 등 건축 전문지에 실었던 글들은 성격이 달라 제외했다.

건축과 도시의 방법, 논리에 관한 글들은 고대부터 많았다. 『주례周禮』의 「고공기考工記」와 로마시대 비트루비우스가 쓴 『건축 10서建築 十書』에는 이미 건축과 도시에 대한 대부분의 원리가 기록되어 있다. 역사 이래로 건축과 도시는 전문 영역이 아닌 보편 영역의 일이었다. 우리 시대는 결국 건축과 도시로 역사에 남을 것이므로 우리 건축, 우리 도시에 모두가 참여해야 한다.

이 책이 나오기까지 많은 분으로부터 도움을 받았다. 「천 년 도시, 천 년 건축」은 『동아일보』의 홍찬식, 김순덕 논설위원, 오명철 해설위원과 1년 가까이 함께 다니며 쓴 글이다. 「해외의 건축·도시 이야기」는 포스트모던의 창시자인 로버트 벤츄리Robert Venturi 선생과 퐁피두 센터의 설계자인 리처드 로저스Richard Rogers에게서 많은 도움을 받았다. 그리고 박광성 해냄 출판사 주간의 2년여에 걸친 채근이 큰 힘이 되었다.

나이 오십이면 천명天命을 알 수 있는 나이이기도 하지만, 새롭게 다시 시작하기에도 좋은 나이이다. 이룬 일에 비해 그간 과분한 대접을 받았다. 그러나 이대로 머물기보다 더 큰 것으로 나아가고 싶다. 세상으로부터 배우는 일도 중요하지만 자신으로부터 다시 시작하는 일도 중요하다. 처음 건축을 시작할 때 한국 문명의 이름으로 역사에 남을 건축을 만들고자 욕심했다. 건축의 길로 들어선 지난 30년 동안 한 번도 편안한 빈 시간을 가져 보지 못했으나 이룬 것은 아직 미미하고 지난 시간을 돌이켜 보면 아쉬움이 더 크다. 작은 성취에 안주하지 않고 광야로 나가 처음 시작하던 때의 열정으로 20세기 한국 문명의 상형문자를 만들어 보려 한다. 그 출발을 위해 이 책이 조그만 밑돌이 될 수 있으면 큰 보람이겠다.

자고 일어나면 마음이 설렌다. 모든 분께 감사하며 새로운 시작을 다짐한다.

1997년 1월

I

천년 도시, 천년 건축

크노소스 궁전
예루살렘
이스탄불
경주
아시시
케임브리지
신열하일기
뉴욕, 시카고, 샌프란시스코

우리는 우리가 사는 도시에 대해서 많은 것을 알지 못한다. 추상적 앎의 단계가 있고 물상物象적 앎의 단계가 있는데, 우리는 아직 추상의 단계에 머물러 있다. 자기가 사는 공간에 대한 물상적 앎이 없어서는 근거를 모르는 삶을 사는 것이다.

성령의 도시 예루살렘, 천 년 동안 세계 문명의 중심이었던 이스탄불, 종교 도시 아시시, 대학 도시 케임브리지, 정치·외교의 도시 청더, 세계 최초의 기업 도시 맨해튼 등에 대해 대부분 피상적으로만 알고 있다. 문명의 실체는 도시에 있는데 역사적 사실만 기억하고 역사의 현장인 도시는 모른다.

예루살렘을 알면 성서를 더 잘 이해할 수 있고 이스탄불을 공부하면 비잔틴 문명의 정수에 더 가까이 가는 것이다. 실제 공간을 통해 역사의 사실을 아는 길은 역사 실험을 하는 것과 같다. 천 년 전에 사라진 천 년 도시 경주에 대해서 우리는 아직 거의 모르고 있다.

천 년의 도시를 다니면서 내내 우리가 사는 도시를 어떻게 이해해야 할 것인가를 생각했다. 다른 도시의 여행이 나의 도시, 우리의 도시에 대해 더 많은 것을 알 수 있게 하는 계기가 되었고 더 많은 것을 생각하게 하는 기회가 되었다.

자신의 공간을 모르면 다른 시간과 공간을 알 수도 없고 알아도 아는 것이 아니다. 천 년의 도시는 바로 우리 도시의 탐험을 말하고자 한 것이다.

이 장의 글들은 내가 젊었을 때 천 년 도시를 탐험한 기록들이다. 그때의 고민과 깨달음들이 현재에도 유효하다고 생각하여 여기에 싣는다.

크노소스 궁전

현대 문명은 유럽 문명이 이끌어 왔다고 해도 과언이 아니다. 세계 4대 문명 발상지인 황허, 인더스 강, 나일 강, 티그리스 · 유프라테스 강의 문명 외에도 수많은 문명이 있었으나, 르네상스 이후 세계 문명을 이끌어 온 것은 유럽 문명이다. 유럽 문명의 연원은 그리스 · 로마이고, 그리스 · 로마 문명의 직접적인 연원지는 지중해, 그중에서도 특히 크레타 섬 일대다.

크레타 섬은 과거에는 방문하기 상당히 어려운 지역이었다. 해외여행이 자유화되었을 때 파리, 런던보다 아테네에 가 보고 싶었고, 아테네보다 그 모태가 되었던 크레타 섬 일대의 도시에 가 보고 싶었다. 크레타 섬의 크노소스 궁전 일대는 기적적인 발굴에 의해 궁의 형태를 포함하여 당시 문명의 상당 부분이 원형 그대로 보존되어 있다. 현대 문명 최초의 발상지를 찾는다는 기분으로 크노소스 궁전을 택했던 것이다.

아테네의 아크로폴리스가 마주 보이는 옛 장소에 돌아오니 지난 10년의 일이 주마등같이 스쳐 간다. 지난 10년, 참으로 많은 일이 있었다. 앞으로의 10년은 더 많은 일이 있을 것이다. 흔들리지 않고 맑은 마음으로 항상 진실하기를 꿈꾼다. 아테네에 올 때마다 새로운 것들을 많이 느낀다. 이제는 아크로폴리스가 눈에 잡힌다. 이제는 유적으로서가 아닌 아테네의 천 년 원형 공간으로서의 아크로폴리스를 알 듯하다. 보이지 않던 기둥과 주두柱頭와 기초가 느껴져 온다. 입구의 두 건물을 지나 파르테논 신전으로 이어지는 공간 형식이 자연스럽게 보인다. 지하의 박물관 컬렉션이 이제는 실제의 것으로 다가온다. 이제는 유럽의 옛 도시를 통해 천 년 전의 경주를 어느 정도 형상화할 수 있을 듯도 하다. 이제 시작할 수 있게는 된 듯하다. 여기서 더 나아가야 한다. 도시에서 바로 보이는 아크로

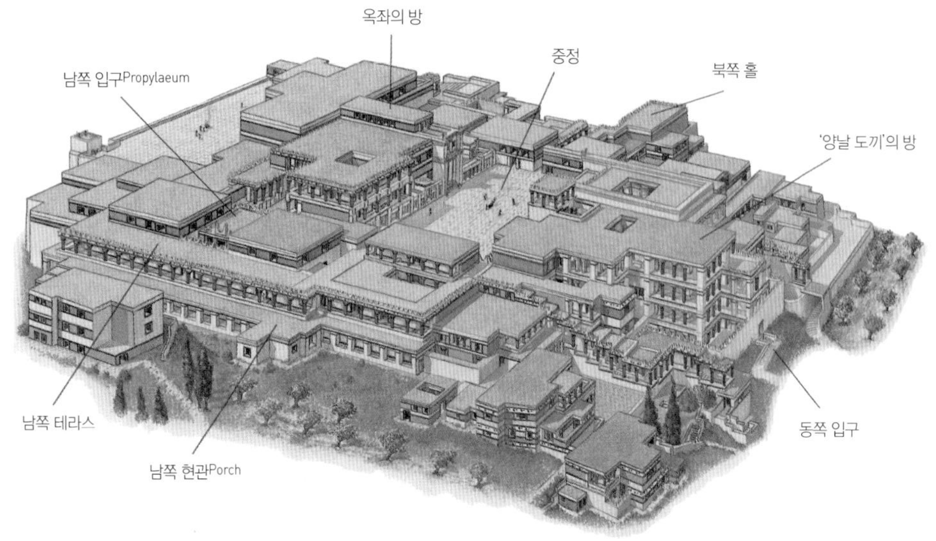

크노소스 궁전의 복원도.

폴리스에 더 많은 역사적 사실이 있다. 전체의 틀이 주변과 대응하여 뚜렷한 모습을 드러낸다. 두 야외극장과 아고라agora와 함께 이루는 도시적 원형 공간으로의 아크로폴리스를 느낀다. 도시 한가운데서 바라보는 아크로폴리스는 안에서 느끼는 아크로폴리스와 다른 점이 있다. 10년 전에는 파르테논 신전에 압도되었으나 지금은 아크로폴리스와 옛 도시 사이의 도시적 질서 형식에 더 많은 관심이 있다.

오후에는 크레타 섬으로 가기로 한다. 그리스 문명의 기반이었던 크레타 문명의 유적이 남아 있는 크노소스Knossos 궁전을 다녀오려는 것이다. 거의 같은 시대의 다른 위대한 문명이었던 테베Thebes의 카르나크Karnak 신전과 좋은 비교 연구가 될 듯하다. 크노소스 궁전과 카르나크 신전을 알면 그리스와 로마의 문명을 더 많이 알게 될 것이다.

발굴 중인 크노소스 궁전의 전경.

지난번 산토리니 섬에 갈 때는 시즌이 아니어서 12명이 타는 경비행기를 이용했는데, 이번에는 3백 명이 타는 큰 비행기다. 서둘러 공항에 가서 탑승 수속을 밟는다. 모두 피서객이라 짐이 많다. 탑승 수속에만 30분이 넘게 걸린다. 다행히 오는 비행기의 탑승권까지 받았다.

곧바로 크노소스로 향한다. 크노소스 궁전은 아직 폐허의 유적이다. 문명의 시간을 거슬러 올라가면, 원시를 만나게 되는 것이 아니라 더 큰 문명의 정수를 보게 된다. 현대 문명에 큰 닻을 드리운 그리스 문명을 추적하면 그리스 문명의 원류였던 크노소스에 닿는다. 고대 그리스의 시인과 작가들은 미노아 문명의 미노스 왕과 그의 크노소스 궁전의 신화를 이야기했다. 그들의 전언에 의하면 미노스는 제우스와 님프 에우로페의 아들이다. 제우스가 미노스에게 크노소스를 다스리게 했고, 미노스는 크노소스를 일으키고 파시파에와 결혼하여 여덟 아이를 낳았다. 한때 미노스는 왕위를 탐하는 동생 사르페돈을 내쫓기 위해 신에게 호소했는데, 이때 포세이돈은 신들의 제물용으로 쓰라고 미노스에게 황소를 주었다. 동생은 리키아의 땅으로 밀려났으나 미노스는 포세이돈에게 받은 황소를 숨기고 다른 소를 죽였다. 이를 안 신들이 노하여 미노스의 아내가 황소에게 연정을 품고 황소와 교접하여 미노타우로스라는 괴물을 낳게 했다. 다이달로스가 만든 미궁에 갇힌 미노타우로스는 아테네의 영웅 테세우스에게 죽임을 당하고, 크노소스 궁전을 만든 다이달로스는 시칠리아로 가게 되었다.

그리스의 신화는 사실과 전설을 함께 말한다. 호메로스의 시가 역사적 기술보다 더 사실이었듯, 미노스의 신화도 사실에 근거한 것임이 발굴을 통해 밝혀지고 있다. 신화를 상상력이 만든 가공의 사실이라 하는 지식인들 앞에, 왕가의 계곡이 나타나고 트로이가 발굴되고 크노소스 궁전도 세상에 드러났다. 인류의 초기 역사에는 신화의 시대가 거의 동시대에 걸쳐 있는 것을 주목할 필요가 있다. 글로 기록되기 전에 구전하여 오는 동안 언어의 마력에 의해 역사적 서술이 신화의 형식을 취하게 된 것이다. 수사학과 논리가 여러 시간과 장소를 거치면서 역사적 서술을 신화이게 한 것이다. 사실이 있어서 신화가 탄생한다. 고고학적 발굴에서 역사의 단서를 알 수 있듯이, 신화 속에서 문명의 모습을 알 수 있는 것이다. 미노스 왕에 대한 신화를 알지 못하면 그리스 문명의 원류로 가는 길을 알 수 없다.

크노소스의 첫 궁전은 기원전 2000년경에 세워졌다. 다층의 궁전 건물은 당시의 발달된 문화생활을 증명해 준다. '팍스 미노이카Pax Minoica'라

부를 수 있는 평화가 지속되다가 기원전 1700년경에 크노소스 궁전은 지진으로 파괴되었으나, 당시 사람들은 더 공간적이고 기념비적인 새로운 궁전을 중정中庭을 중심으로 다시 지었다. 3백 년 후인 기원전 1400년경에 크노소스 궁전은 침략자에 의해 파괴되고 약탈되어 기원전 1100년경에 지상에서 사라졌다.

그 후 여러 차례에 걸친 복구의 노력이 있었으나 기원전 69년경 로마의 정복으로 완전히 파괴되었다. 787년까지 크노소스 일대는 크레타 섬에서 기독교 중심지였으나 이어 아랍에 정복되고(826~960), 베네치아에 점령당하고(1204~1669), 다시 터키에 강점되었다가(1669~1898) 1913년에 독립하여 그리스로 되돌아왔다. 참으로 긴 역사의 여행 끝에 크레타 섬은 다시 본래의 나라로 돌아왔으나 3천여 년 전에 사라진 옛 도시

그리스 신화의 무대가 되었던 4천 년 전의 크노소스 궁전의 복원 모형.

크노소스 궁전은 지난 세기까지 지하에 묻혀 있었다. 1878년 아마추어 고고학자이자 상인인 미노스 칼로카이리노스Minos Kalokairinos가 첫 발굴을 시작했으나 터키 정부가 이를 중단시켰고, 트로이를 발견한 하인리히 슐리만Heinrich Schliemann이 다시 발굴에 나섰으나 터키 정부로부터 토지를 인수하지 못하여 실패했다. 체계적인 발굴은 1900년에 고고학자인 아서 에번스Arthur Evans에 의해 시작되었다. 에번스는 창조적 상상력과 위대한 영감을 가지고 궁전을 짓는 마음으로 옛 미노아 문명을 찾아 들어갔다. 그는 현장 옆에 빌라 아리아드네를 짓고 1941년에 죽을 때까지 크노소스 궁전 발굴에 몰두했다. 그의 사후에 발굴은 영국 고고학계로 넘어갔다.

그리스의 신화를 읽으면 왜 그곳에만 그렇게 정교하고 복잡한 신화의 세계가 있는지를 다시 생각하게 된다. 그리스 신화의 대표적 장소인 크노소스에 가 보지 않고 서양 문명을 알기는 어렵다. 현대 문명의 가장 깊고 큰 뿌리인 그리스 · 로마 문명의 기원이었던 미노아 문명. 그 핵심 장소인 크노소스 궁전을 탐험하고자 한 20년 전부터의 욕심이 드디어 현장에 닿게 했다.

크노소스 궁전은 공항이 있는 이라클리온에서 5킬로미터밖에 떨어지지 않은 곳이다. 100미터 높이의 낮은 언덕 사이에 있는 14,000제곱미터의 궁전이다. 일부는 복원되어 있어 기록과 도면만으로 4천여 년 전의 위대한 정경을 상상하기 어렵지는 않으나, 눈에 보이지 않으니 가슴으로 와 닿지 않는다. 사실이 그 자리에 서 있었어도 폐허 속에서 실제를 상상하기 위해서는 더 많은 시간이 필요한 것이다. 미로를 뜻하는 라비린토스Labyrinthos라는 이름의 방을 천 개 이상 가진 이 거대한 다층 구조의 건물들이 4천여 년 전에 지어졌다는 것이 믿어지지 않는다.

궁의 입구에서 서쪽으로 향해 있는 마당은 종교의식의 공간이다. 크노

벽에 돌고래 그림이 그려져 있는 크노소스 궁전의 한 방. © Chris 73/Wikimedia Commons

소스 궁전은 중앙광장을 중심으로 한 이원 구조다. 서쪽은 주로 신전으로, 동쪽은 왕궁으로 쓰였던 듯하다. 서쪽 2층에는 큰 방과 창고 등이 있다. 궁전은 한 변이 150미터로 일부는 4층이다. 궁전 서쪽의 식량 보존용 창고는 많은 사람이 이곳에 살았음을 보여 준다. 동쪽 주계단 부분이 궁전에서 가장 높은 건물이었다. 4층의 복잡한 구조인데 모든 곳에 빛이 들어온다. 맨 아래층은 지하 회랑인데, 거기까지 빛이 내려온다. 여왕의 방

원래는 크노소스 궁전에 있었으나 현재는 이라클리온 고고학박물관에 소장되어 있는 〈파리지엔〉.

에는 돌고래의 그림이 선명하고 욕조와 수세식 화장실도 있다. 한가운데에 기둥이 있는 서쪽 마당의 남쪽 입구를 통해 4천여 년 전의 미궁으로 들어선다.

3천여 년 동안 지하에 묻혀 있던 도시를 발굴하여 중요한 유적은 박물관에 보내고 부분 부분만 콘크리트로 복원했으므로, 일일이 도면과 기록을 대조해도 전체를 느끼기는 힘들다. 모형을 만들어 복원한 부분과 흔적이 남은 부분을 구분하고 박물관으로 보낸 부분을 이어서 전체를 볼 수 있게 했어야 했다. 중앙광장 서쪽에는 창고와 옥좌의 방만 남아 있고, 동쪽에는 여왕의 방과 대계단실과 북쪽 욕장만 형체를 드러내고 있다. 파괴되고 약탈된 채 3천여 년 동안 지하에 묻혀 있던 미궁의 궁전 도시 전체를 극히 일부만으로 보려 한 것이 과욕이었다. 박물관에 가 있는 〈파리지엔La Parisienne〉과 〈황소의 뿔〉과 〈뱀을 든 여신〉에는 미노아 문명의 모습이 생생하나, 상상력 없이는 정리된 발굴 현장의 전모를 파악하기 어렵다. 에번스는 위대한 일을 시작하고 많은 것을 얻었으나 크노소스의 궁전 도시 전체를 우리에게 알려 주지는 못했다.

크노소스 궁전의 붉은 벽에 그려져 있는 〈백합 왕자〉.

그러나 부분적으로 복원된 공간을 다니면서 서서히 감동의 물결이 인다. 아직 전체가 보이지는 않으나 복원된 다섯 공간은 모두 대단한 건축 공간이다. 문명은 진보한다는 생각보다 역사에 새로움은 없다는 생각에 동감한다. 기둥과 벽과 개구부開口部가 어울려 이루는 내부 공간에는 형언할 수 없는 격조와 아름다움의 질서가 있다. 여태껏 경험했던 어떤 내부 공간보다 더 강렬하다. 거대한 문명의 상형문자가 4천 년 전에 이렇게 서 있었다는 사실이 경외스럽다. 역사와 자연에 인간의 모든 것이 있다.

왕궁 벽에 그려진 '짙푸른 입술과 큰 눈의 여인'이 다가오는 것은 생의 또 다른 도전이 아닌가. 지적 호기심으로 다가갔던 크노소스에서 예상하지 못했던 미술에 당도한다. '그것이 미술이었다!' 하늘을 향한 푸른 새와 바다 깊은 곳의 해초가 바위 틈 풀꽃과 한 벽에서 아름답게 해후한다. 눈이 귀보다 크고 입술이 붉은 여인 앞으로 구름은 소리를 내며 지나고, 황소들의 몸부림 앞에서 여인의 몸이 흔들리며 서 있다. 좌우로 물개와 사자가 마주 보고 있는 옥좌의 주변 공간에서는 물결치는 흐름이 겹치고, 바닥에는 거친 돌이, 천장에는 기하학의 띠와 나무가 한 공간에 같이 있다. 기둥은 아래가 가늘고 위로는 이중의 나선이 겹쳐 있다. 〈백합왕자〉가 붉은 벽 한가운데를 혼자서 간다. 크노소스에서 건축은 부서져서 상상의 세계로 넘어갔으나 미술은 자취만이라도 남아서 우리의 가슴을 흔든다. 건축은 모든 것을 갖춘 상태에서만 자신을 말하지만 미술은 순간의 장면만으로도 영원을 말할 수 있으므로, 이 폐허에서 건축은 알 수 없어도 미술은 살아 있었다. 같은 시각 형식이지만 건축은 미술이 아니고 미술도 건축이 하는 일을 하지 않는다. 보이는 것을 통해 세계를 이해하고 추상을 알고 관념을 그리는 것이 미술이라면, 건축은 반복의 일상 속에서 질서의 미학을 말하는 것이다. 원초의 도시 크노소스 궁전에서서 왜 인간은 집합하여 문명을 이루며 살았는지를 알 듯한 시간을 체험한다. 인간이 이룰 수 있는 것의 위대함과 인간이 이룰 수 없는 끝없는 무의미의 간극을 무엇으로 말할 수 있을까. 크노소스에서는 모든 것이 원점에서부터 부서져 간다.

도시와 건축을 별개로 생각하는 패러다임을 가지고는 미래의 도시를 세우기 어렵고 과거의 도시를 알기도 어렵다. 고대 도시에서 도시와 건축은 하나의 개념이었다. 크노소스 궁전은 도시와 건축이라는 각각의 열쇠로는 그 비밀의 문을 열 수 없는 인간의 문명 형식이었던 것이다. 건축과 도시의 어휘로 미궁의 도시를 종일 찾았으나 지치고 만 것은 당연한 일이다. 우리의 옛 도시를 알기 위해서라도 크노소스를 더 알아보고 싶다.

공항에 가까운 해안으로 간다. 에메랄드 빛깔의 바다다. 옷을 벗고 뛰어든다. 물살이 비단같이 부드럽게 몸에 와 닿는다. 작년에는 예총회관 일로 바다에 가지 못했다. 바다에서 바라보는 푸른 태양은 항상 다대포 해안의 십 대 때 나를 다시 생각하게 한다. 미노아의 바닷고기를 미노아의 와인과 함께 먹는다. 밤이 오고 있다. 방파제에 옥수수 굽는 장수가 서 있다. 바다는 저렇게 모든 것인데 땅에서는 요트를 가진 사람, 옥수수를 구워 파는 사람이 각자 살아간다. 파도가 거칠다. 불사조의 신화를 꿈꾼다.

예루살렘

예루살렘은 로마가 끊임없이 정복하려 했던 지역이자 유대인들이 마사다에서 장렬한 죽음을 택하면서 끝까지 지키고자 했던 곳이고, 무함마드가 승천한 곳이자 2백 년에 걸쳐 일어난 길고 잔인한 십자군 전쟁의 출발점이다. 그러나 나흘 동안 방문했던 예루살렘은 정작 실망스러웠다.

아랍 국가인 쿠웨이트의 자하라 신도시를 설계했다는 이유로 예루살렘에 입국하는 데 2시간이 넘는 까다로운 심사 과정을 거쳐야 했다. 수모에 가까운 검사 뒤에 입성한 예루살렘은 2천 년 역사의 도시인 것은 분명하나 성스러운 도시라기보다는 수많은 전장이 겹친 폐허 도시라는 느낌이 강하게 들었다. 예루살렘은 이스라엘 민족이 만들어 낸 그들의 도시였다. 예루살렘의 모리아 산 정상에는 무함마드가 승천했다는 이슬람 성전인 '바위사원'이 우뚝 서 있으나, 정작 찾아가도 잘 보이지 않는 성묘교회와 통곡의 벽이 도시 깊은 곳을 더 많이 지배하고 있는 도시다.

나흘 동안 예루살렘 시내와 베들레헴, 겟세마네의 동산 곳곳을 돌아다녔다. 겟세마네의 동산에서 무릎을 꿇고 기도했다. 고등학교 때 성서를 읽다가 가장 감동을 받았던 부분이 예수가 이곳에서 바친 마지막 기도였기 때문이다.

예루살렘의 전경. 황금색 돔을 빛내며 이 도시의 중심을 잡고 있는 바위사원의 치밀한 배치가 놀라울 정도다. © Bienchido

"조금 나아가사 얼굴을 땅에 대시고 엎드려 기도하여 이르시되 내 아버지여 만일 할 만하시거든 이 잔을 내게서 지나가게 하옵소서. 그러나 나의 원대로 마시옵고 아버지의 원대로 하옵소서 하시고……."(마태복음 26장 39절)

바로 이 언명에 기독교의 진실이 있다고 생각했다. 삼위일체를 주장한 후대의 교황들과는 다른, 가장 인간적인 그리스도의 면모를 보여 주는 언명이라 생각했다. 예루살렘은 거대한 성서 그 자체였다.

첫째 날

예루살렘Jerusalem에 있으면 누구나 무엇인가가 몸과 마음을 흔드는 기운을 느낀다. 3천 년 전의 다윗의 성벽이 발굴되고 있는 성전산 아래로, 통곡의 벽에서는 오늘도 수많은 유대인들이 그들의 신에게 기도한다. 유대의 마을, 기독교의 마을, 이슬람의 마을, 아르메니아 정교의 마을이 옛 성벽 안에 공존한다. 네 마을은 다른 세상이다. 다윗과 솔로몬의 유적 위에 헤롯의 성전이 서고 헤롯의 유적 아래로는 통곡의 벽이, 그 유적 위로는 이슬람 대사원과 바위사원Dome of the Rock이 있다. 바위사원이 서 있는 곳은 아브라함이 이삭을 눕힌 바위 위이고, 예수가 십자가에 못 박힌 골고

다 언덕에는 성묘교회Church of the Holy Sepulchre가 서 있다. 성서의 도시에 오면 시간과 공간이 다르게 느껴져 온다. 시간은 과거와 현재를 넘나들고 공간은 시간 사이를 부유한다. 3천 년 도시의 시간과 공간이 도시 도처에 쌓여 있다.

예루살렘에 서면 성령의 땅, 즉 성지Holy Land라는 느낌이 분명히 있다. 축복의 땅인 것을 느낀다. 예루살렘에는 시간이 쌓은 역사의 장이 서려 있다. 유대의 경전과 기독교의 성서와 이슬람의 코란을 모르면 역사의 반은 모르는 것이다. 유대교와 기독교와 이슬람교 모두의 도시인 예루살렘을 알면 역사의 반을 볼 수 있게 되는 것이다. 성령의 땅을 알기 위해서는 긴 시간 여행과 공간 여행을 거쳐야 한다. 예루살렘의 시간과 공간에 대한 연구는 어느 도시보다 흥미롭다.

그런 예루살렘을 지난 20년 동안 가지 못했다. 설계 일로 쿠웨이트, 사우디아라비아, 이집트를 다녔지만, 이스라엘의 입국 절차가 의외로 까다로워 여행 도중 들르는 것은 거의 불가능했다. 파라오의 시대부터 왜 유대인들은 객지에서 유랑했는가? 로마 제국에서 유대 민족의 저항이 가장 길고 세었던 이유가 무엇이었을까? 제3제국의 유대인 학살을 어떻게 이해할 것인가? 오늘날 세계의 제국 미국의 심장인 언론과 대학에 뿌리내린 유대의 힘은 어디에서 비롯하는 것일까? 기독교와 유대교는 어디까지가 같은 뿌리인가? 텔 아비브 공항에서 겪는 서너 시간이 예사인 검문을 어떻게 이해해야 할까? 예수는 유대인에게 어떤 존재였나? 성서의 도시, 성령의 땅에는 과연 성령이 있었던 것일까? 3억여 명의 아랍 국가 사이에서 건국 당시부터 민주주의를 하며 세 차례에 걸친 대전쟁을 승리로 이끈 7백만 명의 이스라엘인은 누구인가? 예루살렘에 가면 많은 것을 알 수 있을 것 같았다.

'평화의 도시'라는 뜻의 예루살렘은 헤브라이어로는 '예루샬라임Yerushalayim'이며 이슬람교도들은 성지란 뜻으로 '알쿠드스al-Quds'라 부른다. 고고학적 발굴에 의하면 기원전 4000년 전부터 사람들이 정착했다 한다. 현재 예루살렘의 인구는 89만 명으로 그중 약 68퍼센트가 유대인, 약 31퍼센트가 이슬람교도, 나머지가 그리스 정교도(대부분이 동방정교회)다. 예루살렘은 바다에서 50킬로미터 정도 떨어진 해발 790미터의 고지에 위치한 곳으로, '기혼의 샘'을 제외하고는 메마른 땅이다. 서쪽의 힌놈 계곡과 동쪽의 키드론 계곡 사이에서 도시가 시작되었다. 두 계곡 사이에 중앙계곡Tyropoeon Valley이 있었으나 도시에 묻혔다. 계곡 좌우에 오벨Ophel 산, 시온 산, 모리아 산, 올리브 산 등이 있다. 예루살렘은 서북쪽 지대를 제외하고는 대부분이 불모지대다.

원래 예루살렘은 기원전 3000년경부터 가나안 족이 이주해 살던 지역이었다. 기원전 1800년경에 아브라함이 메소포타미아로부터 가나안 땅으로 이주해 왔다. 기근이 심하게 들었을 때 아브라함의 후손인 야곱의 가족들은 가나안 땅을 떠나 이집트로 가서 살았다. 그 후 기원전 1230년경에 유대인들은 약속의 땅으로 돌아오기 위해 모세의 지휘 아래 이집트를 탈출한다. 이집트를 떠난 지 40년 후에 여호수아가 백성을 이끌고 요단 강을 건너 약속의 땅으로 돌아온다. 기원전 1000년경에 다윗이 예루살렘을 점령한 뒤 오벨 산 언덕에 '다윗의 도시'를 세우고 계약의 궤를 도시 안으로 옮겨와 예루살렘을 이스라엘 땅의 중심으로 만든다. 솔로몬 시대에는 도시 중심지가 오벨 산에서 지금은 성전산Temple mount이라 불리는 모리아 산으로 옮겨졌다. 솔로몬 이후 남북으로 분열되었던 왕국은 기원전 586년 바빌로니아 군대에 점령당하고, 유대인들은 바빌론에 유배된다. 50년 후 다시 예루살렘으로 돌아오나 알렉산드로스 대왕의 정복으로 팔레스타인 전역이 헬레니즘의 세계에 편입된다.

기원전 63년에는 로마의 침입을 받아 로마 제국의 지배를 받게 된다. 기원전 37년에는 헤롯이 왕으로 등극하나 예루살렘은 완전히 로마의 행정권에 들어간다. 유대인이 로마에 대항하여 두 번의 전쟁을 일으키나 실패로 돌아가고 예루살렘은 완전히 파괴되어 로마의 군사 식민지가 된다. 이후 유대인들은 예루살렘 시가지 안에 들어오지 못하게 되고, 예루살렘 시가지는 점차 로마 양식으로 변모되었으며 이름도 '엘리아 카피톨리나Aelia Capitolina'로 바뀐다. 그 후 기독교를 국교로 공인한 콘스탄티누스 대제는 예루살렘에 유대인들의 출입을 허용하며, 예수와 제자들의 발자취가 담긴 유서 깊은 성전이 예루살렘을 중심으로 곳곳에 세워진다.

614년 페르시아 군의 침입과 638년 아랍인의 침입으로 예루살렘은 이슬람교도의 도시로 변모하고, 많은 기독교 성전은 파괴되거나 아니면 이슬람교 사원으로 모습을 바꾸게 된다. 제5대 칼리프Caliph(이슬람 제국의 최고 지도자)인 아브드 알말리크Abd al-Malik ibn Marwan가 예루살렘 대성전 자리에

키드론 계곡과 올리브 산 앞에 세워진 다윗의 도시. © Joe Freeman

이슬람 대사원과 바위사원을 새로 건립하여 오늘에 이르고 있다. 1099년 십자군이 되찾았으나 살라딘에 의해 다시 이슬람교의 도시가 되었다. 오랜 혼란기를 거치다가 오스만 투르크 제국에 의해 예루살렘은 물론 팔레스타인과 시리아 전역이 4백 년 동안 이슬람교 국가의 지배를 받았다. 1920년부터 영국의 신탁통치를 받다가 1948년에 세워진 이스라엘 국가와 아랍 국가들 사이의 전쟁으로 예루살렘은 동서로 분할되었다. 1967년의 6일 전쟁(제3차 중동전쟁)으로 예루살렘은 다시 이스라엘의 도시가 되었다. 예루살렘 구시가지는 오스만 투르크의 술레이만 2세가 1593년에 보수 재건한 그대로다. 높이가 평균 17미터인 성벽의 둘레는 약 4킬로미터이며 구시가지의 모체였던 '다윗의 도시'와 기독교의 발상지라 할 수 있는 시온 산은 성벽 밖에 위치해 있다.

밤늦게 예루살렘에 도착했으나 성벽 밖 호텔에 그냥 있을 수 없어 닫힌 성벽 주위를 우선 돌아보았다. 성벽이 4킬로미터라 하니 쉽게 걸을 줄 알았는데 사방이 험악한 산간지대여서 성벽 주위를 다 도는 것이 불가능

세계에 흩어져 있는 유대인뿐 아니라 수많은 순례자와 종교인들이 찾아오는 통곡의 벽. 이들을 이리로 오게 하는 힘은 무엇일까, 궁금하다. ©Юкатан

했다. 구약성서에 언급된 예루살렘의 성벽과 성문과 탑이 눈앞에 실재한다는 것이 감격스럽다.

다윗 왕이 세운 도시가 있던, 키드론 계곡과 중앙계곡 사이에 있는 오벨 산으로 간다. 밤인데도 불이 밝혀져 있다. 발굴 중이다. 내가 방문한 해가 마침 다윗의 정도定都 3천 년으로 많은 축제가 계획되어 있다. 3천 년의 역사가 실제의 물상으로 층층이 쌓인 것이 발굴되고 있다. 도시 규모가 시온 산 동쪽 언덕까지 확대되어 솔로몬 왕 시대보다 거의 3배나 커졌다가 바빌로니아의 침입으로 완전히 파괴되었다. 바빌론 유배지에서 돌아와 다시 세운 도시는 다윗과 솔로몬의 도시 바로 그 자리였다.

성벽 문을 돌아본다. 16세기 당시의 여섯 성문 중 자파 문, 다마스쿠스 문, 시온 문은 원래의 모습 그대로다. 다른 두 성문은 후에 세운 것이다. 예루살렘의 성문 중 가장 크고 아름답다는 다마스쿠스 문은 로마 시대 때 예루살렘의 중심 성문으로, 이 문부터 시온 문까지 카르도 막시무스cardo maximus(주요 도로)가 놓였다고 한다.

자파 문을 통해 성 안으로 들어선다. 어두운 옛 도시를 혼자 걷는다. 처음에는 어두워서 잘 보이지 않으나 차츰 도시가 어둠 속에서 제 모습을 드러낸다. 기독교 지구를 거쳐 아르메니아 정교 지구를 지나 유대 지구로 들어선다. 유대 지구로 들어서면 문득 밝아진다. 아름다운 돌로 된 공동체 마을이다. 이슬람 지구나 아르메니아 정교 지구처럼 닫힌 마을이 아니라 열린 마을이다. 아래에 큰 광장이 나타난다. 성전산 서쪽에 있는 통곡의 벽이 광장 바로 앞에 나타난다. 다 어두운데 이곳만 밝다. 제2성전이 붕괴된 뒤에 성전산 서쪽 벽은 유대인들에게는 가장 거룩한 장소가 되었다. 밤이나 낮이나 기도하는 이가 끊이지 않는다. 수세기에 걸쳐 쌓은 성전산은 다른 종교의 대사원이 되고 그들에게는 빈 벽만 남았다.

기이하게도 통곡의 벽은 남녀의 영역이 따로 구별되어 있다. 빈 벽 앞에 세속과의 벽, 남녀의 벽이 다시 세워져 있는 것이다. 유대인들은 통곡의 벽이라 하지 않고 성전의 서쪽 벽이란 뜻의 '하코텔 하마아라비HaKotel HaMa'aravi'라고 부르고 있다. 옛날 지성소至聖所가 있던 이곳은 유대인에게는 여호와의 거처요, 여호와의 현존을 뜻하는 장소다. 밤이 깊었는데도 기도하는 사람이 있다. 1967년 6일 전쟁이 있기 전까지는 이곳에 아랍인들이 4백 세대 가량 살았는데, 이스라엘 정부가 아랍인들을 철거시키고 이곳을 집회와 기도의 장소로 만들었다. 이곳저곳에 기관단총을 든 이스라엘 군인들이 서 있다. 이스라엘 사람들은 '계약의 궤'가 묻힌 성전산에는 들어가지 않는다. 밤에는 다른 사람들도 성전산으로 들어가지 못한다.

밤이 무척 깊었다. 앞으로 사흘을 더 있으려 한다. 오늘은 우선 깊은 잠을 자야 할 것 같다. 내일은 종일 성벽 밖 성서의 땅에 가 보려 한다. 그렇게 오랫동안 가려 하던 도시의 첫 밤이 깊었다. 성벽 밖 호텔로 돌아온다. 성벽 밖은 흔한 현대 도시다.

둘째 날

새벽에 잠이 깬다. 오늘은 예루살렘의 성 밖 지역, 즉 시온 산, 올리브 산, 나사로의 마을 베다니, 지상에서 가장 오래된 도시인 여리고 등 예루살렘 주변을 둘러보기로 한다.

성벽 동쪽 언덕과 올리브 산 사이의 키드론 계곡으로 먼저 간다. '더럽다'는 뜻인 키드론 계곡에는 예루살렘의 유일한 샘인 기혼의 샘이 있다. 이 샘을 중심으로 다윗의 도시가 건설되었다. 이 샘의 끝에 실로암 연못이 있다. 죽음의 계곡이라 불리던 힌놈 계곡은 지금도 버림받은 폐허다.

성서에서 시온이라 불리는 곳은 일반적으로 예루살렘을 가리키지만, 오늘날 시온 산이라고 통용되는 곳은 초대 그리스도 교회의 발상지로서, 최후의 만찬과 성령 강림이 이루어졌던 곳이다. 올리브 산에는 여전히 올리브 나무가 무성한 숲을 이루고 있다. 이곳은 예수가 죽음의 공포와 불안 속에 기도를 드리던 곳이고 로마 군에게 체포된 장소다. 구시가지 성벽 바로 맞은편의 100미터 높이에 있어 예루살렘이 다 내려다보여, 한때 예수가 예루살렘 시가지를 내려다보며 눈물을 흘리던 곳이자 로마인이 예루살렘을 점령할 당시 군사 주둔지였던 곳이다. 예수가 사랑하던 나사로와 그의 두 누이 마리아와 마르다의 고향인 베다니는 아랍인들에게는 '엘 아자리예el azarije'라고 불린다. 죽었다 살아난 나사로의 무덤이 있다.

예루살렘 주변에서 가장 관심이 있던 곳은 예루살렘에서 40킬로미터가 떨어져 있고 세계에서 제일 낮은 도시이자 지상에서 가장 오래된 도시라 하는 여리고였다. 기원전 7000년경의 신석기 초기에 여리고에는 원시 도시가 있었다. 4헥타르 남짓한 도시에 3천 명이 살았다 하나 모든 것은 이미 지상에서 사라지고 없다. 예수가 사탄의 유혹을 받았다는 유혹의 산이 여리고에 있다. 유혹이 있어야 깨달음이 있고 좌절이 있어야 성취가 있는 것은 성인에게도 마찬가지인 모양이다.

셋째 날과 넷째 날

첫날 밤은 성벽을 보고 성 안을 잠시 거닐었다. 다음날은 예루살렘 주변을 다녔다. 오늘은 드디어 성 안으로 들어간다. 한밤이었던 그저께와는 다른 느낌이다. '다윗의 탑'의 성벽과 성채의 아름다운 조화에 감동한다. 스스로의 동적 긴장을 유지하고 있는 위대한 조각 같은 건축을 오랜만에 본다. 먼저 바위사원으로 간다. 아랍 지구에 있는, 깊은 그림자가 드리운 터널을 지난다. 어제 본 유대 지구의 밤보다 어둡다. 성전산으로 들어선다. 성전 입구에서는 총을 든 군복 차림의 경찰이 검문한다. 어제 들어가지 못한 곳이다.

성전산 전체가 모스크mosque다. 통곡의 벽 위의 회랑은 전 성벽을 우회한다. 이슬람 공동체의 구역이다. 외부 세계와 벽으로 분리된 내부 세계다. 내부 세계 안에는 네 방향에 성루를 세우고 동서남북 네 곳에 상징적인 문을 만들었다. 세속 도시와 차단된 내부 세계를 구성하고 그곳에 다시 단을 쌓고 문을 두어 성역을 이룬 후 그 중심 반석 위에 돔을 세웠다. 그것이 바로 바위사원이다. 아브라함이 이삭을 눕혔던 바위를 중심으로 이슬람의 상징적 성전을 세운 것이다. 푸른 모자이크로 장식된 여덟 면의 벽은 장엄한 미술 공간이다. 내부 세계의 상징적 문과, 외부 세계의

이슬람 세력에 의해 예루살렘에 세워진 바위사원.

회랑과 첨탑이 하나로 모아진 팔각의 홀과 금속 돔은 가히 장관이다. 무엇보다 예루살렘 전체의 중심을 스스로에게 귀속시킨 공간 형상의 치밀함이 뛰어나다. 7세기에 세워진 건축 공간이 변화 없이 1300여 년 동안 이슬람의 중심으로 살아 있다. 여기에는 3천 년 시간의 공간이 쌓여 있다. 왕가의 계곡은 묻히고 카이로는 이교의 도시가 되어 있는데 예루살렘은 3천 년 동안의 모습 그대로다.

통곡의 벽으로 다시 내려온다. 수백, 수천의 사람이 이역 멀리로부터 이리로 왔다. 아이들을 데리고 이제는 남의 성전이 된 성벽의 아래, 빈자리에 와 줄을 서서 기다리며 기도한다. 무엇이 이들을 이리로 오게 하는가? 무엇이 온갖 박해를 받는 이들의 공동체를 유지시키는가? 이집트에서 탈출한 이후 다윗과 솔로몬의 영광을 제외하면 끊임없는 유랑의 세월이었는데, 무엇이 이들을 이렇게 만드는가? 다시 유대 지구를 지난다. 낮에 보는 유대 공동체는 더 마을스럽다. 에리체Erice의 마을이나 피엔차Pienza

골고다 언덕 위에 위치한 성묘교회. © Djampa

의 마을과, 여기 유대 지구의 마을은 다른 공간 형식을 가지고 있다. 그것을 다이어그램으로 그려 보아야겠다.

기독교 지구의 장바닥 한가운데에 성묘교회가 있다. 콘스탄티누스 대제의 어머니인 산타 헬레나가 골고다 언덕 위에 지은 1600여 년 된 교회다. 그리스 정교회를 비롯한 일곱 교단이 함께 관리하고 있다. 한 유일신 아래 많기도 많은 교단이 있고, 더구나 그의 최후 장소에 세운 교회는 공동 소유로 갈가리 찢어져서 장터 한가운데의 상가에 갇혀 있다. 신전에서 장사치를 쫓아내던 예수의 처형장 자리에는, 그를 기리며 세운 성묘교회가 한없이 많은 아랍의 상점으로 둘러싸여 있는 것이다. 바위사원과 성묘교회의 입구는 붙어 있으나, 바위사원은 담으로 둘러싸여 통제되어 있고 성묘교회는 사방으로 열려 있다. 성묘교회의 입구 광장에서는 성묘교회의 정면과 함께, 옛 회랑의 기둥과 모스크의 담과 첨탑을 볼 수 있다.

아랍 지구는 유대 지구에 비해 아이들끼리 있는 경우가 많다. 지저분하다. 가난이 밖으로 보인다. 아이들은 타고난 순수는 가지고 있지만 키워진 순수의 빛은 없다. 어른들도 찌든 얼굴들이다. 점령지의 원주민과 같다. 조직화되지 않은 다수는 아무 힘이 없다. 종교가 자포자기적 생활과 하나가 될 때는 무의미한 반복과 세속에서 벗어난 도피로 유인한다. 생활의 생명력이 보이지 않는다. 이러다가 어쩌자는 것일까. 오늘은 라마단이어서 언덕 위의 성전은 문을 닫았다.

광장에 잠시 앉았다가 책을 산다. 감동을 자제할 수 있어야 더 볼 수 있다. 일단 호텔로 돌아가 쉬기로 한다. 목욕을 하고 두어 시간 아무 생각 없이 쉬고 싶다. 그러고 나서 성 안으로 다시 오기로 한다. 발이 많이 부르텄다. 이제는 잠이 일찍 깬다. 밤에도 누우면 잠이 쉽게 온다. 불면의 밤이 어느새 사라졌다. 일찍 잠이 깨면 즐겁다. 밤에 잠이 들 때 내일을 기대한다. 술을 많이 마시지 않은 다음날 아침의 맑음은 작은 행복이다.

YMCA에서 큰 방을 빌려 식사하며 가볍게 토론하는 시간을 마련했다. 그동안 다녔던 천 년 도시와 그 도시들의 정체성, 그리고 무엇이 그 도시가 천 년을 살아 있게 했는가에 대해 서로 이야기를 나눈다. 다녀온 도시 중 원형의 도시인 피엔차와 산상의 도시 에리체, 그리고 3천 년 도시 예루살렘을 집중적으로 말한다. 천 년 도시의 정체성은 결국 공동체적 진실과 역사적 사건의 공존이 아닌가. 도시의 규모에 따른 공간 형식, 그리고 아름다움. 자연과 역사와 하나가 된 도시가 천 년 도시인 것이다. 공부하듯 여행하는 것도 즐거운 일이다. 그것이 오히려 더 잘 잊고 쉬는 일이다. 더 바쁜 다른 곳으로 가는 것이 일상의 와중을 벗어나는 길이다. 바쁜 사이의 빈 공간이 큰 공간이다. 와인 2병과 작살구이를 먹는다. 모처럼 마음을 풀고 흰소리를 한다. 이러는 시간이 좋다. 그러다가 새벽같이 또 일어나 움직인다. 속은 편하나 식은땀이 난다. 아침도 먹지 못했다.

어제 갔던 인터컨티넨탈 호텔로 가서 예루살렘 시가를 내려다본다. 머리가 휘청거린다. 아름다운 도시다. 나중에 혼자 와서 한 열흘 다녀 보고 싶다. 열흘 시간이 가능할까? 왜 가능하지 않은 것일까? 스스로 유폐되어 사는 것이 아닌지. 3천 년 도시에 와서 스스로의 삶도 어쩌지 못하는 나를 본다.

이스탄불

서양의 역사를 알고자 할 때 가장 먼저 방문해야 할 도시는 로마, 카이로 그리고 이스탄불이다.

이스탄불은 그리스 시대에는 비잔티움이라 불렸다. 서기 330년에 콘스탄티누스 대제가 신하들을 거느리고 호르무즈 해협을 따라 가면서 이 지역에 말뚝을 박으며 "이곳에 새로운 신의 제국을 세우리라"고 한 뒤에 비잔티움은 동로마 제국의 수도인 콘스탄티노플이 되었다. 로마 제국 멸망 후에는 비잔틴 제국의 수도로 그리스 정교의 중심이 되었다. 오스만 제국의 수도를 거친 뒤에 지금은 이슬람 국가인 터키의 수도 이스탄불이 되었다. 전혀 다른 종교의 수도가 되었음에도 파괴되지 않은 채 옛 종교 공동체와 공간에 새로운 종교 문화와 건축이 더해져서 이루어진 도시가 이스탄불이다.

이스탄불은 건축가라면 반드시 가 봐야 하는 도시다. 동로마 제국, 비잔틴 제국, 오스만 제국, 아랍 제국을 함께 볼 수 있는 유일무이한 도시가 이스탄불이다. 10여 년 동안 책꽂이에 『콘스탄티노플』이라는 책을 두고 보았다. 그러나 정작 세계 최고의 역사 도시를 보기 위해 이스탄불을 찾아간 것이 아니라 유엔 회의가 열린 1996년에 해비타트 II의 대표로 그곳에 가게 되었다. '20세기 도시 계획 헌장'이었던 '아테네 헌장', '마추픽추 헌장'에 이어 '21세기 도시 계획 헌장'인 '메가리데 헌장'을 선언하기 위함이었다. 전 세계의 도시학자들에게 공문을 보내 20세기 도시를 반성하고 21세기 도시가 지향할 점을 받아 1년여 동안 예비 헌장을 만들고 이를 다시 정리해 메가리데 헌장을 만들었다. 이를 G7 정상회담이 열리는 나폴리에서 선언한 다음에 유엔의 승인을 받아 선언식을 하기 위해 이스탄불의 해비타트 II에 참석한 것이다. 지금은 '21세기 도시 계획 헌장'이 거의 잊히다시피 했지만 당시로는 도시 계획의 역사에 남을 만한 대사건이었다.

며칠 뒤에야 꿈에도 그리던 성 소피아 성당 내부에 들어갔을 정도로 이스탄불보다 유엔 해비타트 II에 모든 것을 걸었다. 21세기 도시 선언의 대표로 연설하느라 2천 년 동안 가장 위대한 도시였던 이스탄불을 잊고 산 나흘이었다.

오스만 제국 정복 이전의 콘스탄티노플을 보여 주는 유일한 그림.

그 후 이스탄불을 4번 더 찾았으나 이스탄불에 가면 2천 년 역사 도시의 궤적보다는 메가리데 현장 발표의 시간들이 더욱 선명하게 다가온다. 인류의 역사와 개인의 역사가 겹치면 개인의 역사가 앞서는 것이다.

처음 이스탄불Istanbul에 서면 그동안 쌓았던 환상이 다 부서지는 것을 느낀다. 로마 제국이 로마를 부숴서까지 만든 이상 도시 콘스탄티노플은 역사의 기록으로만 남았고, 찬란했던 비잔틴 문명의 도시 비잔티움은 유적으로만 볼 수 있다. 천 년 도시 비잔티움을 부수고 들어선 오스만 투르크의 도시도 모스크와 첨탑으로만 남았다. 보스포루스 해협을 마주한 바다의 도시 이스탄불은 인구 천만 명이 넘는 무분별한 현대 도시의 하나로 보인다. 아시아와 유럽이 한 도시에 있는 이스탄불에 내린다.

리키니우스 황제와의 싸움에서 이긴 콘스탄티누스 대제는 곧 신도시 건설에 착수했다. 콘스탄티누스 대제는 도나우 강변에서 태어난 무인武人 황제로서, 정치가로서는 비잔티움이라는 절호의 요충지를 선택했다. 이곳은 적의 공격을 저지시키는 강력한 천연 요새이며 상업 교역의 중심 요지다. 콘스탄티노플의 당시 경계 지역은 부등변 삼각형으로 되어 있었다. 수도로서 콘스탄티노플이 갖는 지리적 중요성은 지금 보아도 쉽게 알 수 있다. 아직 옛 모습 그대로인 일곱 언덕에 서면 유럽과 아시아의 해안선이 한눈에 보인다. 유럽 쪽에서 오는 공격은 전선이 좁아 방어하기 쉽고, 보스포루스 해협과 헬레스폰트 해협의 두 관문을 장악하면 적의 해군을 봉쇄할 수 있다. 이 두 관문을 폐쇄한다 해도 이스탄불은 자생할 수 있었다. 육지는 풍요로운 포도밭과 농원이 많고, 바다는 언제나 무진장이라고 할 만한 각종 어류의 보고였다. 게다가 일단 두 해협이 개방되면 북쪽은 흑해로부터, 남쪽은 지중해로부터 천연의 부와 인공의 부가

Von bestreitung der statt Constantinopel im .M.cccc.liii.iar beschehen.

Constantinopel die statt ein stůl des orientischen kaiserthumbs vnd ein einige behawsũg kriechischer weißheit ist in disem iar am andern tag des monats Junij von Machumeto dem fürsten d' Türckẽ fünfzig tag belegert mit gewalt vnnd waffen bestritten. verwüestet vnd befleckt worden im dritten iar des reichs desselben Machumets. der dañ dise statt zu land vnd wasser vmbschrencket vnd vil vnzallich körbe mit weydẽ gezeündt damit sich die feynd bedeckten an die graben rucket vnd den thurn bey sant Romans thor mit einer großẽ mechtigen büchßen zerrüedet vnd nyderschoße also das der einfal des erckers oder der vorweere den grabẽ außfüllet vnd also ebnet das die feind darüber einen weg haben mochten. Als aber der Türck die mawrn an dreyen orten mit staynen verletzet vnd schier verzweiflet do vnderstund er sich auß ertrachtung eins treülosen verheyten cristen schiffe von der höhe vber einen pühel abzelassen. Nw hett die statt ein lange vnd enge pforten gegen dem auffgang der sunnen aneinander gepundne schiff vnd mit einer ketten befestigt. daselbsthinein zekomen den feyndẽ nicht müglich was. vnd auff das aber d' Türck die statt noch mer einzwengen vnd vmblegerñ möcht so ließe er in der höhe auf dem pühel den weg ebnen vnd die schiff auß vnderlegten fassen wol bey .lxx. roßlawffen schieben vnd machet vom gestadt gegen Constantinopel ein prugk bey .xxx. roßlawffen lang von holtz mit weyn fassen vnderlegt darauff das heer zu der mawrn lawffen mocht. Also wardt die statt Constantinopel vnnd auch Pera gestürmet. die mawr vnd die thor beschoßen. vnd die öber mawr erstigen. also das die feinnd die burger in der statt mit staynwerffen ser beschedigten vnd in dem einlawff der pforten bey achthunndert rittern auß den Lateinischen vnd Kriechischen ermörten vñ erschlügen vnd eroberten die statt. Alda warde der Kriechisch kayser Constantinus paleologus enthawbt. alle menschen sechs iar vnd darüber alt erschlagen. die priester vnd alle closterlewt mit mancherlay marter vnd peyn getödt. vnd das ander volck mit dem schwert ermordt. vnd ein sölchs plůtuergießen das plůtig beche durch die stat fluß. So warden die heilligen gotzhewßer vnnd tempel erbermdlich vnd grawsamlich befleckt vñ enteeret vnd vil vnmenschlicher boßheit vñ myßtat durch die wüetenden Türcken gegen dem cristenlichen plůt geübt. vnd das geschahe nach erpawung der statt Constãtinopel M.c.xxx.iar. oder da bey.

1493년에 출간된 『누렘베르크 연대기Nuremberg Chronicle』에 묘사된 콘스탄티노플 풍경.

교대로 풍부히 유입되었다. 풍광의 아름다움, 안전, 그리고 부에 대한 기대가 이 한 지점에 집약되어 있었던 만큼, 콘스탄티누스 대제의 선택은 실로 정확했던 것이라 할 수 있다.

도시의 규모는 150에이커였다. 신로마 콘스탄티노플은 그리스인이 세웠던 작은 도시 위에 건설된 것이다. 콘스탄티누스 대제가 고대 성채에서 좀 떨어져서 건설한 성벽은 프로폰티스 해(현재의 마르마라 해)까지 삼각형의 긴 선을 따라 뻗었고, 비잔티움 시는 일곱 언덕 중 다섯 언덕을 성벽 안에 포용하고 있었다.

콘스탄티누스 대제는 로마 세계의 군주로서 기념비적 도시 건설을 위해 1백만 시민의 부와 노동력을 모두 투입했다. 새 수도의 건축들은 당시로서 모을 수 있는 모든 것을 동원해 만들었으나, 장식과 예술품은 페리클레스와 알렉산드로스 대왕 시대의 명장이 만든 것을 징발했다. 유명한 전승 기념비, 종교적 성물들, 신과 영웅들 · 고대 성현이나 시인의 조상들이 모두 새 수도인 콘스탄티노플의 위용을 더하기 위해 운반되었다.

425년경에 작성된 문서에 의하면, 이 도시에는 학교와 대전차 경기장, 2개의 대극장, 8개의 공중 욕장, 153개의 자가 욕장, 52개의 극장, 5동의 곡물 창고, 8개의 수도 또는 저수지, 원로원과 회의장과 법정으로 사용된 4개의 큰 홀, 14개의 교회, 114개의 궁정, 크기와 격식에서 일반 주거와 명백히 구분되는 4,388채의 저택이 있었다.

그야말로 대수도의 위용을 빛내는 것과 함께, 많은 시민들의 편의와 행복, 즉 삶의 질에 이바지하는 각종 시설들이 이 수도의 성벽 안에 갖추어져 있었다. 천도 후 로마의 귀족, 원로원과 기사의 신분을 가진 명문 가문의 시민들이 남김없이 황제의 뒤를 쫓아서 이곳 프로폰티스 해의 연안 지대로 옮겨 와서 살았다. 시들어 버린 옛 수도 로마에 남은 사람은 얼마간은 의심스러운 이방인과 평민들뿐이었다. 원래 콘스탄티노플의 발전 그 자체가 전반적인 인구 증가나 산업 발달로 이루어진 것이 아닌 인위적인 것이었으므로, 우리의 도시화가 농촌의 황폐를 야기한 것과 같은 일이 이탈리아 전 국토에서도 일어났다. 일찍이 로마 시민 때도 그랬듯이, 번번이 행해진 포도주, 기름, 빵, 게다가 현금과 필수 물자의 배급은 신수도의 시민들이 굳이 노동을 할 필요가 없을 만큼 풍족했다. 이것은 사실 신수도를 위한 것이었지만 표면적으로는 다른 명목을 달고 이집트 등 속주에 부과한 대량적인 공납으로 가능했다.

4세기 말에서 15세기 중엽에 이르는 천 년 동안에 서방의 라틴 기독교 세계가 낮은 수준의 지적 문화와 함께 경제적 지역주의로 무너져 가고 있을 때, 비잔티움은 예술, 문학, 학문, 수공업 및 상업의 중심지였다. 10세기가 되자 이 거대한 도시의 인구가 1백만 명에 이르러 다른 기

콘스탄티노플 성벽 중에서 복원된 부분. © Bigdaddy1204

독교 도시들에 비견할 수 없을 정도였다. 이 도시에 황제와 대주교가 거주했고 궁정, 성 소피아 성당Ayasofya, 수도원, 대욕장, 극장 및 공원들이 있었다.

파리, 런던, 베네치아, 그리고 옛 제국의 수도 로마조차 불결한 중세 도시에 머물러 있을 때, 콘스탄티노플의 도로는 포장되었고 종일 치안이 유지되었으며 밤에는 거리에 등불이 켜졌다. 항구에는 시리아, 이집트, 러시아, 스칸디나비아, 페르시아 및 베네치아의 선박들이 정박하고 있었으며 거리와 선창가에는 유럽과 아시아 국적을 가진 각양각색의 인종들이 모였다. 자연히 이곳에는 각국의 언어와 종교가 뒤범벅되어 있었다. 비잔틴인들은 콘스탄티노플을 "신이 보호해 준 도시"라고 불렀고, 12세기의 프랑스 작가는 "세계의 부 2/3가 그 도시에 있고 나머지 1/3이 세계에 분산되어 있다"라고 썼다. 이 도시의 생활은 성 소피아 성당의 거

비잔틴 건축물을 대표하는 성 소피아 성당.

대한 의식과 이 성당 주변의 대경기장과 장터에서 절정을 이루었다. 어떤 역사가는 "신을 위해 성 소피아 성당이, 황제를 위해 신성한 궁이, 민중을 위해 경기장이 거기 함께 있었다"라고 했다.

비잔틴 문명의 지속성은 놀라운 일이다. 바이킹, 러시아인, 슬라브인, 페르시아인과 아랍인 그리고 서유럽과 베네치아로부터 계속 침입을 받았다. 하지만 천 년 동안 제국의 수도는 단 두 번, 즉 베네치아인에 의해 1204년에, 그리고 오스만 투르크에 의해 1453년에 점령당했다. 이같이 비잔티움이 '천 년의 도시'일 수 있었던 것은 첫째로 군사력과 자본력이 강했기 때문이다. 이 도시는 전 지중해 유역에서 가장 중요한 무역 중심지였고, 동시에 삼면이 바다로 둘러싸여 있으며 나머지 한 면은 거대한 성벽을 갖춘 육지에 위치하여 외적이 이곳을 포위하기란 거의 불가능했다. 둘째로 오늘날 민족 감정이라 말할 수 있는 것을 비잔틴인들은 가지고 있었다. 셋째로 가장 재능 있는 자가 황제의 자리에 오를 수 있도록 제도가 개방되어 있었다. 이스탄불은 "찬란한 동방을 이룩하고 서유럽의 방파제 구실"을 천 년 동안 해 온 것이다.

경주

경부고속철도 건설은 문민정부의 주요 국정 과제 중 하나였다. 고속철도 노선이 경주를 관통한다는 점이 논란이 되었다. 고고학회장이 당시 베네치아 대학교에 있던 나에게 2천 년 역사를 지닌 유럽 도시의 지하로 고속철도가 지나간 사례가 있는지를 조사해 달라는 부탁을 해 왔다.

이탈리아 문화재 행정을 담당하는 소프린텐덴차Soprintendenza를 찾아가 물었더니 고속철도는 땅을 깊게 파야 하고 진동이 심해 도시 상부 구조가 초토화되므로 역사 도시의 지하에 건설한 예가 없다는 대답이 돌아왔다.

고속철도 노선을 정하기 위해서는 먼저 옛 경주인 서라벌을 알아야 한다고 생각했다. 옛 경주에 대한 자료는 상상에 의한 조감도가 있을 뿐이었다. 직접 천 년 전의 경주 지도를 그려 보기로 했다. 다행히 로마는 2천 년 사이에 지반이 5~10미터 침강했으나 경주 일대는 화강암반이어서 천 년 전의 지표와 크게 다르지 않았다. 황룡사 9층탑의 기초와 안압지, 분황사, 첨성대 등의 위치가 어느 정도 분명하기도 했다.

2천 년 도시의 위기

신라는 도시 국가로서 서라벌에 신라 인구의 90퍼센트가 살았다. 18만5천 호가 5~10년마다 기와를 갈아 끼웠고 김유신 장군이 백제로 출병했을 때 군대 5만 명의 병장기가 서라벌 일대에서 만들어졌다는 사실에서 추적을 시작했다. 18만5천 호의 도시 국가라는 거대한 유기체 공간 형식의 필연성을 전제로 궁궐, 시장 등 대공간을 먼저 찾으며 천 년 도시 서라벌의 얼개를 만들어 나갔다. 신라시대 때는 길을 만들 때 방죽을 쌓았다는 『삼국사기』의 기록을 보고 KBS 이원홍 사장을 만나 헬기를 빌려 달라고도 했다. "옛 경주의 지형을 완성해 신라의 핵심인 서라벌의 고지

발굴 복원해야 할 옛 경주의 모습.

도를 만들려 합니다. 헬기를 타고 낮게 난다면 옛 도시의 가로인 방죽을 유추해 볼 수 있을 것입니다"라고 설득했다. 당시 황룡사 9층탑의 탐사를 회사 전체의 프로젝트로 진행 중인 KBS에 출연하기로 약속하고 헬기를 4시간 빌렸다. 4시간 동안 헬기를 타고 저공비행으로 날며 경주 벌판을 내려다보았다. 서라벌은 중국의 힘을 빌리기는 했으나 삼국을 통일할 만한 지리적 요건을 갖춘 곳이라는 생각이 들었다. 산으로 완강히 둘러 싸인 분지이면서도 서쪽은 문경새재로 열리고 동쪽은 바다로 열려 가히 20만~30만 명의 자립 도시 국가를 형성할 만한 토대였다. 옛 서라벌 왕궁과 불국사 사이에서는 영묘한 기운을 느낄 수 있을 정도였다.

그해가 고고학의 해라 예산으로 배정된 18억 원 중 일부를 지원해 달라고 요청했으나 받아들여지지 않았다. 내가 1억 원을 내고 한샘 조창걸 회장이 1억 원을 도와줘서 총 2억 원으로 지도를 완성했다. 완성한 지도를 현재의 지형도에 겹쳐서 옛 서라벌의 큰 틀을 만들 수 있었고, 고속철도가 관통하기로 한 형산강이 옛 도시의 시내 한복판인 것을 알 수 있었다.

김영수 당시 문화체육부 장관에게 내가 그린 지도와 조감도를 설명하고, 월드컵과 관련하여 김영삼 대통령과 독대하기로 한 때에 고속철도 노선의 재검토를 설득하도록 했다. 역시 김영삼 대통령다웠다. 이미 일부 시작된 고속철도 공사가 중단되고 국무총리를 위원장으로 한 경부고속철도 경주 노선 재조정 위원회가 만들어졌다.

경주에는 당나라와 겨루던 천 년 역사 도시의 유적이 가득하다. 백 년 뒤에라도 로마의 포로 로마노같이 일부를 복원해 경주를 세계 도시로 살릴 수 있는 길이 열린 것이다.

경주의 미래를 위한 제안

경주는 형이상학적 도시였다. 역사상 어느 도시도 천 년 전의 경주만큼 도시 전체가 종교적인 곳은 없었다. 그들은 극락정토極樂淨土를 도시 규모에 맞게 적용하여 이승에서 이루었다. 교황 시대의 로마도 그러하지 못했다. 유일신을 위하여 여러 신의 신전인 고대 로마 유적을 파괴하고 그 위에 거대한 성전을 지었어도, 도시의 기본 틀은 다신교의 도시였던 고대 로마의 모습 그대로였다. 경주와 비슷한 시기의 종교 도시인 중세 도시 역시 교회가 도시의 상징적 원점이기는 하나 정치와 상업 공간이 도시의 더 큰 부분을 지배하고 있었다. 경주는 도시 전체가 절과 탑으로 이루어져 있었고 도시의 일상이 종교 생활과 하나가 되어 있었다. 3천 년의 종교 도시 예루살렘과, 기독교의 도시로 시작하여 이슬람의 도시가 된 이스탄불이 경주와 유사한 도시다. 불교의 본거지인 인도에는 사원이 모인 승가가 많았고 중국에도 둔황 같은 종교 공동체의 마을이 있었으나, 18만여 호의 도시가 거대한 종교 공동체를 이룬 경우는 없었다. 절이 별같이 가득하고 탑이 기러기 떼같이 이어지던 천 년 도시 경주는 지상에 남아 있지 않다. 신라가 멸망할 때 상당수의 지배 계층이 개성으로 이주하고, 몽고병란 때 황룡사를 비롯한 도시 대부분이 불타 버렸다. 폐허 상태로 지하에 묻힌 옛 경주 위에 지금의 경주인 읍성이 들어선 것이다. 옛 경주의 모습은 몇몇 유적으로만 남았다. 불교 국가였던 고려시대에도 경주의 원상을 복원하려 한 노력이 없었고 조선 때 경주는 많은 읍성의 하나에 불과했다.

옛 도시가 불타 사라진 지 7백 년 만에 옛 도시 구역의 일부가 발굴되어 지상으로 나오고 있다. 그러나 아직 도시 구조의 기본을 알 수 있는 발굴은 이루어지지 못하고 있다. 미노아 문명의 크노소스 궁전의 발굴은 2백 년에 걸쳐 이루어지고 있고, 고대 로마의 중심 구역인 포로 로마노의 발굴에도 3백 년의 시간이 소요되었다. 지금까지의 고고학적 성과를 토대로 도시의 원형을 발견하는 도시 찾기가 시작되어야 한다. 그러기 위해서는 먼저 고고학적 발견과 문헌자료의 기록과 도시적 유기체의 논리에 의해 선사시대부터 원삼국시대와 통일신라에 이르는 여러 단계의

위에서 내려다본 불국사 전경. © RM/Archive Korea

지도 제작을 서둘러야 한다. 도시라는 유기체가 갖는 질서 형식과 경주가 갖는 역사·지리적 사실에 대한 연구가 병행되어야 한다. 고조선 때부터 이어 온 한국의 도시 형식과, 당시 교류가 많았던 중국의 도시 형식, 그리고 신라의 국교였던 불교의 도시 형식을 집합하여 옛 경주의 모습을 추정할 수 있어야 한다. 토지 형국과 한국형 취락 구조와 고고학적 발굴과 기록을 더하여 더 진전된 지도를 그릴 수 있을 것이다. 천 년 전의 지리학적 사실과 역사학적 사실을 하나로 합할 때 더 확실한 지도를 그릴 수 있고, 그 지도를 근거로 주요 부분의 발굴이 이루어져야 한다. 관련 문헌자료가 더 밝혀지면 옛 경주의 도시 구역 일대를 추정할 수 있게 될 것이다.

이때 자료만으로 원형을 찾으려 하지 말고 도시적 논리를 기본으로 해야 한다. 여기에는 건축가, 고건축 전문가, 고고학자, 구조 전문가, 미술사학자들의 공동 작업이 필요하다.

옛 경주가 불타 역사 속으로 사라져 버린 후 무신정권이 강화도로 도피하여 전 국토가 무방비 상태에 빠졌을 때, 경주는 몽고인과 왜구에 의해 다시 철저히 약탈당했다. 불교 최대의 도시 옛 경주는 몽고인과 왜구에 의해 지상에서 사라졌으나 고고학적 도시의 기본 형식은 남아 있다. 콜럼버스가 신대륙을 발견할 때 한 무리의 학자들은 지하에 매몰된 옛 도시를 찾아 나섰다. 미지의 세계에 대한 탐험과 사라진 과거로 향하는 탐험이 동시대에 이루어졌다. 우리의 세계화가 한국의 원형 도시를 찾는 일과 함께 이루어질 때, 한국 문명의 신기원을 이룰 수 있을 것이다. 몽테뉴가 로마를 방문했을 때 고대 로마의 성벽과 지붕은 땅에 묻힌 상태였고, 괴테가 로마를 찾았을 때 고대 로마의 중심 구역은 잡초 더미가 우거진 폐허였다. 이탈리아인들은 세계로 나아가면서 그들의 과거를 되찾는 일을 함께했다. 세계적으로 지하에 묻혔던 옛 도시들이 발굴되어 옛 모습을 되찾기 시작한 지가 백 년 전후의 일이다.

한국의 옛 도시들은 지상에서 모두 사라졌다. 고구려의 평양, 백제의 부여, 신라의 경주는 물론 고려의 수도 개성조차 역사의 틀이 다 부서져 있다. 정도 6백 년을 지난 서울도 고궁과 일부의 성벽만으로 남았다. 21세기는 도시의 세기이며 세계 공동체의 세기다. 우리가 세계에 우리를 보이려면 우리의 옛 도시를 찾아야 한다. 오래된 문명국가가 세계에 보일 수 있는 최고의 문화는 역사 도시다.

석조의 도시인 유럽과 달리, 목조의 도시인 동양은 복원 방식이 다를 수밖에 없다. 동양의 옛 도시에서 건축은 끊임없이 새로 지어지고 증축되어 왔다. 세계 최대의 왕궁인 아방궁과 자금성紫禁城(쯔진청)은 짓는 데 3년밖에 걸리지 않았다. 7백 년을 지속한 자금성도 끊임없이 다시 지은 것이다. 광해군과 대원군의 중창重創이 없었으면 지금 서울이 어떠했겠는가. 러시아에 30억 달러를 주는 외교보다 30억 달러를 들여 옛 도시를 복원하려는 노력이 세계에 우리를 더욱 크게 나서게 하는 일이다. 한국의 옛 도시 중 가장 오랜 기간 지속된, 천 년 전에 사라진 천 년의 역사 도시 경주를 부분적으로나마 복원할 수 있다면 한국인의 문명적 저력을 세계에 보일 수 있는 최고의 기회가 될 것이다.

옛 도시의 복원이 불가능하다고 하나 창조적 복원은 가능하다. 석조 건축의 복원과 목조 건축의 복원은 다르다. 일본이 세계에 그들 정신의 뿌리라고 말하는 이세신궁伊勢神宮은 20년마다 다시 지어 2천 년을 이어온 것이다. 해인사도 창건 당시 그대로가 아니다. 동양의 도시와 건축은 창조적 중창이 얼마든지 가능하다. 도시 원형의 복원에 뜻이 있는 것이지 개별적 건축의 순수 복원이라는 외길만 있는 것이 아니다. 경주 모두를 복원하는 일은 있을 수 없다. 역사적 실체의 경주를 부분적으로 복원하여 전체를 알게 하는 일만으로 충분하다. 하드리아누스의 도시 역시 5퍼센트 미만의 발굴로 전체의 틀을 밝혀내고 있다. 경주의 중심부를 복원하는 것은 우리의 원형 공간을 다시 있게 하고자 하는 일이다. 박물관의 유물만으로는 세계에 우리를 드러낼 수 없다.

그러나 역사의 원형 공간을 보존하고 중심 구역과 틀을 복원하자면 현재 사람이 살고 있는 경주에 대한 새로운 마스터플랜이 있어야 한다. 도시는 살아 있는 유기체이므로, 도시의 역사는 현재 위에서 되찾아야지, 현재를 부정하는 과거의 복원은 무의미한 일이다. 천 년 도시 경주는 현장에 사는 사람에게는 속수무책의 도시다. 도시는 끊임없이 성장하고 변화하기 마련인데, 경주 시민에게는 도시의 생명력이 부정되고 있는 것이다. 신경주의 개발과 천 년 도시 경주의 보존이라는 두 레일 위로 가야 경주의 과거와 현재와 미래가 하나가 될 수 있다.

만신萬神의 도시였던 고대 로마가 기독교도에 의해 철저히 유린되고 파괴되어 땅에 묻힌 지 천 년이 지나서야 중심 구역이었던 포로 로마노가 발굴되었다. 거기에 도시가 들어섰으면 고대 로마는 지상에서 사라질 뻔했던 것이다. 다행히 문명을 아는 교황이 있어 파괴를 중단했다. 백 년 전부터 고고학적 도시 발굴이 이루어지면서 로마는 원래의 공간으로 부분적으로나마 회귀할 수 있었다. 포로 로마노의 복원은 도시 한가운데 있어야 할 도시 기능을 새로운 도시 에우르(EUR)Esposizione Universale di Roma로 만들어 소개함으로써 가능했다. 파리 시민들도 2천 년의 역사적 장소인 옛 로마의 유적을 발굴 보존하여 파리를 2천 년의 역사가 잠재한 도시로 만들었으며, 도시의 끊임없는 자기 확대와 새로운 건설 욕구를 구舊도시에서 바로 연결되는 축 위의 신도시 라 데팡스La Défense가 담당하게 하여 도시의 역사 구역을 보존했다. 천 년 도시 쑤저우蘇州도 옛 도시 구역은 철저히 보존하고 새로운 개발지를 구도시 외곽에 설치하여 도시 개발과 역사 보존이라는 두 레일을 성공적으로 결합시키고 있다. 1년에 5천만 명의 관광객이 다녀가는 교토 역시 신개발지를 도시 외곽에 만들어 개발 수요를 담당하게 하고 도시의 역사 구역은 최고의 관광 도시로 만들었다.

경주의 옛 지도를 만들어 오늘의 경주와 내일의 경주를 역사의 한 레일 위에 서게 하려면, 현 경주를 보존과 개발의 여러 단계로 구분하고 옛 경주와 새 경주를 함께 생각해야 한다. 경주 마스터플랜은 옛 경주의 중심 구역과 주요 역사 유적지의 기존 도시 기능을 신경주로 이전하는 단순한 보상 차원이 아니라, 인류의 유산이기도 한 경주가 어떤 도시가 되어야 할지의 비전을 제시하는 안이라야 한다. 폼페이처럼 역사의 유적뿐인 도시여서는 안 된다. 로마와 같이 확대된 도시 속의 역사 유적으로 만드는 일도 역사 경관인 자연이 우선적인 경주의 경우에는 큰 의미가 없다.

경주는 단순한 관광의 도시이기보다 한국의 시각예술을 세계에 보이는 도시로 발전되어야 한다. 가장 아름다운 역사 유적의 장소가 미술 도시가 되는 것은 당연한 일이다. 많은 논란이 있었으나 결국은 고속철도가 경주를 지나게 되었다. 경주가 역사와 미술의 도시가 될 때 이 고속철도도 국토의 균형 개발이라는 면에서 큰 뜻을 가지게 될 것이다. 신경주가 세계적 미술 도시가 된다면 역사 도시인 과거 경주와 더불어 살아 있는 인류 유산인 도시가 될 것이다. 과거 경주의 단순한 보존만으로는 경주 시민의 희생을 더욱 크게 할 뿐이며, 신경주의 무분별한 지방 도시화는 역사 도시 경주를 더 다치게 할 뿐이다. 고속철도와 이어진 세계적 미술 도시 신경주와, 신경주로 중심 구역이 이동한 2천 년 역사 도시인 옛 경주는 세계 어느 도시보다 앞선 21세기 한국의 명소가 될 것이다. 경주가 21세기 국토 인프라인 고속철도와 이어지는 것은 문화 인프라와 도시 인프라가 서로 상생하는 논리로 통합되어야 한다.

아시시

가톨릭이 세속화의 길을 갈 때 본래의 길을 고수한 이가 아시시의 성 프란체스코다. 포목상의 아들로 태어나 방탕한 생활을 하기도 했던 성 프란체스코는 어느 날 하느님의 음성을 듣고 성인의 길을 걷는다. 성 프란체스코의 삶은 천주교의 갱생과 궤적을 함께한다. 성 프란체스코는 이론이나 선언이 아닌 삶을 통한 실천으로 가톨릭이 새롭게 태어나는 계기를 만들었다. 그를 기리는 사람들이 뜻을 모아 지은 성 프란체스코 대성당이 아시시에 그대로 남아 있다.

성 프란체스코와 사랑하는 사이였던 키아라 또한 연인을 따라 성인이 되고 성 프란체스코 대성당 건너편에 성 키아라 성당이 지어진다. 본인의 깨달음, 연인의 깨달음, 군중의 깨달음이 전 세계로 뻗어 나가고 성 프란체스코는 가장 위대한 성인으로 추앙받는다. 자연스럽게 가톨릭의 정화를 이룬 것이다.

우리가 종교를 이해하는 가장 쉬운 길이 성당과 성화다. 성 프란체스코 대성당에는 지오토Giotto di Bondone의 그림이 있다. 지오토는 그리스도와 성 프란체스코의 일생과 중요한 가르침을 28점의 그림으로 남겼다. 성 프란체스코 대성당과 지오토의 그림은 그 어느 성당과 성화보다 혼연일체를 이루었다. 성 프란체스코 대성당은 주변 공간군을 하나의 종교 공동체로 만들어 나가면서 내부의 성화를 통해 사람들에게 깊이 있는 신앙의 내용을 전달한다.

불교는 개인의 깨달음을 중요시하지만 가톨릭은 개인과 공동체의 하나 됨과 공동체가 도시가 되고 더 나아가 지상의 천국이 되기를 소망한다. 이러한 정신이 가장 아름답게 실현된 곳이 바로 아시시다. 아시시 골목을 걸으면 성 프란체스코의 목소리가 들리는 듯하다. 호텔에 누워서도 나도 모르게 기도하며 "이게 바로 종교 공간의 힘이구나"를 느꼈다. 아시시에 지진이 났을 때 가슴을 아파한 사람이 나만이 아니었을 것이다.

토디와 페루자를 거쳐서

서울에서 편지도 하고 전화도 하고 한 달 전부터 충분히 말했는데, 막상 아시시Assisi에 도착해 보니 지도도 준비되어 있지 않았다. 뛰어난 사람은 뛰어난 일을 하는 사람이지 뛰어나게 태어난 사람이 아니다. 그들은 부지런하고 성실하고 뜻이 있다. 일이 있으면 일을 하고 어려운 일이면 물어서 하고 안 되는 일이면 왜 안 되는지를 알고자 한다. 아무 준비도 없이 렌터카를 타고 시속 180킬로미터의 속도로 고속도로를 달린다. 아시시로 가기 전에 코르토나에 들렀다가 페루자를 거치기로 한다. 고속도로를 가로지른 교량 스타일의 휴게소에 잠시 들른다. 그럭저럭 좋은 아이디어다. 하지만 한참 달려도 코르토나가 나오지 않는다. 이미 지나쳐 버린 것이다. 코르토나가 신도시여서 기대가 컸는데, 에트루리아 시대에 시작된 더 오래된 도시인 토디Todi를 대신 찾는다.

멀리 도시가 보이기 시작한다. 산 정상의 옛 도시가 안개 속에 모습을 드러낸다. 산기슭에 레오나르도 다 빈치가 설계한 교회가 서 있다. 도시 전체가 거대한 건축 집합이다. 로마 제국 이전인 에트루리아 시대의 유적이 일부 남아 있고 로마 시대의 유적도 남아 있다. 중세에 도시의 대략적인 모습이 만들어지고 르네상스 시대에 최종 매듭이 지어진 전형적인 중세 도시다. 도시 전체가 하나의 공동체적 구성으로 이루어져 있다. 여기서 건축은 도시의 한 부분일 뿐 아니라 도시 그 자체이기도 하다. 도시 형식과 건축 형식이, 연속된 도시 실현의 과정 속에서 서로 하나가 되어 있다. 도시가 있고 건축이 서는 것이 아니고 건축이 모여 도시를 이루는 것도 아닌, 도시 전체가 건축이고 건축이 도시 그 자체인 도시와 건축의 혼연일체다.

시청 아래의 교차 궁륭cross vault 사이를 내려가 움브리아의 평원이 아름답게 펼쳐진 테라스로 나선다. 거기에 토디 최고의 식당이 있다. 삼겹살 스파게티의 맛이 독특하다. 애피타이저도 좋고 스테이크도 훌륭하다. 풍요로운 점심이다. 서울에서 매번 줄 서듯 후닥닥 식사하는 일에 비하면 이곳 천 년 도시에서는 점심 먹는 것이 중요한 일이다. 점심이 일상의 한 사건이 될 수 있도록 하는 것도 삶의 한 지혜일 것이다. 이제 좀 속도를 조절하고 서두르기보다 현명하게 대국을 보며 일해야 할 때다.

걸으면 걸을수록 정감이 드는 도시다. 아파트 단지 하나를 이런 식으로 만들어 보고 싶다. 서울의 달동네를 이런 식의 도시로 만들어 보고 싶다. 재개발이라는 이름으로 서울의 가장 아름다운 장소인 산기슭의 달동네들을 진부한 아파트 단지로 바꿔 버리는 것을 막아야 한다. 토지 형국의 주요 부분인 산기슭에 진부한 도시 형식을 반복하는 것은 서울 전체를 다치게 하는 것이다. 여름강좌를 열어서라도 달동네 재개발 금지 계획을 입안해 보고 싶다. 이들로부터 배워야 할 것은 배워야 한다. 중세의 도시는 인간이 만들어 온 도시 형식 중에서 인간 공동체 형식을 가장 훌륭히 성취한 예다. 그 도시들이 천 년 이상 본래의 도시 형식을 유지하고 있는 것이 바로 그 증거인 것이다. 런던 교외의 주거 단지도, 파리 시내의 어느 마을도 중세의 도시가 이룬 이웃과 마을과 도시의 혼연일체된 모습을 성취하지 못하고 있다. 미리 도면과 자료가 준비되었으면 도시의 더 많은 부분을 알 수 있었을 텐데 아쉽다. 시간에 밀려 다 빈치의 교회는 그냥 스친다.

페루자Perugia를 찾아 나선다. 마을 한가운데에 페루자의 방향을 표시한 이정표가 있다. 가리발디 공원에서 페루자로 달리기 시작한다. 페루자는 기원전 7세기에 시작된 12개의 에트루리아 도시 중 하나다. 세계 최초의 석조 아치가 있는 성벽 안의 도시 구역과 중세에 완성된 외곽의 주거 구역이 공존한다. 기원전 7세기부터 르네상스에 이르기까지 거의 천 년에 걸친 도시 건설의 시대별 모습이 도시적 실체로 공존하고 있다. 르네상스 시대의 중심 광장보다, 중세 도시의 모습이 극명하게 드러난 도심 외곽이 더 감동적이다. 오늘의 삶이 살아 있는 도시이면서 외곽에는 짙은 과거의 그림자가 현실에 깊이 각인되어 있는 도시다. 성곽과 외곽 지역 사이를 연결했던 옛 로마의 수로는 지금 길이 되어 있고, 도시 구역마다 일상의 중심이었던 우물은 이제 역사적 상징으로 남아 있다. 도심 광장에서 집 사이로 비뚤게 내려오던 길이 꺾이는 자리에는 도시의 축도인 길과 집과 마당이 혼연일체된 마을의 중심이 있고, 수로였던 길을 따라 가면 옆 마을로 향하는 길이 열린다. 광장에서 시작된 길과, 길에서 시작된 마당과 집의 겹침이 오래된 유기체적 공동체의 아름다운 모습을 실현하고 있다.

토디와 페루자는 여러모로 대조적이다. 토디에는 아직 중세의 시간이 흐르고 있는 반면, 페루자에는 에트루리아와 로마와 중세와 르네상스와 현대가 공존하고 있다.

산 정상에 있는 옛 도시 아시시. © Roberto Ferrari

신앙의 도시 아시시

페루자에서 아시시는 멀지 않다. 한 시간 거리다. 성 프란체스코에 대해서는 그의 일생을 피상적으로 아는 정도다. 멀리서 성 프란체스코 대성당의 옹벽이 보이기 시작한다. 토디와 페루자가 벽돌과 돌로 이루어진 도시인 데 비해 아시시는 돌 하나로만 지어진 도시다.

거대한 옹벽의 성 프란체스코 대성당과 산 정상의 로카 마조레와 오른쪽의 성 키아라 성당의 세 삼각 지점이 도시의 기본 형태를 이루고, 도시 전체가 하나의 재료로 이루어진 전형적인 중세 도시다. 성문 옆 호텔에 묵기로 한다. 성문이 도시 전체에서 가장 아래에 있으므로 성곽 안을 걷다가 길을 잃어도 그냥 내려만 오면 된다. 오래된 도시에서 살자면 새로 짓고 살기보다 고치고 덧입히는 일을 거듭해야 한다.

먼저 성 프란체스코 대성당에 가기로 한다. 호텔에서 바로 지척이다. 수도원과 성당이 함께 있다. 멀리서 보이던 거대한 옹벽 위의 인공 토지 위에 수도원이 있고, 서로 높이가 다른 두 광장에 성당이 걸쳐 있으며, 지하에 성 프란체스코의 무덤이 있다. 교차 궁륭의 구조체가 장엄한 교

회 내부의 공간 형식은 절제된 아름다움을 보인다. 지하 무덤으로 이어지는 공간 전이가 경이롭다. 대성낭은 장엄하면서 수수하다. 근검과 봉사로 생활해 온 프란체스코에게 어울리는 절제의 표현이다. 천장에 그려진 지오토의 성화聖畵에 감동한다. 중세의 그림을 머리로만 이해하던 장벽이 조금씩 허물어지는 느낌이다. 대단한 경지의 그림이다. 베네치아에서 처음으로 다가오기 시작한 중세와 르네상스의 그림이 이제 눈에 보이기 시작한다. 중세와 르네상스 미술에 대해 책으로만 알던 막연한 느낌을 이제 조금은 넘을 수 있을 듯하다. 원시의 미술, 역사시대의 미술, 그리고 오늘의 미술을 모두 하나의 사실적 표현으로 이해할 수 있어야 한다. 휘트니 비엔날레를 알 수 있는 감수성과 성 프란체스코 대성당의 지오토를 이해하는 감수성은 결국 하나인 것이다.

기억에 의해서가 아니라 지성과 감성의 자연스러운 부딪침으로 오늘의 미술을 이해하려면 우선 역사시대의 미술에 대한 공부가 필요하다. 원시시대 미술의 위대함은 그 순수성에 있는 것이지, 역사시대 미술의 깊이와 폭과 비교할 수 있는 것이 아니다. 인류가 성취한 문화에 대한 공동 체험이 인간의 본능적 앎과 공존해야 한다. 중세 도시는 인간이 이룬 위대한 문명적 유산이다. 기독교가 유대인의 것이 아니듯이 중세 도시가 이탈리아인의 것은 아니다. 성 프란체스코 대성당이 주는 건축적 감동은 인류 공동체에 대한 헌신을 실천한 중세 문명에서 기인한다. 중세 도시에서 건축과 도시를 보려 하지 말고 문명을 보아야 한다.

성당에서 나와 중앙광장으로 간다. 미로와 같은 길들은 다 격식과 질서가 있다. 성문 앞에서 성당을 지나는 각각의 장소는 도시의 중심에서 비롯한다. 도시 중심은 일상적 삶의 한 과정이다. 로마 시대의 미네르바 신전과 중세의 시청사와 교회가 나란히 있는 중앙광장에 앉아 그라파를 마신다. 편안하고 나른한 저녁이다. 최근에 천 년이 된 이 도시를 닮아 내었다. 새것에서 오히려 더 중세스러움을 느낀다. 도시의 결구가 건실하다. 자연스러우면서 격식에 충실하고, 문법적이며 수사학적이다. 자연의 흐름에 민감하면서 공동체의 질서에 화답한다. 개인의 영역과 집단의 영역이 다치지 않고 공존한다. 이원적인 것이 실제의 하나로 실현되어 있다. 종교 공동체여서 가능했던 일일 수도 있으니 그것은 종교 이전에 인간 공동체의 기본적 모습인 것이다. 르 코르뷔지에Le Corbusier와 미스 반 데어 로에Ludwig Mies van der Rohe에게서보다 먼저 이들에게서 배워야 한다. 우리의 중세는 고고학적으로만 존재한다. 건축가는 미래 상황의 하드웨어를 만드는 자다. 미래는 과거에 깊이 뿌리하고 있다. 그러나 미래에 관계하는 과거는 추상적 과거 형상이다. 지나간 사실의 집적 속에 내재한 질서의 원리가 미래의 기반이 되는 것이다. 우리에게 경주와 부여와 평

높이가 다른 두 광장을 품고 있는 성 프란체스코 대성당.

양은 고고학적 장소일 뿐이다. 유럽의 중세 도시는 인류가 이루어 온 문명적 궤적을 추상 형태로 남겨 둔 경우다. 여기서 경주를 찾을 수 있어야 하고 서울의 키워드를 알 수 있어야 한다.

성곽 끄트머리에 있는 식당에 들어간다. 스파게티와 스테이크를 시킨다. 스테이크는 벽난로에서 직접 굽는다. 어둠이 깃들기 시작한 천 년 전의 마을을 걸어 돌아온다. 자기 것을 말하지 말고 모두의 것이 될 것을 말해야 한다. 인류가 성취한 모든 것으로부터 배워야 한다. 중세 도시의 위대함은 에트루리아 문명과 그리스·로마 문명과 그리스도의 가르침이 하나가 되어 이룩한 것이다. 아시시가 움브리아의 토착 언어에 집착했다면 이런 인류의 유산을 만들 수 없었을 것이다. 우리가 지금 무엇을 하려는지 다시 생각해 보아야 한다. 모든 것을 버릴 수 있는 사람이 모든 것을 얻을 수 있는 것이다.

아시시의 밤은 이제 무엇인가 보이는 것 같은 밤이다. 성문 옆 주막에서 맥주를 마신다. 참으로 즐거운 흔들림의 밤이다. 길 건너로 로마네스크풍의 아름다운 성당이 보인다. 행복한 웃음소리가 즐겁다. 즐겁게 나른한 밤이다. 바로 옆 호텔로 돌아온다. 조그만 방이다. 텔레비전도 없다. 그러나 창을 열면 중세의 성문이 바로 앞에 다가서고 멀리 성벽이 보인다.

이미 천 년 전에 도시의 대부분을 이룬 나라의 건축가와 모든 것을 새로 시작해야 하는 나라의 건축가는 생각하고 말하고 일하는 것이 달라야지, 그들 뒤를 따를 일이 아니다. 유럽에 와서 공부하는 건축가들은 유럽인들로부터가 아니라 자신들의 선조로부터 배워야 한다. 스승은 자기에게 있는 것이다. 깨달음은 어느 날 오는 것이다. 자기 일에 열심이어야 한다. 중세 도시를 공부하기로 했으면 잠자지 말고 적게 먹고 공부해야 한다. 교수처럼 공부해서는 안 된다. 그들은 그러고 사는 것이 직업이지만 우리는 만들어서 말해야 하는 것이므로 본질적인 앎이 아니면 소용이 없는 것이다. 가지를 치고 정곡에 도달해야 한다.

케임브리지

나는 서울대학교 마스터플랜을 할 때부터 대학 공동체를 주장했다. 현대 도시에서, 특히 서울에서 서울대학교의 공동체 역할이 상당히 중요하다고도 생각해 왔다. 그러한 주장을 하다가 학교에서 밀려났으나, 정작 케임브리지를 가 보고 나서야 그동안 진정한 대학 공동체에 대해 알고 있었다고 말하기 어렵다는 사실을 깨달았다.

대학 공동체는 교수들의 학문의 세계와 그것을 배우고자 하는 학생들의 세계, 그리고 교수와 학생 사이에 교감이 이루어지는 공간화 과정에서 학문적 성취가 일어나는 것이라고 생각해 왔는데, 케임브리지에 가 보니 그게 아니었다. 대학 공동체는 그대로가 하나의 세상, 거대한 삶이었다. 대학 공동체는 대학 이전에 인간 공동체였다. 성당과 술집, 야시장과 수도원과 양로원이 있는 보통의 다른 도시와 다를 바 없다. 다른 점이라면 학문을 구심점으로 모인 구성원들이 도시 공동체에 대한 자부심과 교양을 하나로 합치고 있다는 점이었다.

옥스퍼드가 먼저 만들어진 대학 공동체임에도 케임브리지를 선택한 이유는 이곳이 옥스퍼드에서 불만을 가진 학생들이 나와 만든 대학 공동체이기 때문이었다. 교수 위주의 사회는 알력과 욕심이 생기기 마련이다. 학생 또한 대학 공동체의 주인이라는 생각에 그들이 직접 공동체를 만들고 교수를 초빙한 것이다. 서울대학교에서 우리도 그들처럼 행동하려 했으나 서울대학교는 우리가 감당하기에는 너무 큰 국가 공동체였다.

위치도 좋고 마을도 훌륭한데 호텔 자체는 삼류다. 중국인이 주인이다. 아편전쟁을 생각하면 우습다. 힘의 논리가 역사를 지배하고 있다. 중국의 공산화와 화교의 세계 진출이 중국을 다시 세계 최대의 강국으로 만든 것이다. 백 년 전에 참으로 많은 역사적 사건이 있었다. 세계의 다른 한 중심이었던 아시아가 유럽에 의해 유린되고 왜곡되어 온 한 세기의

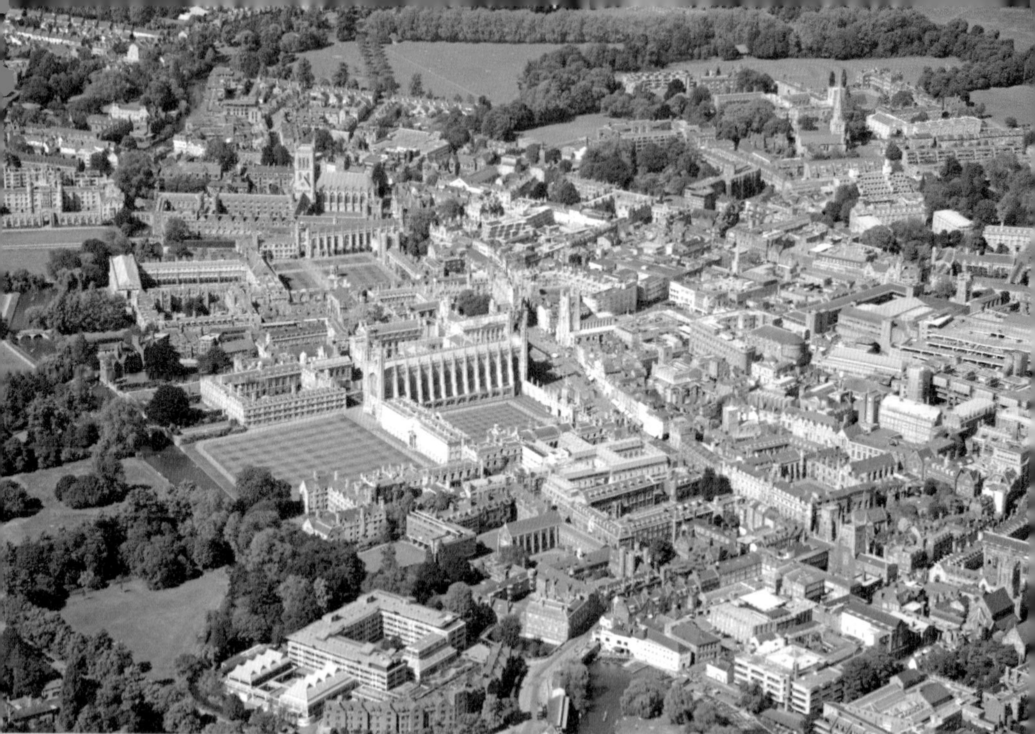

대학이 모여 있는 케임브리지 전경. © Andrew Holt

시작이었다. 19세기까지 세계의 역사였던 동양과 서양의 이원 구조가 무너지고 일방적인 유럽에 의한 세계 진출이 현대 문명의 기반이 되었다. 이제 한 세기가 마감하고 새로운 세기가 시작되었다. 노예로 끌려갔던 아프리카인과 달리 아시아인들은 수모와 모멸의 늪을 딛고 일어서고 있다. 만리장성과 앙코르와트와 이세신궁이 다시 역사의 현장으로 나오고 있다.

오늘은 케임브리지를 다녀오고 밤에는 〈미스 사이공〉을 보려 한다. 건축에 국한하지 않고 인간의 역사를 담는 공간 형식인 거리, 광장, 다리, 공원 등 도시 공간과, 도시 공동체인 대학 도시와 산업 도시를 함께 보려 한다. 대학 도시로는 도시와 대학이 스스로의 영역을 유지한 채 공존하고 있는 케임브리지에 원형의 모습이 가장 잘 간직되어 있다. 세계 최초의 대학이 있는 볼로냐나 옥스퍼드 대신 케임브리지를 선택한 이유는 케임브리지야말로 역사가 공간 형식으로 실재하는 도시이기 때문이다.

발이 아직 많이 아프다. 프롤레타리아가 약방까지 장악한 모스크바에는 곪은 발을 고칠 약방이 없었다. 런던의 약방은 교훈적이다. 슈퍼마켓에 약국이 있고 그곳에서 약사가 약을 판다. 우리나라에서는 약사와 의사, 한의사와 약사가 서로 다툰다. 오늘날의 전문인의 원조는 중세의 이익 집단이기보다 전문 교육과 시장 확보를 위한 전문 집단의 공동체 조직이었던 것이다. 호텔 근처의 약방에 가서 좋은 처치를 받는다. 안에서 곪는 것이 곰팡이와 합세한 것이므로 아픈 곳을 흐르는 물로 깨끗이 세척하고 충분히 말린 다음 약을 바르고 구두를 신어야 하며, 발바닥과 신발 사이에 공간을 둘 만한 것을 끼워 통풍이 되게 하라 한다. 항생제는 의사의 처방이 있어야 한다고 하나 사정을 말하니 준항생제인 타이레놀 같은 것을 준다. 문명국가에 온 것이다. 이제는 걷는 일이 지옥이 아니다. 발이 아파 술도 많이 자제했다. 간이 발 덕을 보는 날도 있다. 정식 약사에게 상처를 보이고 치료 후에 약까지 먹으니 살 것 같다. 여행 중에 발이 아픈 것처럼 당황스러운 일은 없다.

킹스 크로스 역에서 기차를 타고 케임브리지로 가기로 한다. 직행으로 50분 거리다. 15년 만에 다시 간다. 지금 이언우 교수는 무엇을 하고 있을까? 그의 다소곳한 각시는 무엇을 하고 있을까? 케임브리지로 가는 차편이 바로 닿아 있다. 왕복표를 사고 뛰어간다. 빈칸을 찾아 움직인다. 런던 교외는 언제 보아도 건강한 마을이다. 한없이 푸른 들판이 이어진다. 예술의전당 설계 일로 런던에 머물며 케임브리지에 두 번 다녀간 적이 있다. 가출한 옥스퍼드 학생들로 시작된 대학 도시 케임브리지로 들어선다. 우리의 경제 성장과 국가의 세계화는 엄청난 교육열을 기반으로 한 것이고 교육열은 대학으로 향한 것이었다. 도시화의 가장 핵심적인 내용이 대학 교육을 향한 전 국민의 염원이었던 것을 간과해서는 안 된다. 엄청난 대학 인구의 양산이 한국의 공업화와 국제화를 이룬 것이다. 서울의 인구 집중 원인이 대학과 산업 시설의 편중이었으므로 수도권 인구 대책의 가장 중요한 부분은 대학의 지방 이전과 공업 시설의 수도권 외곽 배치였다.

공장의 수도권 외곽 배치와 전국적 산업 시설의 권역화圈域化는 단기간에 큰 효율을 창출했다. 울산, 포항, 여천 등의 지방 공단과 안산, 시화, 반월 등의 수도권 외곽 공단이 공업 입국의 주요 기지로 성장했다. 반면 대학 인구의 확대와 수도권 인구 분산을 의도한 수도권 외곽의 대학 분교는, 당초의 목표와 달리 대학 시설만 서울 외곽에 설치되고 이에 따른 도시화가 이루어지지 않아 오늘날 우리가 당면한 도시 기능의 왜곡과 사방에 막다른 골목이 예비된 교통 대란을 야기했다. 서울 중심부의 교통량이 1일 170만 대인데 서울 외곽선을 넘나드는 1일 교통량이 2백만 대를 넘는다. 이는 서울의 교통량이 대학 인구와 산업 인구의 과다한 이동에 의해 야기되었음을 보여 주는 것이다. 대학이 자족하는 규모의 도시가 되지 못하고 오히려 시계市界를 흔드는 물동량의 과잉을 초래하고 있다.

대학이 도시에서 어떤 역할을 하는지를 분명히 해야 한다. 관악산에 서울대학교의 종합 캠퍼스를 계획할 때 과천으로 이어지는 대학 도시안을 제안한 일이 있었다. 일주일에 하루, 옷 갈아입으러 가는 시간만 허용되었던 서울대학교 응용과학연구소 때의 일이었다. 그때 우리가 모델로 생각한 것이 케임브리지였다. 당시 서울대학교가 당면한 문제를 이제 모든 대학이 다 가지고 있다. 건축만이 아니라 광장, 다리, 거리 등은 물론 피엔차 같은 원형의 도시와 케임브리지 같은 대학 도시를 함께 알아야 한다. 피엔차는 한 치 앞도 보지 못하고 대도시 주변에 신도시를 지은 사례이고, 케임브리지는 대학 도시의 역사적 사례로서 이 대학 도시는 지난 8백 년 동안 끊임없이 영국과 인류에 공헌해 왔다.

밀턴의 교실, 뉴턴의 실험실, 케인스의 연구실이 있는 이 도시가 가진 하드웨어의 핵심은 무엇이었을까? 새마을운동은 농촌의 현대화를 위한 위대한 기회였다. 국가적 규모의 하드웨어를 장치할 수 있는 기회였는데 건축가들은 모두 자신의 일에만 바빴다. 새마을운동은 농촌의 발전을 가져왔으나 결국 역할의 창조적 전환을 이루지 못해 한시적 발전에 머물고 말았다. 통치자의 철학과 신념을 도시와 건축의 전문가들이 함께하지 못했다. 대학 분교는 우리 도시가 지금 부딪친 또 한 번의 기회다. 지방 분교를 독도가 되게 해서는 안 된다. 대학 분교를 통해 21세기의 우리 도시가 창조적 전환을 시도할 수 있는 계기를 마련해야 한다. 케임브리지 같은 것을 대도시 주변에 만들 수 있어야 한다. 국가의 장래는 결국 대학 교육에 달려 있는 것이다. 대학은 공동체 시설인 중고등학교와 다르다.

대학은 도시의 한 부분이다. 대학 생활은 일생의 가장 귀중한 기간이며 사회 공동체의 모태 공간인 것이다. 영국의 세계 제패의 기반은 대학이었다. 하드웨어로 기능하는 대학 도시 케임브리지에 대해서 본격적으로 연구할 필요가 있다.

케임브리지를 일주하는 투어 버스를 타고 1시간 반 다녀 보기로 한다. 인구 11만 명에 대학 인구만 3만 명이다. 도시 중심부를 이층버스 위에서 내려다보며 간다. 사람들이 도시에 가득하다. 대학 시설과 도시 시설이 하나의 도시로 얽혀 있지만, 대학 시설은 중정을 중심으로 고유의 영역을 고수하고 있다. 중심 가로에서는 상업 기능군과 주거 기능군과 대학 기능군이 유기적 질서 형식으로 조화를 이루고 있다. 버스가 다니는 길은 자동차로는 들어갈 수 없다. 걸어 다니는 도시다. 인구 11만 명이면 도시의 기능 대부분을 걷는 거리 안에 두어야 한다. 도시 외곽에는 넓은 초원이 펼쳐진다. 어제까지 눈 오는 도시에 있었는데 지금은 바람 사이로 봄이 실려 오는 케임브리지 벌판에 서 있다. 이제 차에서 내려 3시간 동안 도시 구석구석을 걸어 보기로 한다. 걷는 구역이 대부분이므로 시간이 모자라면 5시 기차를 타기로 하고 걷는다.

배가 고파 중국 식당으로 들어간다. 대학 도시답게 빠른 서비스의 점심 메뉴가 있다. 점심 메뉴를 인원별로 하나씩 시키고 추가로 작은 요리를 2개 시켰는데 점심 메뉴만으로도 충분한 양이다. 모처럼 먹는 익숙한

원형교회라고도 불리는 성묘교회. © The Bridgeman Art Library

음식인데 아깝지만 남긴다.

도시 가로의 중심부에 성묘교회Church of the Holy Sepulchre(원형교회Round Church라고도 함)가 서 있다. 케임브리지에 처음 대학이 설 당시에 지어진 교회다. 예수의 부활을 상징하는 무덤을 바탕으로 만든 둥근 지붕이 있다. 예루살렘의 성묘교회에서 발견한 종교 건축의 비의秘義를 다시 생각한다. 항상 모든 일에 관심을 가지고 의문할 수 있어야 보이지 않는 것을 볼 수 있다. 성묘교회 바로 옆이 세인트 존스 칼리지다. 이 칼리지는 교수연구동인 셈이다. 외부인은 입구에서부터 통제된다.

중정을 중심으로 두어 건물군이 이어진다. 세인트 존스 칼리지와 트리니티 칼리지, 퀸스 칼리지가 강을 끼고 이어지듯 서 있다. 도시에 면하여 입구 홀이 있고 입구 홀에서 중정으로 이어지며 중정과 중정이 연속하다가 들판으로 열린다. 건물 문은 도시 가로를 향해 열리지만 내부는 완전한 사유의 영역을 유지한다. 도시로 열리는 긴 가로는 킹스 칼리지로 이어진다. 칼리지들은 별도의 교회를 각각 가지고 있다. 각 칼리지가 하나의 작은 도시이며 마을이다. 완전한 집합이 모여 완전한 더 큰 집합을 이루고 있다. 교회의 첨탑 위로 올라가 사방을 둘러본다. 11만 명의 대학 도시 전체가 일목요연하게 보인다. 8백 년의 시간과 공간이 실재한다. 건축 하나하나는 각자 완성된 공간 형식이면서 전체로 집합한다. 대학 사회의 구성 원리가 공간 원리로 구상화되어 있다. 마침 건축 전문 서점이 있다. 베네치아에서 만든 내 책은 보이지 않으나 내가 참여한 애니 컨퍼런스ANY Conference(건축과 도시를 주제로 한 건축가, 학자, 비평가들의 국제적인 모임으로 2년마다 회의를 개최한다. 1995년 서울에서 'ANYWISE'를 주제로 5번째 회의가 열렸다)의 자료집이 나와 있다. 찻집에 가서 참으로 오랜만에 차와 머핀을 먹는다.

예술의전당 설계로 런던에서 일하던 때가 벌써 오래전의 일이다. 발이 부르트도록 다니고 허리가 아파 앉지도 못하면서 그렸다. 더 많은 사람의 참여가 있었으면 더 좋은 것이 될 수 있었고 국가의 투자가 예정대로만 되었어도 더 나은 결과가 있었겠으나, 당시의 우리로서는 모든 것을 다한 시간이었다. 그때 매일 오후 4시면 차를 마시며 머핀을 먹었다.

찻집을 나와 이제는 역으로 간다. 차를 타려다가 다시 되돌아볼 겸 걷기 시작했는데 멀기도 멀다. 가는 길에 고려대학교 대학원 조교를 만난다. 도처에 한국 사람이다. 어학 연수차 왔다 한다. 10여 년 전에도 어학 연수차 온 한국 여학생을 만났는데 역시 한국 여자는 강인하다. 남자를 내보내다가 이제는 스스로 나선다. 가장 많은 선교사가 환속하여 현지 여자와 사는 곳이 한국이다. 생각보다 멀다. 시 중심에서 역까지 셔틀 버스가 다닐 법도 한데 부활절이라 다 쉰다. 살아 있는 대학 도시의 일상을 보려 했는데 약간 실망스럽다. 그러나 많은 것을 볼 수 있다. 혼자만 다니다가 이렇게 함께 다니는 일도 즐겁다. 서로 말하면서 더 많은 것을 알게 되고 보게도 된다. 기차를 타고 런던으로 돌아온다. 편안한 건강함이 가득한 벌판을 달린다.

런던에 와서 공연을 보지 않으면 스스로에게 결례다. 드루어리 레인 극장으로 간다. 다행히 가장 좋은 자리의 표가 남아 있다. 여기서 〈42번가〉를 보던 때가 벌써 10년 전이다. 로열 오페라하우스의 톰 맥아더의 방에서 일하던 1983년 겨울 런던이 문득 떠오른다. 마틴 카, 피터 엔지에와 차링 크로스 호텔에서 논쟁하던 일도 이제 먼일이 되었다. 내셔널 오페라하우스에서 〈오르페우스 인 디 언더월드Orpheus in the Underworld〉를 보던 날 밤, 그날의 주인공 프렌치 걸을 만나던 일도 이제 추억이 되었다. 공연 시간이 2시간 40분이므로 서둘러 저녁을 먹어 두기로 한다. 극장 바로 앞에 식당이 5곳 있다. '오페라 익스프레스 디너'를 시킬까 하다가 펜네를 주문한다. 오랜만에 시작하기 전에 극장을 둘러보고 싶다. 처음 오페라하우스를 설계하게 되었을 때의 막막하던 시간이 런던에만 오면 다시 다가와서 생각을 키운다. 로열 오페라하우스에서 많은 것을 배웠다. 뮌헨 극장장 그로서와 메트로폴리탄 오페라하우스의 나난 박사로부터도 많은 도움을 받았으나, 로열 오페라하우스의 톰 맥아더에게서 참으로 많은 것을 배웠다. 거의 3년 동안 20번 넘게 그와 모든 일을 상의했다. 대한민국이 그에게 훈장이라도 주어야 한다. 그가 죽은 후로는 런던에 오지 않게 되었다. 코번트 가든에 오니 불현듯 그가 보고 싶다. 죽음은 사람을 다시는 보지 못하게 한다. 살아도 대부분 서로를 보지 못하지만 살아 있으면 언제든 볼 수 있다. 죽으면 영원히 못 보는 것이다.

극장 구석구석이 정겹다. 지나간 십수 년이 물결치듯 스쳐 온다. 〈미스 사이공〉은 2번째 본다. 바로 작년 도쿄에서 윤호진, 정진수 씨와 함께 극단 사계가 하는 〈미스 사이공〉을 보았다. 공연예술은 새로운 시간과 공간으로 사람을 끌고 간다. 뮤지컬은 오페라와 다른 편안한 감동이 있다. 서울에 좋은 뮤지컬 전용 극장이 하나 있어야 한다. 뮤지컬은 대부분 장기 공연일 터이므로 장소가 크게 문제될 것은 없다. 방배동 한샘 본사의 뒤 건물 자리에 뮤지컬 전용 극장을 세우는 일을 검토해 보자. 의왕 문예회관을 뮤지컬 전용 극장으로 하는 일도 좀 더 많은 사람의 의견을 듣고 진행해야 한다. 접근로에 문제가 있으나 주변 인구가 40만 명이므로 충분히 뮤지컬 전용 극장이 가능하다. '하늘의 마을Sky Village'과도 좋은 짝이 될 수 있을 것이다.

잠깐 울고 나니 멋쩍지만 가슴이 트인다. 무대는 언제나 사람을 흔들어 놓는다. 일상의 진부함 가운데에서 공연예술은 삶의 빛나는 한때를 연출한다. 그냥 자기가 무엇하다. 맥주를 마시며 오늘 다닌 이야기를 한다. 이제 여행의 반이 지나고 있다. 모스크바의 눈길을 걷던 날이 먼일 같다. 맹맹한 와인에 카스피 해의 캐비아를 맛도 모르고 먹는다. 프라하의 고풍스러운 우아함과 카를 다리와 타워 브리지도 추억이 되었다.

신열하일기

고등학교 때 『열하일기』를 읽었으나 연행록의 주요 목적인 열하보다 연행 도중의 잡기만 기억에 남아 있다. 박지원의 『열하일기』는 피서산장이 있던 열하(1년 내내 얼지 않는 호수라는 뜻)에 다녀온 과정을 적은 연행록이나 실제 열하 자체에 대한 직접적인 묘사는 없다. 수행원이었던 박지원은 황제가 있는 곳까지 가지 못했던 것 같다. 직접 열하를 보고자 하는 마음으로 베이징에서 자동차를 빌려 황제의 여름 궁전으로 갔다.
천하 대문장가의 글이라 해도 역시 백문百聞이 불여일견不如一見이었다. 청나라 황제가 외국 대표를 초대하는 여름 별궁은 의외로 검소했고 거의 같은 규모로 서 있는 난데없는 포탈라 궁(달라이 라마의 궁)도 의외였다. 황제가 베이징에서 천리만리 떨어진 산둥성 취푸를 방문하는 것은 전쟁 못지않은 국가적 대사였다. 건륭제가 8번이나 취푸를 방문할 정도로 유교 국가였던 청나라 황실에 불교가 그렇게 깊숙이 들어와 있었다는 점이 충격적이었다. 베이징보다 그들의 원래 도시였던 심양과 여름 궁전 열하에서 3백 년 가까이 중국을 지배했던 청나라 제국의 진면목을 더 잘 볼 수 있었다.

근래에 중국에 갈 일이 많았다. 건축문화대상 수상 여행, 천 년 건축을 위한 2번의 취재 여행, 칭화 대학교 및 하버드 대학교와의 공동 연구 등으로 2년 사이 5번을 다녔다. 처음 중국에 갈 때의 갈등은 이제 많이 사라졌다. 우리의 모든 문명이 그들에게서 기인했을지 모른다는 황당한 걱정이 있었던 것이다. 특히 오랑캐라 부르던 청나라에 당한 굴욕을 인정하기 어려웠고, 당대의 대학자인 연암 박지원의 『열하일기』에 이해하기 힘든 부분도 많아 언젠가 꼭 가고 싶던 곳이 열하熱河, 현재의 청더承德다. 칭화 대학교의 이 교수와 이야기하던 중에 중국의 전통 건축이 제대로 남은 도시가 청나라 황제들의 피서산장避暑山莊이 있던 '청더'라는 말을 듣고 바로 그곳이 연암이 다녀온 '열하'인 것을 알았다. 베이징에서 서북쪽으로 자동차로 4시간 거리에 있는 도시다. 청나라를 세계 국가로 만든 강희제와 건륭제가 만든 별궁이다. 피서산장이라 하나 황제가 1년 중 넉 달을 거기에 있었다 하니 흥미롭다. 일종의 '인스턴트 시티Instant city'이므로 원형이 확실할 터이고 명나라로부터 이어받은 자금성과의 비교 연구도 흥미로울 듯하다. 그리고 부엇보나 2백 년 만에 열하를 다녀오는 역사 기행의 재미도 있다. 연암이 본 것과 내가 본 것은 어떤 것일까? 베이징의 일정이 바쁘지만 무리하여 이틀 동안 청더를 다녀오기로 한다.

아침에 떠나 청더에서 점심을 먹고 다니다가 자고, 다음날 조금 더 다니다가 밤늦게 돌아오기로 한다. 연암이 보름 걸린 장소를 이틀에 다녀오는 것이다. 시외로 가는 길이므로 다행히 차가 막히지는 않는다. 베이징은 이제 어제의 베이징이 아니다. 50년 전 베이징에 살던 사람에게 베이징은 이미 이방의 도시다. 원나라 때 대도大都의 틀이 짜이고 명·청대에 완성된 세계 최대의 도시 베이징은 몇몇 역사적 유적으로만 남았다. 역사의 부정 위에 시작된 공산혁명 50년과 혁명 위의 혁명인 문화혁명의 중심지인 베이징은 자금성과 천단天壇이 무너지면 역사와는 아무 상관이

청나라의 강희제와 건륭제가 만든 별궁인 청더 피서산장. © Fanghong

없을 현대 도시가 되어 있다. 천 년의 시간은 폐쇄된 궁성의 담 안에 갇혀 있을 뿐, 도시 도처에는 신개지新開地의 한창 바쁜 개발 도상의 모습만 있다. 베이징에는 북한산, 관악산 같은 산도 없다. 그저 그런 밋밋한 산을 지나면 또 그런 산이 나오는 한없이 산문적인 벌판을 달린다. 제국의 황제가 매년 넉 달간 수도를 비우고 피서산장이라는 이름의 별궁으로 향하던 역사적인 가로가 교외의 흔한 빈 길로만 남아 있다. 자동차로 만리장성을 넘어야 한다. 북방 민족의 침입을 막고자 시황제가 쌓은 만리장성은 무려 3번이나 완전히 무너지고 중원은 북방 민족의 지배를 받았다. 거란족이 송나라를 멸하고 몽고족이 금나라와 송나라를 유린하고 만주족이 명나라를 멸망시켰다. 만리장성을 넘어 중국 천하를 제패한 만주족은 만리장성 너머의 만주 방면인 청더, 즉 열하에 피서산장이라는 별궁을 두고 1년 중 넉 달을 그곳에서 지냈다. 황제가 제국의 수도를 비우는 일은 고도의 정치적 · 군사적 행위다.

드디어 만리장성을 넘어선다. 인류의 어느 역사에도 없는, 한도 끝도 없는 엄청난 물량의 대구조물이 단 하나의 논리에 의해 지어졌다. 여름과 겨울이 어긋날 정도로 한없이 먼 만 리의 거리를 똑같은 논리의 단면이 끊임없이 이어 가고 있는 것이다. 만리장성 안과 밖의 두 세계를 가르려는 목적에 의해 인류 최대의 유적이 끝도 없이 산등성이를 이어 가고 있다. 산맥의 정상에 세운 저 엄청난 대역사를 위해 얼마나 많은 인간의 생명이 사라졌는지, 인간이 다른 인간을 배척하기 위해 얼마나 많은 것을 인간에게서 빼앗을 수 있는지를 섬뜩한 느낌으로 본다. 만리장성을 지나면 세상이 다르다. 베이징을 지나면 베이징 바깥이고, 만리장성을 지나면 중국의 바깥이다. 무엇이 안이고 무엇이 밖인가? 차를 세우고 길가에서 과일을 파는 리어카의 상인에게서 과일을 산다. 너무하다 싶을 만큼 싸다. 만리장성 밖은, 한 달 봉급이 10만 원인 중국에서도 변방인 곳이다. 싼 만큼 맛도 없다.

만리장성을 쌓을 때 가상의 적이었던 나라 중 실제로 넘어오지 않은 나라가 우리뿐인 것을 항상 안타깝게 생각했으나, 베이징을 지나 3시간 동안 만리장성 바깥을 지나면서 금수강산의 사람은 이곳에 올 욕심이 없었을 것이라는 생각이 는다.

요동遼東(랴오둥) 벌판이다. 이곳에서는 벽돌이 섭씨 700도면 구워진다. 그래서인지 다 벽돌집이다. 베이징과는 또 다른 자연의 정경이 나타난다. 이곳은 무엇인가 좀 다르다. 건륭제가 왜 이곳에 피서산장을 만들고자 했는지를 생각한다. 그처럼 검약하고 철저한 황제가 넉 달씩이나 제국의 수도를 비울 까닭이 무엇이었을까? 만주족이 중원을 장악했을 때 중국 주변의 세력은 어떠했는가? 명나라에 밀려난 몽고족이 하루아침에 역사상 세계 최대 제국의 붕괴를 맞은 것은 아니다. 청나라가 복속시킨 신장 위구르는 어떠했을까? 중국에 병합된 티베트의 국제 정치적 힘과 입장은 무엇이었을까? 중국은 세계 한가운데의 나라이므로 세계 전략이 바로 생존과 번성의 기본일 텐데, 어찌하여 황제는 수도에서 400킬로미터나 떨어진 이 먼 곳에 별궁을 짓고 한여름을 여기서 보냈을까?

청더에 도착한다. 황궁보다 공장이 먼저 보인다. 한때 유수한 산업 도시였다가 최근 관광 도시로 부상하는 모습도 보인다. 아직은 경주에 비할 바가 못 되지만 큰 흐름이 느껴진다. 변두리 도시다운 도심의 한 호텔에 짐을 내려놓고 바로 강희제와 건륭제의 별궁을 찾아 나선다. 처음에는 잘못 온 줄 알았다. 너무 검약하고 작다. 파괴되고 일부만 남은 것이 아니다. 정문 일부가 바뀌었을 뿐 대부분이 다 그대로다. 경복궁보다 더 많은 것이 남은, 당시 세계 최대 제국이었던 청나라 황제가 직접 나서서

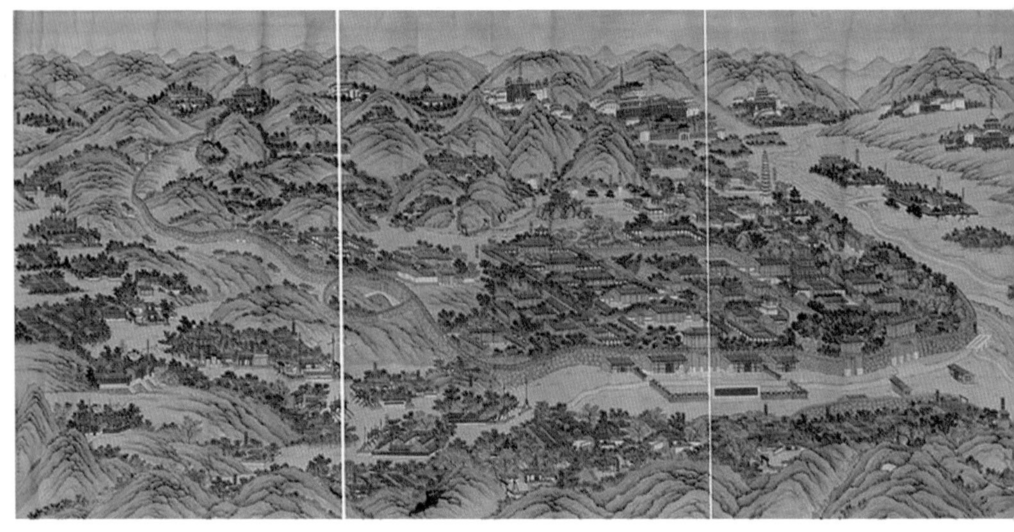

1875~1890년의 청대 피서산장 지도.

만든 그들의 별궁이다. 중국 최고의 통치자였던 건륭제가 일일이 궁과 전각의 이름을 짓고 스스로 현판의 글씨를 썼다. 자금성의 주인이 1년에 넉 달 와 있으려고 특별히 지은 피서산장이라는 이름의 황궁은 제후의 별장만 하다. 황제에게 휴가가 있을 까닭이 없다. 황제는 그 존재 자체가 통치 행위이므로 별궁이나 정궁이나 모두가 통치하는 장소인 것이다. 피서산장을 다 둘러보아도 이럴 수 없다는 생각이 들 정도로 작다. 1년의 1/3이 아니라 이삼 일 머물다 가는 행궁보다 작은 규모다. 시종일관한 절제와 검약의 공간이다. 아! 그런 것이 아닌가 하는 생각이 든다. 중국을 제패하기 위해서는 자금성이 필요하지만 몽고와 티베트와 신장의 왕들을 이곳에 오게 하면 그들은 결국 1년의 반을 길에서 있어야 하는 것이다. 연암조차 황제를 보기 위해 왕의 사절로 이곳에 오느라 반년의 시간을 길에서 있었던 것이 아닌가. 황제는 자금성에서 중국을 통치하고 1년의 넉 달은 이곳 열하에서 중국을 둘러싸고 있는 사방의 적과 함께 사는 것이다. 그리고 그들을 초대한 황제는 그들보다 더 검약한 작은 공간에 살고 있는 것이다.

산중이라 저녁이 되면 금방 어두워 온다. 피서산장을 벗어나 내일 가기로 한 라마교의 사원 중 하나를 둘러보기로 한다. 피서산장의 주위를 높은 산이 병풍처럼 둘러 있고 한가운데에 황제의 별궁이 있다. 황제의 궁 주변의 산 위, 별궁을 내려다보는 자리에 라마교의 사원이 10곳 넘게 서 있다. 모두를 보는 데만 사흘이 걸린다 한다. 오늘은 피서산장에서 가장 가까운 곳에 있는 라마교 사원을 찾는다.

우리는 우리 불교에 대해서만 안다. 중세 유럽이 기독교 공동체이고 북아프리카와 중동과 인도가 이슬람 공동체일 때, 중국과 한국과 일본은 물론 거의 대부분의 아시아가 불교 공동체였다. 중세에는 전 세계가 다 종교 국가였다. 현실의 권력은 지배 계층의 것이었으나 일상 대부분의 시간은 종교 공동체의 것이었다. 종교는 추상성에 대한 믿음이므로 한 종교 안에도 서로 다른 믿음이 있기 마련이고, 종교 의식에 이르러서는 다른 종교의 의식보다 더 다를 수도 있다. 삼국시대 이후로 천 년이 넘게 불교가 우리의 국가적 믿음이었어도 우리는 다른 나라의 불교에 대해서는 잘 모른다. 특히 라마교에 대해서는 티베트의 불교, 달라이 라마, 섹스의 불교 정도로만 알고 있다. 황제의 별궁보다 더 큰 규모로 선 수많은 라마교 사원이 무엇을 뜻하는가를 알기 위해 『열하일기』를 다시 본다. 청나라가 자금성에 입성하고 중국을 제패할 당시, 세계의 움직임이 어떠했는지를 알 수 있어야 피서산장과 라마교 사원으로 가득한 열하를 알 수 있다. 남한산성에 숨어 청 태종과 대적하려던 우리 선조처럼, 세계의 흐름을 모르면 옛 명분만 찾게 되는 것이다. 왜 국가가 있는가? 민족이 저절로 국가가 되는 예는 어느 역사에도 없다. 민족을 국가 형식의 집합으로 세울 때는 배타적인 스스로의 입지가 있을 수밖에 없고, 바로 그것이 세계 속의 국가적 자립인 것이다.

중국은 한족의 나라다. 삼황오제三皇五帝의 중국과 하, 은, 주의 중국은 중국의 영원한 부분이다. 최초로 중국 천하를 통일한 진의 시황제 이후부터 중국은 세계 속의 중국, 세계의 중국이 된 것이다. 그때부터 중국이라는 국가의 존립은 중국을 대상적 국가로 생각할 수밖에 없는 주변 국가와의 관계 속에서 유지된 것이다. 만리장성은 중국이라는 나라의 존재 형식의 상형문자인 것이다. 만리장성을 넘어 중국을 제패한 만주족의 제국이 끊임없이 대적해야 했던 존재는 물론 한족이었지만, 그에 못지않게 여전히 북방의 가장 큰 세력인 몽고와, 중국과 유럽 사이의 티베트와 위구르도 청나라의 주적이었던 것이다. 자금성은 한족 통치의 상징이었지만 자금성에만 머물러서는 몽고와 위구르와 티베트를 다스릴 수 없었을 것이다. 언제든지 중원을 가질 수 있다는 것을 보여 준 그들은 누군가의 부름을 받을 일이 없다. 그래서 건륭제는 가장 검소한 황제의 별궁을 만리장성 밖에 짓고 별궁보다 더 높은 주변에 상대의 종교 공동체의 사원을 지어 놓고 몽고와 위구르와 티베트의 지배자들을 초대한 것이다. 몽고와 위구르와 티베트에서 길도 없는 열하까지 오자면 서너 달은 예사로 걸릴 것이다. 아마도 연암 일행처럼 먼저 자금성에 들르게 하고 다시 피서산장으로 오게 했을 것이다. 그곳에 가면 그들의 사원이 있고 그들의 왕궁보다 작은 청나라 황제의 별궁이 있는 것이다. 이보다 더한 국제 외교가 어디 있겠는가. 아무도 살지 않는 산간 벽지였던 열하에 국가적 규모로 지은 수많은 라마교 사원은 건륭제가 만든 또 하나의 만리장성이었던 것이다.

깊은 산마을의 밤은 순식간에 어둠을 싣고 온다. 잠시 어두워지다가 갑자기 밤이다. 불빛이 없는 산 한가운데의 늦은 저녁에는 한밤 같은 빛깔이 있다. 중국에 있으면 먹는 일이 일이다. 우리에게 먹는 일은 그냥 먹는 일에 불과한데 이들에게는 먹는 일이 사건이다. 참으로 가지가지 많이도 먹는다. 나폴리에 며칠 있으면 배고픈 것이 행복하다. 아무 데서나 최고의 음식을 싼값으로 먹을 수 있어서다. 로마의 식당과 나폴리의 식당은 그야말로 다르다. 중국에서는 배고플 사이가 없다. 매번 산해진미를 먹는다. 모든 접시가 공동의 것이므로 함께 먹기 마련이다. 나폴리에 뚱뚱한 사람이 많은 것은 당연한 일인데 중국에는 뚱뚱한 사람이 의외로 적다. 시시때때로 마시는 차 때문인 모양이다. 차를 마시면 문화를 마시는 것이다. 이들은 매일 문명을 먹고 문화를 마시며 산다. 산골 길가 식당이지만 여기도 중국이다. 또 먹고 마신다.

이렇게 깊은 산의 산장에 묵으면 아무 소리 없는 것이 오히려 불면을 자극한다. 한강변 아파트에서 15년을 살았더니 조용한 곳에 오면 잠을 깊이 자지 못한다. 홍콩의 수상水上족들이 육지에 서면 흔들린다는 말이 사실이겠다. 그래도 새벽에 상쾌하게 잠이 깬다. 다시 피서산장으로 간다. 강희제와 건륭제에 대해서 많이 알고 싶다. 그들은 한 인간이 얼마나 큰일을 할 수 있는지를 알게 한다. 할아버지와 아버지가 이룬 무력의 침공을 역사의 위업으로 만든 사람들이다. 누구를 이기는 일은 하기 쉬워도 역사를 이루는 일은 아무나 하는 일이 아니다. 4대 강희제와 6대 건륭제가 이룬 제국은 무능한 후손과 만주족에게 넘어갔어도 2백 년을 더 지속했다. 그들은 사후에도 중국을 통치하고 세계를 경영하고자 했던 것이다. 피서산장의 절제는 이들 황제의 세계 전략만이 아니라 한 인간으로

서의 큰 그릇을 느끼게 한다. 그들은 세계를 상대로 살았으나 인간으로서의 자기도 함께 살다 간 것이다.

피서산장 곳곳에 있는 황제의 유물은 보는 사람을 숙연하게 하는 진지함으로 가득하다. 남한산성에 갇혀 전 국토와 국민이 적군에게 유린되는 동안 원칙론만 말하고 있던 지배 계층과, 그들의 비판 세력이던 실사구시實事求是의 북학파들이 사실 다를 것도 없다. 실학파에 대한 비판이 있어야 한다. 그들은 외국의 문물을 알고 그것을 주장한 것뿐이다. 스스로의 역사와 세계의 흐름을 일치시키는 자기의 세계화에서 비롯한 논리가 아니라 유행 사조를 배워 말한 것뿐이다. 『열하일기』가 한국적일 수밖에 없는 것은 그런 연유일 것이다.

피서산장에는 황제가 머물던 당시의 모든 것이 다 보존되어 있다. 건

청더 피서산장의 정궁正宮. © 頤園新居

륭제가 쓰던 접견실, 집무실, 침실에는 가구와 집기를 포함하여 모든 게 다 전시되어 있다. 당시 그가 쓰던 그릇은 물론 필기도구까지 다 제자리에 있다. 황제는 갔어도 그의 정신과 그의 집은 이렇게 남아 있다. 세계가 유럽에 의해 재편되고 있을 때 황제는 중국을 중심으로 한 견고한 그들의 세계를 구축하고 있었다. 이탈리아 화가가 그린 건륭제의 모습을 보면 자그마한 노인이나, 그의 글씨를 보면 세계를 향한 아시아인의 혼이 서려 있다.

황후의 거처도 검약함과 절제의 방뿐이다. 입구에 사신들을 접견하는 장소 말고는 황제와 황후만이 거처하는 공간이 있다. 중심 축에는 황제가 움직이는 공간만 놓여 있다. 천하를 가졌어도 그의 길은 외길이었다. 사냥터에서 돌아온 황제를 그린 그림에서, 천하를 제패한 소수민족의 깊은 결속과 에너지를 느낀다. 금나라 이후 그들은 두 번에 걸쳐 천하를 평정했다. 무자비하게 몽고에게 유린당했던 그들의 우두머리는 중원과 만주 사이의 열하에 몽고와 위구르와 티베트의 사원을 짓고 그곳에서 1년의 1/3을 지낸 것이다.

중국의 전통 건축이 우리 전통 건축의 모체인 것은 사실이나, 정작 보이는 것은 우리와 많이 다르다. 시칠리아의 고딕 성당과 밀라노의 두오모가 다르고, 노트르담 사원은 웨스트민스터 사원과 같은 건축 문법이어도 다른 건축이다. 서울에 있는 대부분의 궁궐과 옛 건축은 피서산장과 거의 같은 시대에 지은 것들이고 당시 중국과 한국의 교류는 교류 자체가 가장 큰 국가적 일인 데다 중국에 대한 지식인들의 경도는 오늘에 비할 바가 아니었는데도, 피서산장의 건축과 당시 서울의 건축은 달랐다. 정치는 중국에 종속되었으나 예술은 당당한 독자적 세계를 가고 있었다. 정치 논리로 문화의 변방적 성격을 말하는 것은 예술을 알지 못하는 데에서 나오는 말이다.

대단한 크기의 호숫가에 굽이굽이 아름다운 정경 사이로 집들이 연이어 늘어서 있다. '熱河(열하)'라고 비문이 새겨진 옛 온천 계곡으로 간다. 지금은 뜨거운 물이 나오지 않는다. 백 년이면 땅속도 달라지는 모양이다. 지하도 살아 있는 자연인 것을 잊고 산다.

피서산장을 나서서 다시 라마교 사원으로 간다. 몽고인을 위한 사원이 따로 있고, 위구르를 위한 사원과 티베트를 위한 사원도 각각 있다. 같은 라마 사원이어도 서로 다 다르다. 위구르의 사원에는 한없이 펼쳐진 대평원의 바람이 잠겨 있다. 석 달을 걸어 이곳에 오면 그들은 그들의 장소로 온 것이다. 서역만리를 만주 별관에 세웠다. 라싸의 포탈라 궁을 본떠 지은 라마교 사원은 포탈라 궁의 축소판이기도 하다. 티베트를 중국 영토로 만든 건륭제의 깊은 계산이 산상에 스며 있다. 2백 년 전, 만주의 황제들은 유럽이 세계를 지배하게 될 것을 알고 있었다. 만주의 황제는 티베트와 위구르의 방패가 필요했던 것이다. 그들은 세계로 뻗어 가는 유럽 열강의 징후를 알고 있었다.

뉴욕, 시카고, 샌프란시스코

맨해튼의 첫 방문

1979년 10월 26일, 저녁 비행기로 맨해튼에 도착했다. 난생 처음 간 맨해튼이었다. 신문사 논설위원 등 각계각층 인사들과 함께한 여행이었는데, 모두가 도착하자마자 타임스 스퀘어로 나갔다. 나는 본래 무리 지어 다니는 것을 좋아하지도 않고, 해외여행을 가면 먼저 호텔 일대를 걸어보거나 텔레비전을 보는 습관이 있어 혼자 호텔에 남았다.

텔레비전을 켜니 박정희 대통령과 김영삼 의원이 번갈아 나오며 탱크가 있는 부마항쟁 현장이 비춰졌다. 대한민국에 미증유의 대사건이 벌어진 것이다. 부마항쟁의 화면이 계속 흘러나오더니, 미확인이지만 박 대통령이 저격당한 것 같다는 소식이 전해졌다. 두어 시간 뒤에 모두가 호텔로 돌아왔을 때는 박 대통령 서거 소식이 나온 뒤였다. 서울은 모든 연락이 두절된 상태였고 공항도 전부 폐쇄되었다고 했다. 모든 일정을 취소하고 밤새 차를 타고 워싱턴 D.C.의 한국대사관으로 갔다. 아침에 도착한 대사관에는 빈소가 차려져 있었다. 어느 누구도 나서서 분향하지 않았다. 혼자 분향한 뒤 큰절을 했다. 그리고 다시 뉴욕으로 돌아왔다. 한 논설위원한테 박 대통령의 옥타비아누스가 누구냐고 물었다. 그때 전두환이라는 이름을 처음 들었다. 나는 혼란 끝에 그 사람이 집권할 것이라고 했다. 다들 웃었다.

워싱턴 D.C.에 갔다가 뉴욕으로 돌아온 날 밤, 혼자 밖으로 나와 맨해튼 거리를 걸었다. 한국이 18년의 군사 통치에서 벗어나 새로운 세계로 나왔는데, 새로운 세계는 아직 모두에게 보이지 않는 저 세상 같았다.

보름 뒤에 서울로 돌아오니 국민은 새 세상을 얼떨떨해하고 정치인들은 제 세상을 만난 듯하고 학생들은 떼를 지어 자기주장을 펴고 있고 언론은 그야말로 우왕좌왕이었다. 한 달 뒤 이태원 누나 집에 머물고 있던 저녁, 한남동 쪽에서 총성이 요란하게 들려왔다. 전두환 장군이 나선 것이다. 그것으로 18년은 새로운 8년의 군부 통치로 다시 이어졌다.

데자뷔일까. 10월 27일 맨해튼 밤거리를 걸으며 생각하던 일이 거의 그대로 역사가 되었다.

맨해튼, 20세기 최고의 금융·기업 도시가 되다

미국 동부의 도시 문명은 19세기까지 이어 온 인류의 어느 도시에서도 시도하지 않았던 초고층 건축군의 도시를 이루어 냈다. 로마 제국은 유럽과 아프리카 북부에 로마의 도시를 건설했고, 그 로마의 도시가 현대 도시의 모태가 되었다. 로마 제국의 도시가 중세와 르네상스의 도시를 거쳐 오늘에 이르렀는데, 그 어떤 도시도 맨해튼과 같은 도시 형식을 꿈꾼 적이 없었다. 전 세계인들이 몰려든 신대륙의 엄청난 인구 집중과 자본 집중은 그때까지는 존재하지 않았던 도시 확대 현상을 낳았다. 그 결과 미국 동부에서는 근대 공업과 결합한 도시와 함께, 인류가 경험하지 못한 고밀도 입체 도시가 출현했던 것이다. 완벽한 격자형 가로망의 등장과 수직 동선의 기계화에 힘입은 초고층화가 맨해튼이라는 20세기 도시를 창출했다. 수평으로만 움직이던 도시의 동선에 수직 동선이 개입하면서 도시 형식의 패러다임이 바뀐 것이다.

맨해튼의 도시화 과정은 20세기 최대의 드라마다. 20세기 초만 해도 맨해튼은 미국 동부의 중소 도시에 불과했다. 백 년이 채 되지 않은 사이에 맨해튼은 유럽의 도시들이 천 년, 2천 년에 이룬 것보다 더 큰 것을 만

1930년의 맨해튼.

들어 내었다. 자연의 영향이 가장 큰 섬에 자연을 거스르는 최고의 인공 도시를 만들었던 것이다. 맨해튼의 개발은 중립적인neutral 격자를 전 지역에 확대한 수평적 도시화의 첫 번째 단계, 다운타운에서 미드타운, 업타운으로 이어지는 도시 입체화의 두 번째 단계, 육지로 이어지는 다리를 도시의 흐름에 연결하고 섬 한가운데 백만 평의 센트럴 파크를 설치하고 모든 가로망을 통해 강과 바다가 도시에 닿도록 한 도시 정비의 세 번째 단계로 이루어졌다.

버려진 섬 맨해튼을 세계 최초의 기업 도시로 만들기 위해 도시 기반을 마련한 첫 단계의 마스터플랜으로 인해서, 세계 유수의 기업들이 맨해튼을 찾았다. 그에 따라 금융시장이 맨해튼에 집중되었다. 미국의 헌법이 보장한 자본주의의 도시로서 맨해튼은 유례없는 발전을 거듭했다. 맨해튼은 유럽의 도시가 혁명을 통해서도 이루지 못했던 자유와 평등을 도시 설계의 기본으로 삼은 20세기의 이상 도시였다. 맨해튼은 내륙을 잇는 다리에 의해 고대 도시의 이상과 현실을 조정했다. 맨해튼이 중심 도시 기능의 중추를 담당하고 브롱스, 브루클린, 퀸즈, 뉴저지 등의 부도시가 주거 도시와 부도심 기능을 담당했다. 맨해튼에 도시 기능이 집중

뉴저지에서 바라본 맨해튼의 밤 풍경. © Aggerwalnitesh

되는 현상은 빠른 속도로 이루어졌다. 세계 최대의 기업 도시가 50년 사이에 공공 자본의 개입 없이 위대한 모습을 드러냈다. 그것은 인류의 이상을 실현한 도시 혁명이었다. 맨해튼 스토리는 급격한 도시 확대가 도시 내부의 고밀화 방식으로 이어질 수밖에 없는 아시아의 주요 도시가 배워야 할 가장 중요한 사례다.

누나와 여동생이 1950년대부터 맨해튼에 살고 있었다. 그들은 나와 함께 살던 시간 외의 모든 시간을 맨해튼에서 보냈다. 1979년 처음 맨해튼에 갔을 때는 맨해튼의 실체를 느끼지 못했다. 하지만 다음에 찾은 맨해튼의 느낌은 달랐다. 한밤에 공항에 도착하여 동생이 대절한 리무진을 타고 맨해튼으로 들어설 때, 조지 워싱턴 다리 건너로 보이는 맨해튼은 다른 세계 바로 그것이었다. 이런 도시의 모습은 인류가 도시 문명 3천 년 만에 처음으로 갖게 된 정경이었다. 검푸른 하늘을 배경으로 바다와 같은 강 위에 떠 있는 밤의 도시는 인류가 이룬 가장 위대한 장관을 연출하고 있었다. 그러나 건너 도시로 들어서면서 문득 입체 격자의 어느 한 모듈에 갇히고 말았다. 맨해튼을 가로지르는 가로에 서면 인간이 만든 거대한 질서의 한 부분에 갇힌 자기를 발견하게 된다. 파크 애비뉴의 동

생 집에서 바라보이는 맨해튼에는 또 다른 도시의 정경이 있었다. 길거리를 걷고 싶어 나갔으나 이 큰 도시는 이미 텅 비어 있었다. 센트럴 역 부근의 가게도 다 닫혀 있었다. 쓰레기만 빌딩 숲 사이에서 흩날렸다. 맨해튼의 첫 밤을 냉장고에만 의지하여 취했다.

다음날 아침에 잠이 깨어 내려다본 파크 애비뉴는 활기가 넘치는 세계 최고의 도시로 되살아나고 있었다. 종일 맨해튼을 다녔다. 저녁 무렵이 되어 허리에 통증이 오고 다리에 쥐가 나기 시작해서야 걷기를 멈추었다. 초고층 건물 사이를 걷는 일은 시간과 공간을 잊게 한다. 바로 저기에 있다 싶은 거리를 향해 걷는데 아무리 걸어도 거기가 나타나지 않는다. 빌딩 사이의 그림자 속을 헤매다 문득 네 거리를 만나고 햇살이 가득한 빛의 가로로 나서게 된다. 허드슨 강과 이스트 강으로 향하는 가로에 서면 입체 격자의 초고층 건축군 사이로 강물이 관통하는 듯하다. 센트럴 파크에 서서 바라보는 맨해튼은 자연과 인간이 각자 이룬 것이 하나가 된, 역사의 어느 도시에도 없는 자연과 인간의 이원 도시다. 저녁에 5번 애비뉴의 56, 57, 58번가를 걸으면 도시 한가운데에 선 것을 느낀다.

그 후 20번 넘게 맨해튼에 왔다. 예술의전당 설계 일로 왔을 때는 링컨센터와 브로드웨이에만 있었다. 중동에 일이 있어 맨해튼을 들를 때는 월도프 아스토리아 호텔에 머물렀다. 그런 날은 호텔에서만 지내다 간다. 알렉산드리아 도서관 현상懸賞설계 일로 맨해튼을 찾았을 때는 42번가에 있는 공공도서관에서 나흘 내내 있었다. 휘트니 비엔날레의 일 때는 소호와 매디슨 애비뉴에서 지냈다. 국립중앙박물관의 현상설계 일로 맨해튼에 왔을 때는 누나 집에 머물면서 바로 앞의 메트로폴리탄 박물관과 뮤지엄 마일 거리에서만 일주일을 보냈다. 애니 컨퍼런스 때는 칼라일 호텔과 로열턴 호텔에서 묵었다. 충무 마리나 리조트의 일로 자료 조사차 다시 맨해튼을 찾았을 때는 힐튼 타워에 있다가 렘 쿨하스Rem Koolhaas가 소개해 준 호텔로 옮겼다. 그러고 보면 맨해튼에 올 때마다 다른 목적으로 다른 장소, 다른 호텔에서 묵었고, 올 때마다 번번이 다른 곳에서만 지내다 간다.

20번을 넘게 다니면서도 아직 못 가 본 곳이 더 많고 갈 곳이 한도 없이 많다. 맨해튼에는 볼 일도 많고 할 일도 많다. 칼라일 호텔의 펜트하우스에 묵었을 때 테라스에서 내려다본 맨해튼의 보름달 야경은 잊을 수 없는 도시의 정경이었다. 펜트하우스에서는 서로가 들여다보인다. 브로드웨이의 타임스 스퀘어에 있는 메리어트 호텔의 스카이 라운지에서 바라보는 맨해튼의 야경은 진부했으나, 백남준 선생과 함께 초대 손님으로 방문했던 억만장자 슬로빈 여사의 테라스에서 비껴 본 맨해튼에는 인간의 꿈이 만든 장관이 있었다. 맨해튼은 왕과 귀족들만이 가질 수 있었던 문명의 공간을 모든 사람에게 준다. 맨해튼은 기적이 일상이 되는 현대의 왕국이다. 과거 도시의 거리와 맨해튼의 거리는 개념부터 다르다. 하나는 꿈이고 하나는 가능성이며, 하나는 영원한 것을 전제하지만 하나는 한시적 소유를 전제한다. 런던이나 파리에서는 도저히 있을 수 없는 인간의 가능성이 이곳에서는 도시 형식으로서 실재한다. 맨해튼은 누구나 왕이 될 수 있다는 사실을 증명하는 도시다. 맨해튼은 거대한 고밀도 초고층 건축의 도시적 기반인 중립적인 격자 가로망 위에서 역사상 어떠한 도시도 이루지 못한 기적을 만들어 냈다.

20세기의 맨해튼 같은 도시가 21세기에는 무엇일까? 베네치아, 아시시, 케임브리지, 글라스고, 프랑크푸르트 등은 목적 도시다. 무역 도시, 종교 도시, 학문 도시, 공업 도시, 교통 도시로서 이 도시들은 독특한 역할을 수행하고 있다. 워싱턴은 정치 도시로서, 교토는 역사 도시로서,

거대한 고밀도 초고층 건축이 몰려 있는
맨해튼을 대표하는 크라이슬러 빌딩.

런던, 파리, 도쿄 등은 국가의 수도로서 복합 기능을 수행한다. 맨해튼은 이 모두와는 다른, 인류가 최초로 만든 기업 도시다. 인류의 역사에서 20세기의 역할이 어떤 것이었는지를 돌아보자. 20세기는 19세기 이전의 서너 세기에 버금가는 큰 변화를 이루었다. 그중에서도 큰 변화가 기업 도시의 출현이다. 맨해튼 어디에서도 이곳은 기업을 위해 만들어진 도시라는 사실을 느낄 수 있다.

맨해튼에는 문제가 많다. 엄청나게 눈이 오는 날에 맨해튼에 있었다. 20년 만의 폭설이었다. 눈 덮인 맨해튼에서 인간이 만든 거대한 세계가 자연의 한 변화 앞에 어쩌지 못하는 것을 보았다. 이 위대한 도시가 움직이지도 못했다. 가스의 차단, 전기 사고로 도시는 쉽게 원래의 무질서로 돌아갔다. 자연 위에 세운 인간의 도시가 사흘 내린 눈 앞에서 속수무책이었다. 다음날 센트럴 파크에는 아직 여전히 눈이 가득했지만 그 외의 도시 전역에서는 눈이 사라졌다. 자연은 자연스럽지 못하게 제거되었다. 도시가 자연과 공생하지 않고 대립한다.

맨해튼에는 모든 것이 있다. 인간의 성공과 실패와 좌절이 있고 인류의 희망과 죽음으로 이르는 병이 함께 공존한다. 천 년에 걸쳐 이루어진 도시와 백 년에 일으켜진 도시는 다르다. 인간이 할 수 있고 알 수 있는 것이 과연 무엇일까? 맨해튼의 도전을 지금 우리가 맞고 있다. 우리 도시의 미래, 우리 문명의 내일을 알기 위해서 맨해튼만 한 화두가 없다. 맨해튼을 알면 우리 도시의 미래를 볼 수 있고 지난 백 년간 인류 역사의 큰 흐름을 이해할 수 있다. 외계인에게 인류 문명을 가시적으로 설명할 수 있는 것을 들라면 피라미드, 포로 로마노, 만리장성, 맨해튼만 한 것이 더 있을까. '맨해튼 히스토리', '맨해튼 히스테리'가 바로 우리 도시가 당면한 오늘날의 우리 모습이 아닐까. 인류 문명의 가시적 표현이 도시와 건축이다.

맨해튼에는 역사시대와 다른 현대 문명의 이상과 현실, 꿈과 좌절이 상형문자로 기록되어 있다. 우리 도시의 과거와 현재와 미래를 알기 위해 맨해튼 히스토리를 공부하고 싶다. 이번 겨울에는 42번가의 뉴욕 공공도서관 홀에 다시 가서 일주일 동안 맨해튼 공부를 하려 한다. 롤러 스케이트를 타고 맨해튼의 모든 거리를 달려 보고 싶다. 새벽에 일어나 세인트 패트릭 대성당에 가 보겠고 소호의 멕시칸 레스토랑, 할렘의 선창가, 17번 부두의 어시장에도 가 보려 한다. 열렬한 맨해튼인이었으나 고인이 된 필립 존슨Philip Johnson과의 추억도 떠올려 볼 생각이다. 24번째의 맨해튼 방문은 맨해튼 히스토리를 공부하는 역사 기행이 되도록 해 보자. 가을이 깊으면 멀리 떠나고 싶다. 이 세상 밖으로 멀리 가려면 맨해튼만 한 곳이 없다. 맨해튼은 이 세상의 모든 것이 다 있는 도시이기도 하지만, 이 세상 어디에도 없는 유일한 도시이기 때문이다.

맨해튼의 건축들

앵커리지로 다시 향한다. 처음 다닐 때의 흥분과 기대감 대신에 약간의 권태가 느껴진다. 창밖으로 새벽 극지에서나 느껴질 듯한 초현실적인 원색이 보인다. 아침 햇살이 물 고인 빙판에 비치고 새벽 한기가 모두 잠든 창공과 뒤엉킨다.

7년 만에 동생을 만난다. 공항에서 맨해튼으로 들어가는 차창을 통해 런던을 닮은 도시 분위기를 느낀다.

파크 애비뉴의 동생 집에 도착한다. 호텔 방 같은 독신자 아파트다. 이런 곳에서 동생은 7년을 혼자 살고 있다. 가족이라는 파충류스러운 껍질을 벗고 이렇게 길 양측으로 수백 미터씩 건물이 늘어서 있는 이방의 세계에서 동생은 아무 기다림도 없이, 누구나 가지는 낡은 껍질 하나 없이 7년을 살아온 것이다. 세월이 이렇듯 사람을 변하게 하는지.

목욕을 하고 그랜드 센트럴 터미널, 팬 앰 빌딩(현재는 메트라이프 빌딩으로 바뀌었다) 쪽의 가로로 나선다. 새벽 1시. 다들 자는 시간이다. 한두 술집이 문을 열고 있다. 유럽과 또 다른 밤. 새벽이 되면 사람들이 모두 집으로 가서 텅 비어 있는 맨해튼을 걷는다.

파리나 런던, 암스테르담에서는 밤이 깊도록 대낮의 그림자들이 비쳐 있는데, 여기 맨해튼의 밤과 새벽 사이는 작은 소리도 잘 들릴 정도로 비어 있다. 빈 도시를 차들이 질주한다. 격자 가로의 교차로에 서면 사방에 또 다른 건물이 서 있다. 격자 가로망의 미묘한 궤적을 실감한다. 도시의 도시다움보다는 도시 공학, 개인적 취향, 자본의 속성에 더 많이 경도되어 있다. 맨해튼을 만들던 첫 고가들 사이를 뚫고 지금 뉴욕을 지배하는 건축과 이 도시의 괴리를 어떻게 이해해야 할 것인지 자문해 본다. 민중과 이탈해 가는 예술의 군더더기 같은 것을 이 민주주의 나라에 와서 보고 당혹감을 체험한다.

새벽에 또 잠이 깬다. 6시. 밤을 새운 외등들과 도처의 시꺼먼 쓰레기 더미 사이로 여명이 밀려오면서 초고층의 도시가 차츰 거대한 윤곽을 드러낸다. 6시인데 다니는 사람이 없다.

기능이 정지되어 있는 하드웨어만의 도시를 이렇게 낯선 이방인의 눈으로 바라보는 느낌은 미묘하다. 사람들이 도시에서 얼마나 결정적인 역할을 하는지를 우리는 자주 망각한다. 아침이 밝아 오면서 차츰 사람이 많아지고 도시가 여명을 뚫고 바로 어제의 그 모습을 하고 나타난다. 오늘은 공식 스케줄에 따라 안내원의 상식적 설명을 들으며 명소라는 것들, 어느 경우에는 그냥 명소이기만 한 그런 곳을 보게 될 것이다.

유엔 본부에 간다. 곳곳에서 강렬한 공간이나 불합리한 구성이 많이 보인다. 문득 지나면서 본, 두꺼운 실량을 느끼게 하던 포드 재단 본부의 건축에 비해 많이 처진다. 그 역사성이나 입지의 가능성, 기본적인 구성의 탁월함은 인정한다 해도 초라하고 안쓰럽다. 건너편에는 이름을 알 수 없는 푸른 글라스의 타워가 기발한 모양으로 푸른 하늘을 배경으로 마주 서 있다. 기발하다는 점 외에는 별것이 없다.

태양열 집열판을 머리에 이고 있는 시티콥 센터Citicorp Center로 간다. 멀리서 보면 단순히 처리된 외부 때문에 얌전한 집이었는데, 가까이 가면 도시적이고 뉴욕적이고 도시 문명적인 저층부가 드라마틱하게 전개되어 감탄스럽다.

왕조의 성채도 아니고 정치권력의 상형문자도 아닌, 인류가 처음으로 가지게 된 자본주의, 휘트먼이 대중 민주주의라고 부르는 것이나 로버트 프로스트가 새로운 가치와 사회의 신세계라고 말한 것을 맨해튼의 고층 건물에서 느낀다. 거리에서 바라보이는 저층부와 상층부의 크고 거대한 공간의 전개는 그 규모의 계산이 건물 자체가 아니라 도시와 관련되어 있다. 가능한 한 도시의 토지는 도시로 되돌려져 있다. 상층부로 가면서 깎이는 단계적 전이는 도시의 토지와 자연을 시민 모두의 것이 되게 하려는 문화적 도시 양식에서 나온 것이다. 이러한 양식에 대한 인식은 현대 건축의 영웅적 거장들과 그들의 추종자들에 의해 획득된 것이다.

시그램 빌딩은 실물 크기로 모형까지 만들어 가며 귀족의 별장에 몰두하던 미스 반 데어 로에의 귀족 취미와 별다를 것이 없고, 파크 애비뉴를 가로막고 선 팬 앰 빌딩은 현대·자유·기술을 말하기는 했으나 실상 논리에 의해 대중을 설득하는 디자인을 말한 그로피우스Walter Gropius의 대중 현혹을 상기시킨다.

시티콥 센터의 상부는 태양열을 이용하기 위해 경사면으로 계획되었다.

시티콥 센터에는 뉴욕의 도시적 진실과 연결된 것들이 겸손하나 당당하게 표현되어 있다. 시티콥 센터는 입구 좌측에 이어 지어진 교회의 유머러스한 사족의 유쾌함까지 더해 단연 우수한 건축물로 평가되어야 할 것이다. 포드 재단 본부가 건축적 완벽성에도 불구하고 제국적 자본주의의 경직성에 구속된 것에 비하면 더욱 그렇다.

현대 건축은 학자들의 과도한 공부에 의해 오해되어 왔다. 뉴욕은 미스와 그의 추종자들에 의해 황폐하게 되었다는 인상을 지울 수 없다. 이 글라스 타워들은 모두 도시로부터 떨어져 앉으려 한다. 천재는 스스로는

구겐하임 미술관은 나선형 구조의 전시장으로 인해 독특한 외관을 가지고 있다. © ARCHIBAN

도시에 공헌하지만, 추종자들로 인해서 그의 완벽성을 받치고 있던 허구가 조장되어 이런 엄청난 일이 일어난다.

이번에는 센트럴 파크 옆 가로에 있는 구겐하임 미술관The Solomon R. Guggenheim Museum으로 향한다. 20세기의 천재 건축가 라이트Frank Lloyd Wright가 20년에 걸쳐 만든 것으로 섬광 같은 예지가 보이는, 감히 상상하기 힘든 앎의 전개가 있는 위대한 건물이다. 미술관에서 피카소의 작품을 발견한다. 그의 끝없는 천재성에 압도당한다. 그는 미켈란젤로 이후 가장 위대한 인간에 대한 환상의 완성을 보여 주었다. 갑자기 그림을 그리고 싶은 강렬한 충동을 느낀다. 오랫동안 그림과 떨어져 살아왔다. 지금 저 그림을 보면서 끈끈한 자신감을 느낀다.

록펠러 센터Rockefeller Center는 자본주의 도시에서 자본이라는 것의 겸손함과 당당함을 뉴욕의 마천루들과는 다른 블록 단위의 새로운 도시 형식으로 나타내고 있다. 초기 자본주의의 형식이 여기에 와서 슈퍼 블록인 대자본의 도시 형식으로 표현된 것이다. 그 도시 형식은 우리와 도시와, 그리고 과거의 것들과 필연적인 맥락을 맺고 있다.

새로움이란 이런 것이다. 과거의 모든 필연에서 기인한 것의 자연스러운 개화, 이런 것이 새로움의 형식이다. 록펠러 센터는 뉴욕에 새로움을 심었다. 사람들은 참 많이도 이 거리를 다닌다. 편견과 아집과 갈등을 묻고 모두 웃으며 마치 휘파람이라도 불듯이 5번 애비뉴를 다닌다.

포킵시

포킵시Poughkeepsie. 그가 사는 곳이다. 어제 전화를 했다. 수화기 너머로 갑자기 존댓말을 하는 익숙한 목소리를 듣는다.

적갈색 머스탱을 타고 허드슨 강변을 따라 뉴저지로 간다. 강변 안쪽으로는 아파트 타운이다. 아무도 거리에 나와 있지 않은 석양 무렵, 새벽의 맨해튼 같은 슈퍼 블록을 지나 숲 사이의 아파트군 옆 강변도로를 달린다. 멀리 숲들이 가득하고 큰 규모의 타워들이 보인다. 흰 물체의 당당함, 붉은 벽돌의 고층 아파트군, 이 큰 규모의 것들이 강과 숲과 어울려 좋은 비례를 이룬다.

단풍이 처연하다. 넓은 대지 위로 가득히 단풍이 붉게 피어오른다. 포트 리Fort Lee, 이런 것들이 맨해튼을 받치고 있는 동네다. 숲 사이로 크기와 비례가 불안스럽기까지 한 가설 건물 같은 집들이 거의 비슷비슷한 모습과 크기로 연이어 이어진다. 맨해튼의 소란함과 이곳의 적막, 그러나 서로 다른 두 도시는 어딘가 닮았다.

뉴저지로 가는 인터스테이트 하이웨이interstate highway를 달린다. 끝없는 숲, 붉은 석양 아래 단풍의 해일 속을 달린다. 피시킬Fishkill을 지나 포킵시의 도심지로 간다. 슈퍼마켓 주위로 상점 간판들같이 늘어선 커뮤니티 시설들을 지나 다시 숲 속으로 간다. 숲 속에 그의 집이 있다. 십수 년 만에 만나는 사람들. 사연이 언제 한번 제대로 말이 되어 본 적은 없지만 가슴 깊은 구석에 그리운 시절을 숨긴 사람들이 가족들에 둘러싸여 손을 잡고 웃는다.

워싱턴

스미스소니언 미술관. 오늘날의 미술을 다시 생각한다. 확실히 그것은 새롭다. 우리처럼 새로운 것의 새롭기 전에 대해 익숙하지 않은 사람에게도 그것은 신선하고 새롭다. 그 신선한 새로움은 현대라는, 혹은 20세기의 선진국이라는 인류가 처음 가져보는 민중의 참여에 의한 미술, 즉 지배 계급의 완상으로서가 아닌 자신의 사실을 그린 미술에서 느끼는 아름다움이자 경이로움이다. 한국 현대 미술은 외래의 수입에 불과하다. 우리는 과거의 이성과 과거의 단어들을 가지고 오늘의 그림을 말하고 있다.

내셔널 갤러리의 이스트 윙East Wing. 잡지에서 익히 보아 온 건물이다. 대각으로 이어지는 예각의 패턴과 압도적 규모의 중앙 홀main concourse이 인상적이다. 기형처럼 느껴질 수도 있는 형태는 예상 외로 정면의 국회의사당이나 워싱턴 광장과 자연스럽게 조화를 이루고 있다. 형태의 비례에 대한 세심한 조합과 석조 특유의 중력, 그리고 외부 공간과의 적절한 조우가 기묘한 형상의 중첩을 극복해 장중 속의 경쾌함, 신기 속의 범용을 형상화하고 있다.

중앙 출입구main entrance의 둔중한 규모는 본관과 이스트 윙 사이에 있는 조각공원의 배경을 이루고, 장대한 규모의 5개 전시실은 연이은 중앙 홀의 전주 역할을 한다. 중앙 홀 주위로 전시실들이 연결되어 있다. 여기서

내셔널 갤러리의 이스트 윙으로 I. M. 페이가 건축했다. © Matthew G. Bisanz

우리는 도처에서 무엇인가를 보여 주려는 강박에 휩싸인 일반적인 전시실들과는 다른, 쉽고 편안하고 활기차며 관객으로 하여금 전시물에 압도당하지 않고 다가서게 하는 그런 공간을 체험한다.

놀랍게도 이 건물은 워싱턴 광장을 닮아 있다. 워싱턴 광장은 우리에게 무엇을 강요하지 않는다. 이스트 윙의 전시실 역시 모두 뒷전으로 물러서서, 그러나 정교한 자신의 모습을 간직한 채 서로 적당한 거리를 유지하는 강박적이지 않은 장으로서 중앙 홀 주위에 이어져 있다. 워싱턴 광장은 국회의사당과 워싱턴 기념비를 축으로 해서 좌우의 스미스소니언 박물관 건물들과 그 뒤의 각부 청사, 그리고 사방의 숲과 멀리 보이는 경치가 이루어 내는 커다란 공간감을 가지고 있는데, 이스트 윙은 이런 워싱턴 광장과 매우 닮아 있다. 이것은 우리에게 건축과 도시의 전형적인 관계, 즉 부분과 전체의 진전을 보여 준다.

이런 점에서 건축가 I. M. 페이I. M. Pei의 거대한 스케일을 파악할 수 있으며, 이스트 윙이 이룩한 건축적 성공의 대부분은 이러한 앎에서 기인했을 것이다.

시카고

힐튼 호텔. 방이 3천 개나 되는 호텔의 아침 식당은 볼만한 그 나름의 경치가 있다. 3~4천 명의 사람들이 한 시간 안에 아침을 먹는다.

SOMSkidmore, Owings & Merrill LLP 사무실을 견학한다. 분업이라는 산업혁명적인 것이 이제는 건축 설계 사무실까지 와 있다. 건축 설계도 분업화가 가능한 것을 실감한다. 분업과 소외의 문제를 어떻게 조정할지가 문제가 될 것이다. 밝고 환하다. 또 잘 정돈되어 있다. 각자는 정돈된 구획의 한 자리를 차지하고 그 자리가 하는 일을 한다.

일리노이 공과대학교의 크라운 홀로, 미스 반 데어 로에가 설계했다. © Jeremy Atherton, 2006

형식 속의 자유, 반복하는 일상과 전체 속의 가능성. 결국 우리도 조직과 집단의 개연성을 받아들여야 할 것이다.

일리노이 공과대학교IIT에 간다. 미스 반 데어 로에는 우리가 알던 것과는 다른 각도에서 평가되고 이해되어야 할 것이다. "미스는 미스의 아류에 의해서 미스가 되었다"는 수사를 상기한다. 1950년에 미스에 의해 세워진 크라운 홀Crown Hall은 가장 새롭고 아름다울 수 있었을 것이다. 자연 위에 인위로 만들어진 새로운 자연이 대위對位한다. 미스의 건축은 일종의 대위법적인 관점에서 이해되어야 할 것이다. 그에게 자연이라는 것은 테크놀로지의 상대 개념이다.

현대 건축에 드리운 미스의 영향은 거의 절대적인데 그것은 어떤 연유에서인가? 그는 일종의 경전 같은 것을 전도한다. 그가 말하는 것, 그가 세운 것들은 모든 사람들에게 각자의 언어로 받아들여지는 추상성을 확보하고 있다. 라이트가 그의 위대함에도 불구하고 수준이 낮은 추종자들만을 가지게 된 것이 좋은 비교가 될 것이다. 그러나 IIT 캠퍼스는 현대건축에 끼친 광범위한 영향에도 불구하고 반反캠퍼스적이다.

미스는 역사적 관점에서 평가되고 이해되어야 한다. 그의 건축은 다른 모든 것을 포기하고 새로운 모든 것을 수용함을 뜻한다. 모던 디자인은 이런 미스의 궤적을 걷고 있다. 새로운 복고주의가 패배한 이 시점에서 미스의 건축을 어떻게 평가하고 이해하느냐의 일은 중요한 토론 중 하나가 될 것이다. 지금 우리는 미스를 반복하는 대신, 마치 그가 그랬듯이 그를 버리고 사물에 부딪쳐 가는 그의 정신을 배우고 전혀 새로운 우리의 문제와 마주해야 한다. 이것이 그의 가르침에 따르는 참다운 길이 될 것이다.

미스는 위대했으나 우리 시대는 미스의 시대가 아니다. 그는 20세기 중엽의 시대정신, 그가 말했듯이 그 시대를 표현한 것이다. 그의 건축은 지나간 시대가 아닌, 바로 우리의 현재를 찾는 일의 중요성에 관한 예증으로 역사적 의미를 갖는 것이다.

샌프란시스코

비가 내리는 샌프란시스코에 닿았다. 하얏트 리젠시 호텔의 중앙 출입구 부분은 낮은 천장으로 사무적으로 처리되어 있고, 2층 부분은 광대한 중앙 홀을 이루고 있다. 노출된 원형 엘리베이터 6대가 피라미드 안을 오르내린다. 도시와 만나는 저층부의 처리는 영웅주의 시대의 도시 개혁에 대한 환상이 거듭해 온, 도시에서 탈출하려는 경향이 역력하다. 마켓 스트리트Market Street가 여기에 와서 뒤 광장으로 이어지지 못하고 흩어져 있다.

기라델리 마켓Ghirardelli Market은 붉은 벽돌로 된 조적조組積造의 2, 3층 건물군을 장터로 개조한 것이나. 조적조 건물이므로 모두 땅과 두텁게 연결되어 있고 샌프란시스코 특유의 건물들처럼 반 층 혹은 한 층씩 단이 지며 사방으로 열려 있다.

물건을 사러 다니는 일은 노동의 열매이고 생활의 꽃 같은 것이다. 사는 일이 그렇듯, 장터는 단순히 물건을 사고파는 곳이 아니라 사람이 모여들고 남과 함께 사는 장소다. 슈퍼마켓같이 단순히 물건을 사러 왔다가 가는 곳이 아니라 일상의 갈증을 풀 수 있는 장터여야 한다. 장터는 원래 그런 곳이다. 기라델리 마켓은 이런 장터의 해프닝을 유쾌하게 구현하고 있다. 높고 낮은 대지 위를 이리저리 이어 가는 조적조 건물들 사이로 계단이 이어지고 곳곳에 작은 광장들이 있다. 길 건너로는 바다가 보인다. 바닷바람이 이 벽돌집들 사이를 지나 광장에 머물다가 장터의 체온을 싣고 산으로 간다.

건축이라는 것이 개인적 재능이나 형이상학의 개진이 아니라 이 사회를 살아가는 민중의 삶과 사연을 구조물로 형상화하는 것이라는, 지금은 많이 망각된 논리의 신선한 실현을 본다. 도시와 사회의 본질적 연속성과 일관성을 유지하면서 건축물 특유의 아름다움과 신선함을 과시하는 일은 이와 같이 보기에도 좋은 것이다. 도시와 사회로부터 탈출하려는 하얏트 리젠시 호텔의 건물과는 또 다른, 건축적 사실의 진지함을 체험한다.

Ⅱ

해외의 건축·도시 이야기

알렉산드리아 도서관
미마라 박물관 전시회
메가리데 헌장 선언 1994
베니스 비엔날레 한국관
캄보디아 국토 계획, 프놈 펜 특별도시 구역
취푸 신도시
아덴 신도시
바쿠 신행정수도

현대 건축은 한국 전통 건축과는 아무 연고도 없이 우리의 현실이 되었다. 중국의 고전에서 건축과 도시의 원리를 배운 한국 전통 건축은 삼국시대 이후로 중국의 변화와 상관없는 독자의 길을 걸어왔다. 안압지의 궁궐과 부석사와 방화수류정은 한 뿌리의 건축인 것이다. 그러나 현대에 와서 한국 건축은 변방의 건축으로 전락했다.

문명의 바람이 이제 세계 도처에서 밀려온다. 현대 건축의 시작은 서양 건축이었으나 지금은 모두가 같은 트랙에 서 있는 것이다. 일본 전통 건축이 중국과 다른 독자의 세계를 이루었듯이 일본 현대 건축은 그 자체로 특유의 것을 성취했으나, 한국 현대 건축은 아직 모방과 아류의 단계에 머물러 있고 세계 건축계의 오픈 마켓이 되어 가고 있다. 이럴 때일수록 세계로 나서야 한다. 상업적 유행에 민감한 건축가들에게 우리 문화의 상형문자를 맡겨 놓고 후세에 무슨 말을 할 수 있겠는가.

베니스 비엔날레(외래어표기법에 의하면 '베네치아 비엔날레'가 맞으나 영어식 표기인 '베니스 비엔날레'가 우리에게는 더 친근하여 이 책에서는 후자를 사용하기로 한다) 한국관은 옆의 일본관보다 한 걸음 더 나아간 것을 이루었다. 이제 우리가 우리 목소리로 우리 일을 말할 수 있어야 하고 세계 도처에 우리의 것을 심을 수 있어야 한다. 신라의 황룡사 9층탑이 당시 세계 최고의 건축이었으며 고려의 금속활자가 세계에서 가장 앞섰던 인쇄술이었던 것은 세계와 함께했기 때문이다.

이 장의 원고들은 세계의 흐름 속에서 한국 건축의 길을 모색해 보며 쓴 기록들이다.

알렉산드리아 도서관

인류 최초의 계획 도시는 밀레토스로 알려져 있지만 나는 알렉산드리아라고 생각한다. 알렉산드로스 대왕은 헬레니즘 세계의 도시를 알렉산드리아라고 부르기로 하고 여러 장소에 알렉산드리아를 세웠다. 알렉산드로스 대왕은 임종 때 자신의 후계자로 '가장 강한 자'를 언급했는데, 그 결과 스스로를 '가장 강한 자'라고 생각한 사람들이 서로 싸우는 내전이 발생했다. 그 세력 중 한 명인 프톨레마이오스는 지중해를 점령하고 로마와 자웅을 겨루는 제국을 건설했는데, 이때 인류 최대의 도서관이자 고대 문명의 보고로서 파피루스 도서관인 알렉산드리아 도서관을 세웠다. 현대에 와서 이 도서관을 복원하자는 움직임이 일어났고, 그 결과 1988년에 이집트의 알렉산드리아 도서관의 현상설계 공모가 발표되었다.

유럽의 도시는 베를린같이 작은 도시가 주위 지역들과 서서히 합쳐져서 성장한 경우와, 파리나 런던같이 로마 군단이 주둔하기 위해 만든 군사 도시가 모태가 된 경우로 나눌 수 있다. 알렉산드리아는 신도시 개념으로 건설된 최초의 도시다. 나는 현상설계의 주제인 도서관보다 도서관이 지어질 장소가 알렉산드로스 대왕이 만든 도시라 해서 현상설계에 참여했다. 21세기의 알렉산드리아를 만들어 보자는 야망이 있기도 했다.

그 꿈을 이루지 못해 아쉬움이 남지만 당시의 감흥을 담아 적어 본다.

서울~카이로의 비행기 안

허리에 통증이 있고 손에 약간의 마비가 온다. 잠시 차를 마시거나 간식을 하는 경우를 제외하고는 쓰는 일만 10시간여 계속했다. 알렉산드리아 도서관Bibliotheca Alexandrina의 첫 안을 그린 후 한 달여를 생각만 하다가 현장을 가 보기 전에 정리하고자 시작했던 일이 밤을 새우게 되었다. 일 한가운데 있는 사람이 느끼는 즐거움을 모처럼 만끽했다. 와인을 마시고 기

기원전 333년에 이수스 전투 중인 알렉산드로스 대왕.

분 좋은 잠을 잔다.

이번 일을 계기로 하여 하루 15시간을 일했던 정릉 시절과, 많은 것을 초기에 포기하도록 강요당했음에도 희망을 가지고 끝까지 일하던 지난 시간으로 다시 돌아가고자 한다. 길을 잘못 들어선 것을 알고도 좌절하지 않고 희망을 가지고 일할 수 있었던 것은 인간의 성실성과 신뢰를 잊지 않았기 때문일 것이다. 20년 전 남의 비웃음을 무릅쓰고 혼자 자신의 것을 만들기 위해 3년여를 두문불출했던 용기와, 아무 약속도 없이 전신에 파스를 붙이고 손에 붕대를 감고 그리고 또 그리던 날들로 돌아가야 한다. 하찮은 세속적 성공과 개인적 성취가 삶의 장애가 되어서는 안 된다. 정릉 시절의 스케치들을 모아 보자. 그때의 순수했던 집념의 궤적을 다시 보자. 매듭을 짓지도 못하고 세상으로 나와 일이 일을 거듭하게 하는 와중에 십수 년이 흘렀다. 약간의 성취가 없었던 것은 아니나 당시의 고뇌와 전진에 비하면 부족하다.

예술의전당 일은 십수 년 좌절의 한 매듭이고 지금 알렉산드리아 도서관의 일은 정릉으로 향하는 새로운 출발이 될 것이다. 그간 열심히는 했으나 십수 년의 좌절과 나태가 자기 도피로 자연스럽게 연결되었다. 그러면서도 간신히 작은 욕심의 수준까지는 도달했다. 그나마의 성과는 우연과 참여한 다른 사람들의 힘으로 보아야 한다. 예술의전당 이후 영화박물관, 동양철관 사옥 등 몇 가지 일에서 새로운 시도를 해 보았으나 역시 그 연장선상의 일이었다. 사무실 동료들이 이제 나만큼은 할 수 있게 되었다. 국제적인 작업을 하고자 한 것은 정릉 시절의 외롭고 힘들었던 광야 생활로 다시 돌아가고자 한 때문이다. 양지바른 집 안보다 광야를 택하고자 한 것은 그곳이 오히려 더 편하기 때문이다. 가족과 사무실은 이제 나의 구체적 관여 없이도 스스로 가게 되었다. 세속에 몰두한 십수 년이 그만한 것을 대신 준 것이다.

이제 방콕을 지나 다시 제다로, 그리고 카이로로 가야 한다. 나일 강변과 지중해에서 다시 시작하자. 20년 전 「건축사의 해명」이라는 논설을 통해 영원한 현재를 말하던 바로 그 자리에, 인류의 과거가 오늘의 인류에게 말하는 장소에 도서관이 서는 것이다. 팔을 걷고 새로 시작하자. 일찍 일어나자. 모든 사람과 우연에 감사하며 일하자. 고대 이집트의 영광과 알렉산드로스 대왕의 야심과 이슬람의 지혜를 오늘의 사실로 바꾼 '거대한 상형문자'를 만들어 보자. 그 상형문자는 오늘과 내일의 근원인 과거의 사실을 보이는 것이어야 하고 인류 문명의 희망을 예증하는 것이어야 한다.

새 도서관은 위대했던 도시의 새로운 시작을 가능하게 할 건축이 되어야 한다. 그것은 환상의 하늘에서 시작되어야 한다. 논리의 초극을 시도하는 틀을 만들 수 있어야 한다. 우리가 해야 하는 일은 상식으로 할 수 있는 일이 아니니다. 당연한 자기 반복과 진부한 자기 환상이 있겠으나 그것은 어긋난 길일 것이다. 예술의전당에서 잘못된 시작으로 얼마나 헤맸는지는 이미 아는 일이다. 좌선하는 자세로 접근해야 한다. 모든 것을 아는 자만이 시작할 수 있는 것이다. 다시 이집트를 공부하고 지중해를 연구하고 역사와 인간에 대한 근본적인 성찰을 시작해야 한다. 함께 일하게 될 동료들과 마음과 정신을 튼 대화가 필요하다. 공부하고 생각하면서 시작하자. 우리 자신을 위해 정진하자. 모든 곳으로 향하는 공간과 스스로의 공간과 이를 받쳐 주는 공간의 조화로운 조합이 필요하다. 그리고 모든 것을 통합하고 나누는 장소가 이들과 함께 있어야 한다.

건달이 판치는 마을에 사는 게으른 술고래를 우리는 무엇이라고 부를 것인가? 어느 누구도 알 수 없을 혼돈의 시절을 사는 지식인들은 무슨 일을 할 수 있는 것일까? 역사의 흐름 가운데 급류를 맞은 나라의 건축가는 무엇을 생각하고 그려야 하는지. 이제는 잊을 것은 잊고, 새로 알 것은 알아야 할 때다. 시작하는 일은 항상 힘든 법이다. '이집트에서 한국인의 새로운 시작'이라는 수사는 우리를 즐겁게 한다.

알렉산드로스 대왕이 세운 최고의 이집트 도시 알렉산드리아. © Wing

이집트 박물관

잠이 깨었다. 목이 말라 물을 마신다. 창밖은 아직 밤이다. 다시 자다 깨어 보니 이제 새벽이다. 도면을 펴고 그린다. 태양의 빛을 어떻게 처리할 것인가가 중요하다. 이집트 박물관에 다시 간다. 어제 와서 둘러보기만 했던 고왕조-중왕조-신왕조-그리스·로마 시대의 순서로 된 위대했던 문명의 궤적 사이를 다시 나닌다. 무잇이 있는지만 알려고 둘러보던 어제보다 더 머리가 멍하다. '손대지 마시오'라는 경고문에도 불구하고 도처에 손을 대며 다닌다. 이 엄청난 문화를 그들은 5천 년 전부터 만들었던 것이다.

스카이랩, 마젤란 인공위성을 전시할 올림픽 회관을 설계하면서 보던 미국 국립항공우주박물관의 성과는 여기에 비하면 어른의 유희다. 경복궁 국립고궁박물관의 수장품에 매료되어 근 반년을 매일 다니던 때보다 넓고 깊은 감동을 느낀다. 이런 것을 만든 사람과 같은 사람인 것이 자랑스럽다. 우리 모두에게도 그 피가 흐르고 있을 것이다. 거대한 석상이나 조각과 부조뿐 아니라 작은 기록이나 부장품 혹은 소도구에서도 진실한 시간의 모습을 본다. 석실의 상징 형상과 중왕조의 미라를 보다가 퍼덕거리는 듯한 날개가 달린 가슴 장식을 발견하고는 놀란다. 지금 우리가 그리고 있는 알렉산드리아 도서관의 평면 형상은 파라오의 가슴 장식보다 우리의 석탑 부조의 윗부분과 더 흡사하다. 프톨레마이오스 시대의 유적에서 수많은 양과 사자의 형상을 본다. 끝없는 윤회의 한 부분을 대하는 듯하다. 나일 강을 거슬러 더 옛날로 가야겠다. 나일 강변을 걷는

다. 하늘이 보이고 푸른 수목이 흔들린다. 쓰레기들이 떠간다. 강변에 사람이 살고 있다. 긴 옷을 걸치고 성자 같은 미소를 짓는 노인을 만난다. 그의 얼굴에는 세상의 어떤 미망도 자취를 남기지 못했다.

알렉산드리아

이집트 박물관 앞에서 알렉산드리아로 가는 고속버스를 탄다. 기자Giza를 스쳐 지중해로 북상한다. 피라미드군을 보면서 도심을 가로지른다. 기자 주변의 녹지대를 지나자마자 황량한 사막 지대가 나타난다. 끝없는 지평선이 도시 바로 옆에서 시작한다. 간혹 나타나는 약간의 녹지대 외에는 모두 흙과 모래투성이인 벌판을 한없이 간다.

비둘기 사육탑이 보인다. 어제 알라딘의 꾐에 넘어가 이집트의 전통 식당에 가서 양고기와 비둘기고기를 먹었는데 바로 그 비둘기를 기르는 탑이다. 비둘기의 날개를 꺾고 탑 속의 오지항아리 안에 넣으면 비둘기는 날지 못하고 거기서 계속 새끼를 낳는다. 새끼들은 탑 외곽에 뚫린 구멍으로 나다니며 먹이를 먹고 자란다. 새끼 비둘기의 날개가 더 자라 멀리 가기 직전까지 키워 잡아먹는다. 인간의 간계를 보는 듯도 하고 양어장의 지혜를 보는 듯도 하지만, 사육되는 비둘기라니 여하간 착잡하다.

비둘기 사육탑 주변 말고는 사막의 연속이다. 사막을 2시간 동안 지나니 서서히 푸른 지대가 나타나기 시작한다. 차츰 빛깔이 짙어지다가 수목이 나타나면서 집들이 보이기 시작한다. 지중해로 가는 나일 강 하류가 나타난다. 나일 강 서측은 사막이고 동측은 숲으로 싸인 도시다. 나일 강에 비치는 도시는 환상적인 그림 같다. 허드슨 강가의 맨해튼, 센 강변의 파리, 템스 강의 런던이나 강변도로에서 바라보는 서울과는 다른, 깊이 가라앉은 비침이 있다.

알렉산드리아 시내로 들어선다. 강을 건너 도시로 들어서면 카이로와는 다른 도시 형상에 부닥친다. 고대 이집트와 이슬람과 현대 이집트가 다 자기 소리를 내며 혼재되어 있다. 많은 문명이 와서 닻을 내렸다가 일부는 떠나고 또 새로운 문명이 왔다. 알렉산드리아의 알렉산드리아다움은 특정 시대의 역사적 유적보다 문명의 혼재가 어떤 질서를 이루고 있는 데 있는 것 같다.

어느 곳에 어떤 집을 어떻게 짓느냐와 그 건물이 도시에서 어떤 역할을 하게 될 것인가를 생각해야 될 것이다. 고속버스에서 내려 렌터카를 타고 먼저 현장으로 간다. 자료를 통해 열심히 보아서 대충 안다고 생각했는데, 중요한 부분이 많이 다르다. 우선 해안도로인 코르니쉬 로드Corniche Road는 알렉산드리아의 등뼈 같은 곳이다. 내부의 모든 격자는 코르니쉬 로드와 연계되며, 깊이와 폭에 따라 일방통행이 되기도 하고 양방통행이 되기도 한다. 우리가 생각하는 강변도로와 같은 통과 도로의 형식이 아니다. 해안도로에 면한 건물은 대부분 코르니쉬 로드 방향으로 창과 문을 내고 있으나 도시 안쪽의 길이 주요 출입을 담당한다. 2천여 년 동안 해안을 따라 커 온 도시가 자동차의 개입으로 새로운 도시 구조로 전환되는 중이다. 코르니쉬 로드를 향한 방향성의 기능과 형상을 어떻게 하느냐가 중요한 제안의 하나가 될 것이고, 도시 안쪽의 일방통행 접근로의 형상 역시 중요한 제안의 실마리가 될 것이다. 우리 안이 기본적인 계획으로서는 좋은 시작을 보이고 있다.

부지 안의 컨퍼런스 홀과 주변 건물인 알렉산드리아 대학교, 병원 건물 및 아파트 건물군들은 전체적으로 세련되지 않은 디자인이다. 알렉산드리아 대학교는 중고등학교 건물 같고 옆의 병원 건물은 변두리 상가 같다. 그러나 코르니쉬 로드에 면한 지중해의 신선한 아름다움은 이 모든 것을 상쇄하고 있다. 바다를 안으로 끌어들여야 한다. 그리고 해안도로 안쪽에 정원을 만들고 정면에는 신비의 벽을 쌓아야겠다. 바다를 도처에 끌어들이는 일과, 도시와의 시각적 연계를 이루는 일, 자연의 빛을 도입하는 일이 건축 형상의 기본이 되어야 한다. 도서관의 기본 성격을 단순화하는 일과 도시의 기본을 결합시키는 일도 중요하다. 현재 우리가

알렉산드리아 도서관의 계획안.

진행 중인 안은 거의 정곡에 와 있는 듯하다.

이 부지를 건너편에서 바라보게 되는 해안 끝 성채 시타델Citadel로 간다. 부지 앞바다로 돌출한 긴 반도의 방죽과 시타델의 방죽이 반원을 그리며 서로 바라보고 있다. 성문을 들어서면 중정이 있고 정면에 성채가 있고, 사람이 올라 사방을 바라보게 되어 있는 성곽도 있다. 부지가 동남쪽으로 바라보인다. 여기서 알렉산드리아의 진경을 볼 수 있다. 20킬로미터의 해안을 따라 코르니쉬 로드가 이어지고 가득가득 빈틈없이 건물들이 들어서 있다. 도서관 부지만이 비어 있다. 지중해를 향한 코르니쉬 로드에 유일하게 남은 땅이다. 우리 안이 실현될 때 알렉산드리아는 새로운 명소를 갖게 될 것이며, 코르니쉬 로드의 아름다운 해안 경관은 새로운 자랑을 더하게 될 것이다. 바다 건너편 부지를 바라보면서 흔들리지 말고 가면 되겠다는 생각을 한다.

이제는 부지 내부를 구석구석 다녀 보기로 한다. 이 땅을 보기 위해서 바쁜 일을 제쳐 두고 27시간 비행기를 타고 이리로 온 것이다. 부지를 우리의 안과 비교하면서 사방을 돌아다닌다. 여행 중에 사진 찍는 일과 물건 사는 일을 싫어해 빈손으로 와서 동료들에게 이 부지를 보이지 못하는 것이 아쉽다.

중요하게 생각했던 것이 부지의 원점을 발견하는 일이었으므로 그 지점을 찾아서 사방을 둘러본다. 그곳에 서서 우리 안이 이루어지는 것을 상상해 본다. 이곳이 날개의 중심이고 빛의 중심이 되는 곳이다. 모든 흐름이 여기서 비롯하며 이곳이 프톨레마이오스 스페이스와 칼리마코스 홀의 접점이 되기도 한다. 상상하는 중에 그 땅에 가서 돌을 가져오라던 말이 생각나서 바닥을 본다. 돌은 어디에도 보이지 않는다. 그런데 문득 내가 선 자리에서 발을 치우니 마치 보석 같은 반투명 타원의 돌이 박혀 있다. 바로 원점 그 자리에 돌의 반이 땅에 박혀 있다. 지름이 긴 부분이 5센티미터, 짧은 부분이 3센티미터, 두께가 1센티미터 가량 되는 타원형 돌이다. 많은 우연이 한자리에 모였다. 돌을 손에 쥐고 바다를 바라본다. 멀리 현장 주변에서 9개의 돌을 고른다. 지중해의 돌 9개와 원점에 놓였던 보석 같은 돌을 얻은 것이다.

이곳과 대학 캠퍼스 혹은 해변 정원은 역시 지하 터널로 연결해야겠다. 두 도로를 잇는 사잇길에 자료 반입 라인을 두면 두 거리의 흐름과 내부의 흐름을 조화롭게 연계할 수 있을 것이다. 부지에서 볼 것은 대략 보았다. 인공 토기 개념의 도입은 잘한 일이고 곳곳에 빛의 우물을 설치하는 것도 훌륭한 생각이었는데, 맞은편 방축 끝의 시타델은 이미 건축적 성취로 아름답게 이루어져 있다. 우리가 생각하고 하고자 한 일이 이미 수백 년 전 맞은편 성채에 만들어져 있다. 내부의 빛이 우물의 창과 성벽 바닥으로 이어지는 열린 공간과, 성채가 바다와 연결되는 개구부와 창들이 아름답다. 독창적이라는 말은 모든 것을 합한 것의 독창성을 말하는 것이다. 과거의 어휘를 자신의 작업에 쓰는 일을 겁내서는 안 된다. 모든 부분에서 독창적이려고 하나 결국 진부한 작품에 불과한 일에 평생을 몰두하는 사람을 많이 알고 있다. 토지와 명제에 대한 통찰과 예지의 제안이 역사적 어휘와 앎과 만나게 해야 한다.

도시 쪽으로 향하는 정면을 형성하는 일이 어렵다. 해안의 모든 건물이 10층 전후인데 20여 층이 되는 알루미늄 커튼 월curtain wall로 된 건물 하나가 해안 경관을 다 망치고 있다. 수많은 사람이 2천여 년 만들어 온 자리를 부수고 있다. 거리와 다른 건물과 조화를 이루면서 스스로의 이미지와 메시지를 가져야 하는 것이다. 2천여 년 연속되어 온 해안의 도시적 내용을 이해하고 사랑하면서 능력 있게 집을 지어야 한다. 접근로의 문제도 마찬가지다. 도시에서 건축이 저 혼자 할 수 있는 일은 망상밖에 없다. 도시의 흐름과 건축의 흐름이 조화롭게 연계될 수 있는 장치를 생각해 내야 한다.

그동안 도서관의 시스템은 이정근 박사에게 맡기고, 나는 알렉산드리아의 유적을 찾아 헤맸다. 고고학자처럼 땅도 파 보고 해저 탐험대처럼 알렉산드리아 앞바다도 들여다보고 헬기를 세내어 일대를 다녀 보기도 했다. 하지만 알렉산드로스 대왕 때의 도시 유적은 찾아볼 수 없었다. 알렉산드로스에서 프톨레마이오스, 카이사르를 거쳐 다시 무함마드로 도시의 지배 계층이 바뀌는 과정에서 알렉산드로스의 도시는 사라지고 없었기 때문이다.

내가 그 깊이와 넓이를 알기에는 너무 큰 나라이기도 하고 답답하기 짝이 없는 나라이기도 하지만, 나일 강변과 피라미드군에서 고향에 온 듯한 편안함과 평화로움을 느끼는 것은 어떤 연유인가. 여기에 와서 겪은 몇 번의 신비로운 체험을 공부해 보고 싶다. 바다를 내려다보면서 이 나라를 떠난다.

미마라 박물관 전시회

1993년, 베네치아 대학교에 있는 최고의 궁 카트롱에서 열린 나의 건축과 도시 전시가 상당한 성공을 거두었을 때, 베니스 비엔날레 미술전에서 백남준 선생도 황금사자상을 받게 되어 우리 두 사람은 베네치아 지식인 사회에서 화제가 되었다. 크로아티아 국립은행장을 하다가 국립박물관장을 맡고 있던 소리치Ante Soric가 내 전시를 본 뒤에 크로아티아의 수도 자그레브의 미마라 박물관에서 백남준 선생과의 공동 전시를 제안했다.
크로아티아는 상당히 큰 나라로 구유고연방 중 가장 큰 국가였다. 자그레브는 2천 년의 역사를 지닌 크로아티아의 수도로, 이곳에 위치한 미마라 박물관은 유럽의 유수한 박물관 중 하나다. 베니스 비엔날레의 황금사자상을 받은 독일관 대표 작가와 베네치아의 건축 · 도시전을 성공적으로 이끈 건축가가 모두 한국 예술가라는 사실 때문에, 백 선생과 나는 미마라 박물관의 제1전시실과 메인 로툰다main rotunda(원형 홀)에서 공동 전시를 열게 되었다. 오프닝에 크로아티아 대통령이 참석했고, 그 나라 텔레비전에도 생중계되었다. 건축가로서 최고 영광이었다.

자그레브로 향한다. 자그레브에 있는 미마라 박물관Muzej Mimara에서 백남준 선생과 두 달 동안 2인전을 하게 되었다. 크로아티아 국립박물관장 소리치가 카트롱에서 열린 내 전시를 보고 제안한 전시였다. 카트롱Ca' Tron은 프랑코 만쿠조Franco Mancuso의 『베네치아』라는 책에도 나오는 유명한 궁이다. 접두어 '카Ca'는 궁전을 뜻하는 말로, '카트롱'은 '트롱 궁'으로 번역될 수 있다. 베네치아 대학교 캠퍼스는 수도원이던 곳을 주로 사용하는데, 궁으로는 유일하게 카트롱을 사용한다.

사흘 동안 베네치아에서 한 일을 미마라 박물관에서 또다시 해야 한다. 이번에는 큐레이터들과 하는 일이므로 나의 의도만 정확히 말하면

달리 힘든 일은 없을 것이다. 이번 기회에 그리스 정교의 미술을 공부해 보고 싶다. 최근 이탈리아 르네상스에 대해서 공부하면서 나의 게으름과 무식을 통감했다. 역사에 대한 독서가 피상적이었다. 건축가로서 기본 연구가 아직 많이 부족하다. 일주일에 적어도 하루는 도서관에 가서 독서에 전념해야 한다. 일만 해서는 큰 것을 이룰 수 없다. 일하는 와중에 깊은 공부가 필요한 때다.

자그레브에 도착한다. 두 번째인데 자주 오던 곳 같다. 공항에서 비자 수수료 2달러를 내라는 말을 잘못 듣고 200달러를 주어 잠시 백만장자가 된다. 돈이 짐이 된다. 돈의 노예를 비웃었는데, 정도의 문제이지 과연 누가 돈으로부터 얼마나 자유로울 수 있는지 되물어야 할 것이다. 금융 사고를 당하고 나서 세속에 깊이 닻을 내린 내 삶에 스스로 당황했다. 그동안 양다리를 걸친 셈이었다. 큰 자성의 계기가 되어야 할 것이다. 잃어버린 것은 백만 달러가 아니라 나의 생활이었다. 2, 3년 걸리더라도 실제로 잃은 나의 것을 먼저 되찾아야 한다. 모든 것은 마음으로부터 실재한

크로아티아의 수도 자그레브에 있는 미마라 박물관. © GNU Free Documentation License

다. 삼라만상은 생각의 그물 속에 실재하는 것이다. 보이지 않는 것, 느껴지지 않는 것은 나에게 실재하는 것이 아니다. 잃어버린 나의 옛 시간을 되찾는 일을 시작하려 한다. 자기 자신의 과거는 역사의 깊이만큼 스스로에게는 중요한 사실인 것이다.

중학생 때 백일장에서 처음 장원을 했던 시, 고등학생 때 쓴 「삼인행필유아사三人行必有我師」라는 첫 논문, 대학 때 쓴 「현대 건축 개설」이라는 첫 건축적 논설 등을 찾아보자. 베네치아 전시회를 계기로 건축 수업 기간의 도면을 많이 찾았으나 정작 중요한 지난 2년간의 기록은 많이 잃어버린 채다. 우선 잃어버린 지난 시간을 찾도록 하자. 나의 내일은 나의 과거 속에 그 뿌리가 있는 것이다.

자그레브 공항은 옛 제주공항을 생각나게 한다. 소리치 관장이 나왔다. 힘들게 모델이 도착했다. 〈하늘의 마을 I·II〉다. 25년 전의 스케치가 이제 현실이 되려 한다. 신문회관에서 열린 첫 전시회 때의 두 작품이 실현되려 한다. 조선호텔 설계안으로 시작했던 하늘의 마을이 한샘 타워로, 부산의 우리 집 설계안으로 그렸던 콘크리트 하우스가 제주도의 영화박물관으로 형상화되고 있다. 당시 그렸던 설계안 중에 언덕 위의 집, 김포국제공항 청사, 플라자하우스 등을 더 진전시켜 보고 싶다. 우선 '집념의 궤적'이라는 이름의 오래된 원고를 정리하고 정릉 시절의 밤과 낮을 기록하자. 「건축의 논리」, 「도시 설계의 이론」 등 당시 3년에 걸쳐 써온 건축과 도시에 대한 10개의 글을 찾아 정리하자. 『VOL 1』이라는 이름의 팸플릿을 찾아보자. 여의도 마스터플랜도 잃어버린 큰 것 중의 하나다. 보문 단지 기본 설계, 자하라 주거 단지 등도 되찾아야 한다. 여기저기 버리다시피 잃었다. 어디에 두면 언제나 거기에 있으리라는 막연한 기대 속에 묻어 둔 것이다.

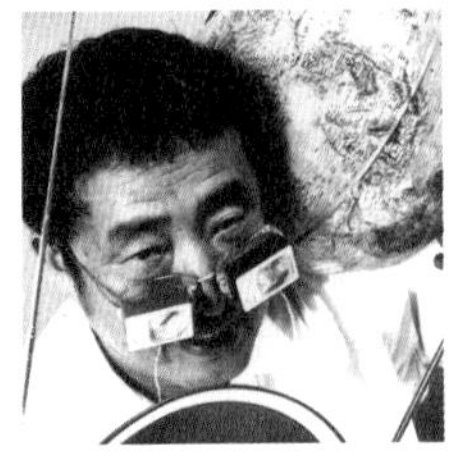

Muzejsko Galerijski Centar

ima čast pozvati vas na
otvorenje izložbi

NAM JUNE PAIK

(dokumenti, grafička i druga djela)

SEOK CHUL KIM

(amitektonski planovi i projekti)

srijeda, 16. lipnja 1993. u 19 sati

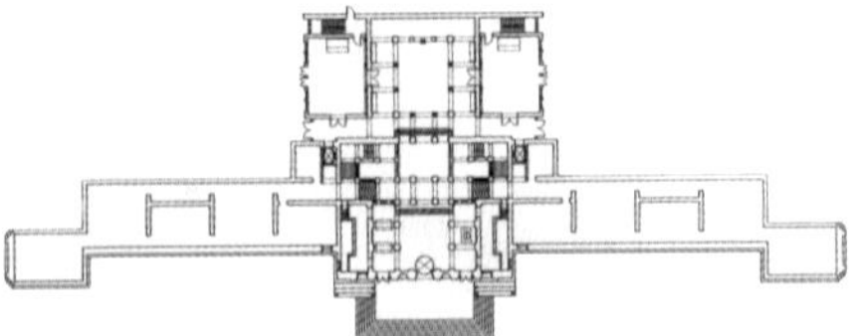

Muzej Mimara
Rooseveltov trg 5
41000 Zagreb
tel. 448-055
radno vrijeme: svaki dan osim ponedjeljka od 10 do 20 sati i
ponedjeljkom, kad je ulaz slobodan, od 14 do 20 sati

1993년 미마라 박물관에서 열린 백남준–김석철 2인전 포스터.

오늘에 실재하지 않는 과거는 기억 장치로만 존재할 뿐이다. 입력되기만 할 뿐 어느 경우에도 출력되지 않는 시간은 실재하지 않는 것이다. 프루스트처럼 잃어버린 시간을 10년에 걸쳐서라도 되찾아야 한다. 탐색의 시간 속에서 내일로 가는 출발이 시작될 것이다. 잃어버린 마음과 건강도 다른 것에 앞서 되찾아야 한다. 사흘을 자지 않고 일하던 마음과 몸이 있어서 3년 동안 아무 일 없이 혼자 산중에서 그리고 쓰고 생각할 수 있었던 것이다. 돈과 명예와 권력도 모두 마음을 거쳐 실재한다. 이번 일로 마음의 크기를 배운다. 큰마음을 잃지 않으면 아무런 어려운 일이 없다. 자연에 끊임없이 귀 기울이며 아름답고 높은 영혼의 기록을 찾는 일상이 되어야 한다. 인류의 가장 위대한 유산 중 하나인 이탈리아 르네상스를 최근에 배우게 된 것도 큰 보람 중 하나다. 이제 피렌체를 알 수 있을 것 같다. 알베르티Leon Battista Alberti와 미켈란젤로와 바사리Giorgio Vasari의 글을 통해 다시 이탈리아 르네상스를 보았다. 체계적인 연구 없는 즉물적 접근에서 발생하는 위험한 자기 환시에서 이제 벗어나야 한다. 수리철학을 다시 시작하는 일이 건축에 대한 더 깊은 정진이 될 것이고 한문 공부를 더 하는 일이 전통 건축에 대한 폭넓은 연구가 될 것이다. 절제를 일상화할 수 있어야 한다. 일상의 절제 속에 참다운 아름다움이 있는 것인데 참지 못했다. 우선 일찍 일어나야 한다. 저녁식사 때의 와인으로 술을 제한해야 하고 밤 9시 이후에는 책을 읽도록 해야 한다.

옛 자그레브를 걷는다. 12세기에 시작된 자그레브 업타운이다. 이곳에서 혈전이 수백 년 지속되었다고 한다. 피의 다리를 경계로 한 민족이 두 적국이 되었던 것이다. 지금은 박물관이 된 옛 수도원 중정에서 공연이 이루어진다. 나란하지 않은 두 벽이 소리의 좋은 울림을 만들고 있다.

어제 아침만 해도 막막했던 전시가 만족스러운 것이 되었다. 기대했던 것보다 훌륭하다. 고비마다 자연스러운 더함이 있다. 이번 전시는 시작 때부터 망설였는데 오래 준비한 베네치아 전시회보다 더 훌륭한 것이 되었다. 베네치아 전시에서는 나 혼자였는데 이곳에서는 백남준 선생과 미마라 박물관의 큐레이터들이 나를 새롭게 나아가게 해 준 것 같다. 건축가는 이런 모든 상황의 아름다움을 추구하는 것인데 그간 스스로의 일에만 집착해 온 듯하다. 휘트니 비엔날레의 일도 새로운 세계를 향한 하나의 시작이다. 모든 일에 관심을 가지고 진지할 수 있어야 한다. 이탈리아 르네상스에 대한 공부와 이탈리아 중세 도시의 연구가 나의 일상적 작업과 하나가 될 수 있어야 한다.

산상에 올라 바다처럼 한없이 펼쳐진 들판을 바라보며 아침에 잡은 송아지 구이를 먹는다. 밀로 만든 이곳 빵을 먹고 이곳 배나무에 병을 달아 만든 술을 마신다. 나무 향기를 실은 계곡의 바람이 불어온다. 평화로운 산마을이다. 백 선생을 모시러 간 달코로부터 연락이 왔다. 슬로베니아에 파업이 발생해 발이 묶여 있다 한다. 길을 우회하여 돌아오려 하므로 늦어지겠다 한다. 함께 이 산 위에서 식사하기로 했는데 여의찮다.

저녁 7시에 미마라 박물관에 도착했다. 모든 것이 완벽하게 정돈되어 있다. 아름다운 전시회다. 백 선생도 도착했다. 함께 전시장을 둘러본다. 많은 사람들이 모였다. 건축가들도 많이 왔다. 격식을 갖춘 오프닝 행사가 있다. 백 선생이 베니스 비엔날레의 황금사자상 수상자로 결정된 것이 바로 어제라 백 선생에게 초점이 몰려 약간 섭섭했으나 우리 작업의 창조적 입장을 설명한 현대미술관장의 소개가 좋았다.

단상에 올라서니 쑥스럽다. 단상의 인사들과 함께 전시장을 둘러본다. 자그레브 건축대학장이 나라 컨벤션 홀과 한샘 타워에 깊은 관심을

백남준-김석철 2인전을 취재 중인 크로아티아 국영방송사. 소리치 관장, 백남준 선생과 이용우 전 광주 비엔날레 총감독, 그리고 내 모습이 보인다.

보인다. 현재 펜실베이니아 대학교 교수로 있으며 「1990년대 현대 건축의 물결」이라는 논문을 쓰고 있는데 나를 다루겠다고 한다. 젊은 건축과 교수들이 많이 찾아와서 인사를 한다. 여기저기 사인해 달라는 사람이 있어 당황스럽다.

소리치 관장, 백 선생과 셋이서 자리를 잡고 사진을 찍는다. 인터뷰도 한다. 샴페인을 마신다. 3시간여 오프닝 파티가 계속된다. 밤 10시에 옆의 예술인회관으로 가서 다시 본격적인 오프닝 파티를 한다. 주빈석에 백 선생과 나, 소리치 관장, 미마라 박물관장, 자그레브 건축대학장이 앉는다. 자그레브 현대미술관장과 공과대학장이 옆자리여서 많은 이야기를 나눈다. 자그레브의 예술원 회원으로 추천하겠다 한다.

자그레브의 자랑인 백포도주를 마신다. 홀마다 사람이 가득하다. 다 아는 사람들이다. 내년이면 자그레브의 정도 9백 주년이란다. 오래된 도시 사람들의 깊은 인연이 얽혀 있는, 역사 속의 한 가족과 같은 분위기다. 이 방 저 방으로 불려 다니며 마신다. 박물관 앞마당에 나와 길게 눕는다. 눈앞이 빙글빙글한다. 소리치 관장이 나를 번쩍 들어 안고 간다. 다시 테이블로 돌아온다. 악단이 온다. 크로아티아의 전통 악기를 가진 연주자 5명으로 이루어진 작은 악단이다. 그들의 민속 노래를 부른다. 함께 합창하고 다시 마신다. 국영방송사 사장이 지휘한다. 다시 밖으로 나가 정원에 길게 눕는다. 하늘을 보고 별을 보면서 생각한다. 졸음이 쏟아진다. 박물관 직원이 다시 와서 들어가자 한다. 이번에는 오페라 가수가 나타난다. 5곡, 6곡, 앙코르가 반복된다. 오프닝 파티가 아니라 축제다. 저녁 7시부터 새벽 2시까지 장장 7시간에 걸친 오프닝 파티다. 돌아가 샤워하고 자고 싶다. 지난 여행을 생각한다. 힘든 고비가 많았으나 그립다. 내일 베네치아로 가야 한다. 베니스 비엔날레의 자르디니에 한국관을 짓고자 하는 것이다. 베네치아 전시회가 자그레브로 이어지고 자그레브의 일이 다시 베니스 비엔날레의 한국관으로 돌아오는 것이다.

여기서 유럽으로 나아가려 한다. 베네치아에 나의 건축적 신념과 집념의 한 결실을 남기고 싶다. 한국의 예술가들이 유럽으로 나아가는 데 필요한 거점과 교두보가 될 수 있을 작은 문화적 사건의 장소를 베네치아에 만들고자 한다. 자, 이제 그만 자기로 한다.

아침이 되었는데도 여전히 얼얼하다. 9시에 소리치 관장과 백 선생과 함께 식사한다. 어젯밤 11시 텔레비전에서 우리 전시회를 특집으로 다루었다 한다. 소리치 관장이 신문에 난 글을 읽어 준다. 위대한 전시회라는 표현이 잠시 우습다. 백 선생과 나는 베네치아로 돌아가고 나머지 사람들은 부다페스트로, 취리히로, 밀라노로 각자 떠난다. 이제 잔치는 끝났다. 앞으로 한 달 동안 전시가 계속되겠으나, 이제는 관객의 일만 남은 것이다. 우선 짐을 싸고 12시에는 떠나야 한다. 어제 너무 많이 먹고 마셔서인지 아침을 먹기 힘든데 달코가 자기들의 민속 음식이라고 굳이 권하는 바람에 곤욕을 치렀다. 잘 대접받는 일이 대접하기보다 힘들다. 더 어렵기도 한 것 같다. 전쟁을 치르고 난 뒤 같다.

여행 때 짐 싸는 일처럼 힘든 일도 없다. 여행이라는 것도 움직이며 사는 일이라 짐이 많기도 하다. 사흘을 보낸 방인데 지난번에도 와서 묵었던 방이라 정이 들었다. 여기 사람들의 순박함은 옛 우리보다 더한 것 같다. 모처럼 사람 사이의 정을 느낀다. 점심을 먹고 떠나기로 한다. 인터뷰가 시간을 끌고 또 끌어 3시 반에야 끝난다. 이제 베네치아로 가는 일만 남았다.

비가 오기 시작한다. 백 선생이 감기로 기침이 심해 의사가 다녀간다. 3시간 반 예정인데 슬로베니아에 파업이 발생해 우회해야 하므로 대여섯 시간 걸릴 작정을 하고 떠난다. 자그레브를 가로질러 리예카Rijeka로 간다. 옛 도시 리예카를 거쳐 아드리아 해안을 달려 트리에스테를 지나기로 한다. 비가 억수같이 쏟아진다. 앞이 보이지 않는다. 길 위로 비가 넘쳐흐른다. 이렇게 큰비는 유럽에서 처음 본다. 차들이 밀리기 시작한다. 산길을 한없이 간다. 지난번 중세의 도시를 다닐 때처럼 굽이굽이 산 사이를 돌아간다. 자연의 크기는 한이 없다. 빗발이 차창에 거세게 부딪친다. 백 선생이 계속 기침을 하니 대단히 민망하다. 빗길을 3시간 달려왔는데 아직 반도 못 갔다 한다. 비가 그친다. 저녁 7시인데 훤하다. 큰비 뒤의 하늘과 산의 선명한 아름다움에 잠시 취한다. 벌판과 산기슭이 운무에 싸인다. 운무 위로 저녁 햇살이 희한한 정경을 연출한다. 참으로 아름다운 저녁이다. 길가 레스토랑에서 양고기를 시켜 먹는다.

백 선생은 참 생각이 많은 분이다. 영화박물관에 대해서 자신의 아이디어를 한없이 말한다. 영화예술과 박물관의 서로 다른 형식을 말하며, 이를 조화롭게 한 사건으로 만드는 일이 영화박물관의 요체라는 말씀이다. 영화는 처음부터 끝까지 보아야 하는 것이고 박물관은 이어지는 고리가 아닌 서로 따로 떨어진 것의 연속이어서 영화박물관은 이에 대한 철학이 필요하다는 것이다. 또한 대중예술인 영화를 대상으로 하는 박물관이므로 어떻게 대중을 흥미롭게 하느냐에 주안점이 주어져야 한다고 이야기한다. 런던의 영화박물관은 대단히 잘된 영상 박물관이지만 지나치게 전문적이고 기술적이어서 영화의 역사를 어느 한 측면에서만 부각시킨 셈이다. 참다운 영화의 역사는 도구로서의 흐름보다 그 내용의 역사를 보여 주어야 하는데, 우리가 특유의 것을 만들어야 할 것이다. 8개 채널을 갖춘 형식이나 시네마 바bar를 통해서 영화의 역사를 더욱 사실적으로 보여 줄 수 있을 것이다. 말이 생각을 낳고 생각이 말을 이어 간다. 다시 길을 떠난다. 짙은 석양이 어리기 시작한다.

리예카의 옛 도시를 지난다. 멀리 아드리아 해안이 보인다. 카프리에서 바라보던 바다와 리예카의 산상에서 보는 바다는 제주의 바다와 사이판의 바다가 다르듯 서로 다르다. 산은 어디서나 다르지만 바다는 같은 줄로 알았는데 바다도 서로 다른 것을 보며 놀란다. 리예카의 옛 산상 도시에는 특유의 모습이 있다. 해안 절벽의 옛 사적과 산상의 옛 마을이 잘 어울린다. 새로운 도시 구역은 아름다운 옛 마을의 풍광을 비록 초라하지만 견고한 현대 건축 언어로 바꾸어 내고 있다. 언제 다시 들르고 싶은 도시다. 내려다보이는 아드리아 해안의 밤 풍경이 도시와 깊은 조화를 이룬다.

슬로베니아 국경으로 들어선다. 군인들이 까다롭게 군다. 마침 최근 잡지에 난 백 선생의 기사를 보여 주고 통과한다. 백 선생이 떠날 때 아마 이것이 필요하리라 해서 가방에서 꺼내 들고 있었는데 들어맞았다. 예술가가 더 현실적이다. 현실의 부조리는 정작 어린애 같은 순진함으로 쉽게 덮을 수 있는 부분이 많은데, 무작정 현실적 질곡으로 몰아 온 것은 아닌지, 창과 방패의 모순을 서로 어긋남으로만 알아 온 것은 아닌지. 비가 드세게 온 다음이면 춥다. 백 선생은 겹겹이 입은 위에 털 스웨터를 안고 이불 같은 코트를 덮었으나 나는 달랑 옷 한 벌이어서 몹시 춥다. 2, 3일 긴장했다가 이렇게 꼬불꼬불 산길을 아래위로 한없이 달리니 몸이 말이 아니다.

산길 밑의 운해 사이로 해안 절벽의 옛 마을이 아드리아 해안의 아름다움을 마치 꿈같은 정경으로 만들어 내고 있다. 한없는 이야기는 영화 박물관에서 다시 비디오 시티로 이어진다. 이번에는 내가 흔들리는 차 속에서 아직 어느 누구도 시도하지 않았던 '수직 도로'와 '하늘의 마을'에 대해 한참 말한다. 25년 전에 심은 씨가 자라고 자라 이제 열매를 가지려 한다. 좀 더 큰 규모로 모형을 만들어 보아야겠다. 평면의 틀을 더 진전시키기 전에 우리의 옛 마을에 대한 공부가 더 필요하고 몽골 인종의 유전 인자가 갖는 삶의 터에 대한 본질적 모습을 연구해야 한다. 미래에 대한 예지와 나의 고고학적 뿌리에 대해 다시 생각해야 한다. 고고학적 신축 도시의 제안이 될 수 있는 논리적 배경을 추구해야 한다. 한 권의 책으로 내도록 하자. '하늘의 마을-한샘 타워'를 고고학적 건축 도시의 논리로 정리해야 한다. 「건축의 논리와 도시의 어휘」라는 25년 전 논문을 다시 찾아보도록 하자. 「시공의 미학」이라는 글도 찾자. 여름 지나기 전에 큰 결실을 하나 이루어 보자. 이제 더 열심히 사랑하고 더욱 진실하게 일할 수 있을 듯하다. 차가 흔들리며 이제부터 고속으로 달리기 시작한다. 소리치 관장의 비서는 잔잔한 미소만 띤 채 밤 빗길을 운전한다.

밤 9시가 넘어서 이탈리아 국경에 도달한다. 이제 어두워 온다. 여기서부터 2시간을 더 가야 하는 것이다. 고속도로로 들어선다. 차가 무섭게 속력을 내기 시작한다. 백 선생도 많이 지쳐 보인다. 눈을 뜨고 밖을 바라본다. 이제 전시회는 끝났다. 베네치아에서 자그레브까지 2년여의 여정이 끝났다. 현대 건축의 원류인 유럽에서 연 전시회는 그 나름대로 여러 가지 것을 생각하게 했다. 이 일을 하는 도중 막연하게 생각해 오던 건축적 사고가 좀 더 명료해졌다. 내가 한국적 안목에 생각보다 깊이 얽매여 있는 것에 놀랐다. 한국적이라기보다 일본에 영향을 받은 식민지적이라는 말이 더 정확할 것이다. 조선시대만 해도 문명의 원류를 직접 체험한 바탕 위에 세운 스스로의 연구와 철학이 있었으나, 일본에 의한 간접 체험으로 형성된 현대 한국 예술가들은 스스로 생각하는 힘을 잃어가고 있는 듯하다. 피상적 이해는 모방과 아류만을 양산한다. 건축은 실용의 단계에서 시작하지만, 오랜 세월에 걸쳐 도시의 부분으로 그 자리에 서는 것이므로 역사와 사회의 가치 체계 속에 스스로의 자리를 세울 수 있어야 한다.

그동안 많은 일이 있었다. 파산도 경험했다. 10년간 해 오던 예술의전당이 드디어 완성되었고 사람 사이의 갈등도 배웠다. 이제 오십이 된다. 오토 바그너Otto Wagner가 건축은 오십부터라던 그때가 되었다. 백 선생은 자꾸 "정말 좋은 나이야. 일할 수 있는 나이야. 일할 여건도 되고 힘도 있고 앎도 있는 그런 나이야" 하며 부러워하신다. 오십에서 육십 사이가 작가로서 최고의 시간이라는 것이다. 지난 25년간의 노력은 앞으로를 위한 준비였다. 이제 일할 수 있게 준비가 되어 있다. 이제부터 영원히 남을 것을 만들어야 한다. 자그레브 전시회의 일도 책으로 정리해야 한다. 베네치아 전시보다 많이 정리되었고 또 새로운 제안도 있었다. 백 선생 것도 정리하자. 소리치 관장, 자그레브 현대미술관장, 자그레브 건축대학장의 글도 싣고 신문의 평도 함께 정리해 두는 것이 필요하다.

트리에스테를 지나 이제 베네토로 들어선다. 칠흑 같은 밤이다. 밴이 어둠 속을 육중한 소리를 내며 힘차게 달린다. 내일은 베니스 비엔날레를 보고 저녁 때 백 선생과 주위 사람들과 함께 식사하기로 한다. 백 선생의 아내인 시게코 여사가 몸이 힘들어 못 오셔서 내일 함께 만나기로 한다. 밤 11시가 되어 피아찰레 로마에 도착한다. 이제 곧 내일이다. 아주 먼일 같다.

메가리데 헌장 선언 1994

1993년 베네치아에서 전시할 때, 페데리코 2세가 세운 나폴리 대학교의 대부인 베기노 교수가 나를 찾아와 '메가리데 헌장'이라고 하는 21세기 도시 계획 헌장을 선언하고자 하는데 참여해 달라고 제안했다. 메가리데 헌장은 최초의 '아테네 헌장'과 두 번째 '마추픽추 헌장'에 이어 세 번째 도시 선언이었다.

유럽 도시의 원형을 만든 이탈리아인들이 새로운 정보화 시대인 21세기의 도시를 주도하려는 거대한 비전 아래, 디지털 아트를 대표하는 작가인 백남준 선생과, 서양 도시와는 패러다임이 다른 동양 도시의 최고 설계가라고 생각한 나를 초대한 것이다. 백 선생이 "나는 도시를 모릅니다"라며 빠지고 나를 추천하여 결국 나만 참여하게 되었다.

1년 뒤인 1994년에 메가리데 섬에서 G7 정상회담이 열렸는데, 바로 그곳에서 메가리데 헌장을 선언하기로 되어 있었다. 메가리데 헌장은 이탈리아의 두 국가 기관인 전신국과 전화국에서 지원했다. 나는 메가리데 헌장의 초안을 작성하는 도시 설계가의 동양권 대표로 참석했다. 그리고 1996년 해비타트 II에서 메가리데 헌장의 대표로 연설을 했다. 그 경험은 정말 젊은 날의 꿈과 같았다.

메가리데 헌장을 선언하다

보름 전에 이탈리아 대사관의 가스페리 박사가 방문하여 내가 메가리데 헌장Megaride Charter 선언에 초대되었다는 말을 전했다. 메가리데 헌장은 1933년 아테네 헌장 이후로 61년 만이고 1977년 마추픽추 헌장 이후로 17년 만에 세계적 건축가, 도시 계획가 등이 모여 선언하는 세 번째 도시 헌장이다. 또한, 6년 동안 수백 명의 전문가와 지식인들이 모여 만든 21세기의 도시에 대한 새로운 헌장이다. 아테네 헌장은 자동차와 인간의 공존, 마추픽추 헌장은 자연과 인간의 공존을 주창했다. 반면에 메가

1994년 메가리데 헌장의 책자.

리데 헌장은 새로운 도시 문명, 즉 디지털 문명 시대의 도시에 대한 제안이었다. 정보화 기술이 도시의 기본 장치가 되었을 때 도시는 완전히 달라진다. 도시의 개념도 달라지고 공간이라는 개념도 달라진다. 이것이 메가리데 헌장의 내용이었다. 그것을 구체적으로 실천하려 한 것은 당시로서는 놀라운 일이었다.

베네치아 대학교에서 열린 전시회, 미마라 박물관에서 열린 백 선생과의 2인전, AA 스쿨에서 있었던 강연처럼 아무 예고 없이 이 일이 다가왔다. 건축 형식과 도시 형식의 합일을 말한 아키반 선언을 발표하며 여의도 마스터플랜과 한강 연안 마스터플랜을 하던 때가 25년 전이다. 최근에 중세 도시를 연구하면서 다시 건축과 도시를 통합한 새로운 도시에 대해 깊은 관심을 갖고 있던 차다. 서해안 간척지에서 구체적 실현을 시도하기도 했다. 『현대건축』 주간으로 있을 당시는 원시의 부락에서부터 르네상스의 도시까지를 특집으로 다루어 보기도 했다. 인간 집합의 이상적 구조로 바라본 도시 공동체에 대한 그동안의 생각을 정리하는 참이기도 했다. 그러다 뜻밖에 새로운 21세기 도시 헌장 선언에 참여하게 된 것이다. 소망을 갖지 않으면 어떤 일도 할 수 없다. 도전의 계기를 진실한 마음으로 받아들이고 싶다.

베네치아 전시회 때 경복궁에서 예술의전당에 이르는 서울의 새로운 상징 축을 제안한 것이 서울시의 기본안으로 받아들여졌고, 경복궁과 세종문화회관 등 도심 지역의 문화 시설과 용산 미8군 부지에 새로 들어서는 국립중앙박물관, 자연사박물관, 강변의 대중문화 공간을 강 건너 예술의전당으로 연결시켜 서울의 문화 인프라를 만들려는 기획에도 참여하고 있어 이번 일은 여러 가지로 뜻 깊은 일이 될 듯하다.

새벽 6시에 로마의 피우미치노 공항에 도착한다. 새벽 공항에서는 이제 막 일어난 사람들과 시차가 뒤얽힌 사람들이 무중력 상태처럼 부유하고 있다. 순간순간 모든 게 삶의 유일한 장면인데 많은 시간이 이렇듯 간극 사이를 스치며 사라진다. 애니 컨퍼런스 일로 곧 뉴욕으로 가야 하고 서울 사무실도 지금 일이 밀려서 내가 있어야 할 때인데 그냥 떠났다. 지척을 벗어난 곳에서 많은 것을 생각해 보고자 한 것이다. 사자와 개가 한 우리 속에 오래 있을 수는 없는 일이다.

공항과 기차역이 함께 있다. 3시간 동안 철선 의자에 앉아 기다려야 한다. 아무 하는 일 없이 이렇게 3시간을 우두커니 앉아 있는 것도 모처럼 좋은 시간이다. 아무 책도 가져오지 않아 오히려 다행스럽다. 로마로, 나폴리로, 피렌체로 가고 오는 사람들로 서서히 붐빈다. 기차가 왔다가 소리 없이 되돌아가는 종착역의 여섯 레일이 정면으로 보이는 의자에 앉아 오가는 사람들을 본다. 하릴없이 이러고 앉아 있는 것도 한 선택인 것이다. 그러고 보니 혼자 있는 시간이 드물었다. 구체적이지 않은 다수와 나누는 공동체적 교감과 달리, 하나의 현실적 실체인 타인과 공존하는 것은 견디기 힘든 질곡을 만든다. 이번 나폴리에서 닷새 동안 편히 혼자 있어 보려 한다. 컨퍼런스와 현장 선언식의 참여 외에는 그냥 나폴리 해안

아름다운 항구 도시로 유명한 나폴리 만.

을 걸어 보려 한다. 카프리의 콘트라푼토를 다시 가 보려 하고, 이번에는 이스키아 섬에도 가 보고 싶다. 산타 루치아 항에서 해물 요리에 이스키아 섬의 백포도주를 곁들여 먹겠다. 박물관에 가서 2천 년 동안 남의 지배를 번갈아 받아 온 수많은 왕조의 유물을 보고, 해안에서 해수욕을 해야겠다. 이번에는 나폴리 사람을 사귀고 싶다. 앞으로 자주 오게 될 듯하다. 여기서 기차를 타고 2시간 반을 가야 한다. 철도 연변을 기대한다. 가을쯤 한 달 정도 시간을 내어 기차 여행을 하고 싶다. 혼자 다녀야 한다. 이번 나폴리 여행에서 고성을 다시 자세히 보고 싶다. 가는 길에 로마의 카타콤을 보고 갈 시간이 있으면 한다. 28, 29일 헌장 선언식 전후에 시간을 낼 수 있으면 한다.

어느 틈에 2시간이 지났다. 이제 티켓을 받아야 한다. 나폴리까지 12만 8천 리라, 7만 원에 가까운 액수다. 2시간 반의 기차 여행으로는 우리에 비해 많이 비싸다. 우리의 공공요금은 사용자만을 위한다. 그러므로 다음 시대의 사용자를 위한 투자를 못 하는 것이다. 오랜 시간 독재 정권을 유지했으면서도 소신 있어야 할 곳에서는 눈치를 본다. 아니, 눈치를 보기보다 공공의 것을 그들의 당근으로 낭비해 온 것이다. 더 나은 공공의

질을 위해서 적정한 요금 체계가 이루어져야 한다. 영국의 유통 구조가 세계에서 가장 비싼 물가를 만들었고 유럽의 공공요금이 지나치게 높은 것도 사실이나, 오늘과 내일을 함께 생각하면 이해할 수 있다.

인천국제공항이 각 도시를 연결하는 터미널 역할을 해야 하는데 그런 고려가 없다. 이제 건축과 함께 도시에 대해서 관심을 갖고 일해야 한다. 도시 규모를 감당할 수 있는 건축가가 도시의 논리와 건축 이론이 하나의 순환 과정을 이루는 미래의 도시를 제안할 수 있어야 한다. 인류가 이룬 가장 위대한 성취인 도시 문명이 본래의 위대함을 보일 수 있어야 한다. 지금 대부분의 현대 도시는 다 부서져 있다. 인류 공동체의 이상을 실현할 수 있는 21세기의 도시를 한국에서 만들어 내야 한다. 2050년까지 1천만 호를 더 지어야 한다. 공급 방식이나 수요 조정의 방식이 아니라 원리의 혁신 속에 새로운 인간 집합인 도시 형식을 창출해야 한다.

건축 이론은 자칫 '당신들의 천국' 혹은 '그들만의 현실'에 불과할 수 있다. 한국 현대 건축의 황폐를 딛고 일어서기 위해서는 건축과 도시의 논리와 역사를 깊이 공부하는 건축가와, 건축을 실재實在의 거울로 이해하는 학자와 비평가 사이에 많은 토론이 있어야 한다. 너무 뒤져 있으므로 일을 나누어 할 수밖에 없다.

9시 5분에 출발 예정이었던 에어 트레인이 아무 변명 없이 9시 35분에 떠난다. 불평하는 사람도 없고 서두르는 사람도 없다. 이들에게는 환상이 지나간 흔적이 도처에 있다. 가능성의 넓이를 환상의 크기로 전환할 수 있는 마음을 배워야 할 것이다. 현실에 집착하는 민족은 무너진다. 환상과 현실의 조화를 일상화할 수 있어야 한다. 맑은 대기 속을 에어 트레인이 달린다. 푸른 하늘과 푸른 들판 사이를 간다. 우리에게는 아름다운 강과 산이 있는 반면, 이곳에는 좋은 옛 마을과 도시가 있다. 이곳

예전의 메가리데 섬(현재는 나폴리 만의 반도)에 세워져 있는 카스텔 델로보. 이 역사적인 장소에서 1994년에 메가리데 헌장의 선언식이 있었다. © Producer

과 달리, 우리의 역사적 궤적은 우리를 감격시키지 못한다. 아름다운 숲과 푸른 들판과, 수세기 동안의 역사적 흔적을 쌓고 있는 산상의 마을들이 2시간 반 내내 계속된다.

서서히 나폴리가 나타난다. 역사의 영광보다 갈등이 짙게 밴 도시 가운데로 들어선다. 지난번에는 카프리 섬과 폼페이, 그리고 중부 지방의 페루자, 토디, 아사시 등을 보려 한 것이라 나폴리는 잠시 들르기만 하고 바로 카프리로 갔다. 감청색 바다가 보이기 시작한다. 그리스인이 건너온 기원전 7세기 때 네오폴리스neopolis였던 이 도시에서 지금 21세기 도시 선언을 하려는 것이다.

메르젤리나 역에 도착한다. 베기노 교수의 조교인 두 여자 건축가가 기다리고 있다. 서울에서 떠난 지 24시간 만에, 메가리데 헌장의 선언식이 있을 산타 루치아 항의 카스텔 델로보Castel dell'Ovo(달걀성) 주변에 도착한다. 근처의 마제스틱 호텔로 간다. 술을 많이 먹지 않아서 피곤하지는 않다. 3시의 인터뷰 약속을 6시로 미루고 간단히 샤워하고 나서 이곳의 명물인 스파게티와 와인을 먹고 바다에 가 보기로 한다. 장시간 여행 뒤의 샤워와 봉골레 스파게티와 백포도주는 이탈리아 여행의 통과의례가 되었다. 그러고 나서 바다로 나가는 것이다. 지중해의 감청색 바다는 언제 보아도 정겹다. 햇살을 가득 받으며 해안을 걷는다. 사람들이 수영하고 있다. 카스텔 델로보는 해안에 정박한 거대한 성채다. 절제된 단순함이 바다 위로 당당하게 솟은 성채다. 크기는 한국예술종합학교와 비슷하다. 모레면 여기서 메가리데 헌장 선언이 있고 7월에는 G7 정상회담이 있어 내부 수리 중이다. 전통이란 자신이 속한 지역만의 것을 뜻하는 것이 아니다. 문학적 전통과 미술적 전통은 그 의미가 다르고, 건축과 도시에서 전통이라는 말은 자연과 역사 그리고 문명의 틀 속에서 이해되어야 한다.

지역 공동체에 구속된 정통론이 더 이상 반복되어서는 안 된다. 인류 공동체의 확대된 범주 속에서 지역 공동체적 문화 형식으로 이해되어야 한다. 문화는 언어에 구속되지만 도시와 건축과 문명은 언어를 넘어 성립한다. 건축과 도시는 인간 공동체의 보편성을 공간과 시간의 범주를 초월하여 실현해 낼 수 있어야 한다. 산타 루치아 항에 정박한 저 거대한 성채와 주변의 수많은 배들로부터 배울 수 있어야 불국사의 아름다움을 진정으로 아는 것이고, 인류의 유산인 도시와 건축을 만들어 낼 수 있는 것이다. 이제 자폐증적 전통론은 버릴 때가 되었다. 인류 공동체 속에서 독자의 영역을 가지려면 자신 속으로 침잠하기보다 인간이 이룬 역사적 실체들 깊이 이해하는 과정에서 건축과 도시를 생각해야 한다.

다리가 아프다. 나른하고 피곤하다. 호텔로 돌아온다. 베기노 교수의 전화가 걸려 온다. 자신의 집에서 칵테일 파티가 있다고 한다. 산타 루치아 항 북측 구릉의 호화 주택가에 그의 집이 있다. 파티는 짙은 녹음의 정원에서 열린다. 기품 있게 늙은 부인과 자그마하나 당당한 베기노 교수가 집 앞에서 손님을 맞는다. '메가리데 현장 1994'를 초안한 사람들을 초대한 모임이다. 열댓 명 중에서 젊은 미국 여자 건축가, 나이 든 러시아 여자 도시 계획가, 뚱뚱한 중년의 영국 여자 교수 등 여자가 반이다. 물론 모두 처음 보는 사람이다. 북한에 다녀왔다는 네덜란드의 주택공사연구소장이 말동무가 되어 어색한 고비를 넘긴다. 처음 보는 사이인데 쉽게 어울린다. 2, 3년 동안 이 일에 관계했던 사람들이라 서로 화제가 많다. 보스니아의 여자 촬영기사가 비디오를 만들기 위해 4명의 조수와 바쁘다. 제2외국어로 영어를 말하는 사람과는 대화를 나누기 쉽다. 저녁 6시부터 시작된 칵테일 파티가 10시 가까이 되어 끝난다. 집 안에는 그림이 가득하고 집 밖에는 나무가 가득하다. 밤이 다가오면서 숲은 더욱 향기로워진다. 자기 타일이 깔린 바닥이 아름답다. 과일과 채소는 모두 정원에서 키운다. 꽃과 나무 사이의 채소밭이 예쁘다. 안주인이 두루 다니며 손님과 담소한다. 호텔로 늦게 돌아온다. 두 사람이 나를 기다리고 있다.

손진 씨와 이민 씨. 외자 이름을 가진 이 두 사람이 더 배우기 위해 베네치아와 로마에서 여기 나폴리로 와서 함께 자취하며 산다. 건축에 일생을 던지고 사십 가까운 나이까지 객지에서 객지로 다니며 공부한다. 모처럼 맞은 휴일이면 주변의 옛 건물들을 보러 다닌다. 평생의 모든 시간이 다 건축을 위한 준비의 시간이다. 시간이 늦었으나 식사도 안 하고 밤 10시까지 나를 기다린 두 사람을 생각해서 새벽 1시까지 그들과 와인을 2병 더 마신다. 건축에서 진정한 길이 무엇인가에 대해 말한다. "건축은 공간 형식으로 인간의 삶과 역사를 표현하는 기본 예술이므로 인간과 사회와 역사에 대한 깊은 공부와 예술 전반에 대한 폭넓은 이해를 바탕에 둔 공간 형식의 연구가 필요합니다. 건축 연습은 끊임없는 긴장과 갈등의 시간을 거치지 않으면 한때의 필요와 유행에 그치고 맙니다. 건축은 오래 남아 다른 시간의 필요에 대응하고 이전과 이후의 다른 건물들과 함께 있어야 하므로, 시일이나 연대에 대한 작가의 철학적 사고가 건축 표현의 시작이 되어야 합니다." 서울에서 대학원까지 마치고 7, 8년간 객지에서 결혼도 하지 않고 건축에 정진하는 그들에게 무슨 결실이든 있어야 할 것이다. 건축을 제대로 하기 위해 결혼까지 포기한 그들이 과연 잘하고 있는 것인지는 모르겠으나 나를 돌아보면 자괴스럽다.

내일 아침 10시에 인터뷰가 있다. 질문 요지를 서울로 보내 주었으면 준비라도 할 수 있었을 텐데 무거운 주제를 하루 만에, 그것도 밤늦게 받아 외국어로 말해야 하니 난감하다. 그러나 이렇게 난데없는 도전을 극복하여 한 걸음 더 나아갈 수 있어야 할 것이다. 준비는 평생 하는 것이고 일은 항상 도처에서 생기는 것이다. 수도하는 무사와 같은 자세가 필요하다. 자신의 생각을 정리해 말과 글로 표현할 수 있어야 하고 그 생각을 스케치와 도면으로 그릴 수 있어야 한다. 낮에 멀리서 본 카스텔 델로

보가 밤 불빛 아래서 단순함 속의 장엄한 아름다움을 보여 주고 있다.

메가리데 헌장을 연설하다

공항 전체가 '해비타트Habitat II'의 분위기다. 각국 각 단체에서 온 사람들로 공항이 가득하다. 나는 이곳에서 한국 대표가 아닌, 국제회의 '메가리데 헌장 선언'의 대표다. 첫날은 회의보다 전시회를 먼저 둘러본다. 주거 문제를 나라별로 다룬 거대한 전시회이나 별로 볼 것이 없다. 21세기의 주거 문제를 집 없는 사람의 주거 문제로만 보고 있다. 21세기의 새로운 도시 문명에 대한 예언적 제안은 어디에도 없고 환경 문제, 빈민 문제, 도시 문제 등만 다루고 있다. 진부한 전시다. 그나마 독일이 현실에 근거한 미래를 제안하고 있을 뿐, 20년 만에 열리는 유엔 주거 회의치고 내용이 부실하다. 도쿄에서 열린 《초아시아의 건축》만 못한 전시다. 하기는 유엔이 하는 일이 다 이런 식 아닌가. 저개발국가가 주도하는 유엔이어서는 곤란하다. 베기노 교수, 킨 교수, 비앙카 교수 등 동료들을 아직 보지 못했다. 전시를 3시간에 걸쳐 본다. 중국은 비전 없이 크기만 요란한 전시를 하고 있다. 없는 사람이 있는 듯 보이려는 바쁨이 안쓰럽다. 그러나 제자리로 가려는 과정인 것이다. 한국은 아무것도 하지 않았다. 1년 전부터 법석이었으나 정작 일하는 사람은 없다. 정부는 무엇을 해야 하는지도 모른다. 세계화를 말하면서 세계로부터 무엇을 얻을 수 있고 세계를 향해 무엇을 할 수 있는지도 모른다. 흘러가는 세계의 흐름에 몸을 던진다는 말인 모양이다. 시류에 휩쓸린다는 식의 세계화여서는 여행사 안내원 수준인 것이다.

성 소피아 성당으로 간다. 오늘은 종일 혼자일 것이므로 바다도 가고, 컨퍼런스 장소도 가고, 옛 비잔틴의 도시도 다니기로 한다. 지난번에는

성 소피아 성당의 내부 돔. © ARCHIBAN

닫혀서 보지 못한 성 소피아 성당 안으로 들어간다. 숨이 막힐 듯하다. 이렇게 단순하고 다양하고 형이상학적이며 미술적일 수 있을까. 실재가 아닌 듯한 빛과 규모와 세부들이 지상과 하늘 사이에 이런 비상함을 만들었다. 어디에서든 전체가 다가선다. 전체가 부분으로 분화하고 부분이 전체로 집합하는 공간 형식이 미술적 깊이를 더해 형언할 수 없는 건축 공간의 위대한 모습을 느러낸다.

세계 최고의 푸딩 집에 가서 지난번 먹던 양고기를 먹는다. 내일 준비를 위해 무리하지 않기로 한다. 수술한 귀가 또 아프다. 얼굴에는 상처가 나고, 어금니는 다 빠지고, 사방에 성한 곳이 없다. 입산수도하는 마음으로 반년은 쉬어야 한다. 남이 일하게 하는 것이 필요한 때다. 해비타트 II의 또 다른 전시인 《미래의 건축, 버크민스터 풀러 1백 주년 기념 전시》를 보러 돌마바흐체 궁전Dolmabahçe Sarayı으로 갔더니 그런 전시는 없다. 전시 대신 20세기 초에 당시 세계 최고의 부를 동원해 지은 터키 제국의 왕궁을 구경한다. 베르사유 궁전이나 윈저 성이나 크렘린 궁전과는 또 다르다. 바다가 바로 정면인 엄청난 규모의 대궁전이다. 건축으로서는 역사적일 것이 없는 절충적 양식이지만 전기와 설비가 하나가 되는 단계의 건물이라 흥미롭다. 그러나 무엇보다 바다가 장려하다. 보스포루스 해협은 한강과 좋은 비교가 될 것이다. 바다를 향한 살색 대리석의 욕실이 미소를 짓게 한다. 제왕의 사치도 멋이 있으면 보기 좋은 것이다.

시내 한가운데의 탁심 광장에 호텔이 있어 중간중간 들어가서 쉬고 다시 나오기가 좋다. 내일 아침에 컨퍼런스 밸리의 F빌딩에서 보자는 베기노 교수의 메시지가 와 있다. 다른 사람들도 이미 다 와서 토론 장소와 전시 장소를 이곳저곳 다니는 모양이다. 유엔이 하는 회의 중에 NGO(비정부기구)의 회의가 있는데, 정식 회의와 병행하여 주제별로 토론하고 이를 모아 정식 의제로 제안하는 것이다. 매일 20개가 넘는 회의가 열리고 매일 아침 그것을 정리하여 보고하는 위원회가 별도로 구성되어 있다. 유엔이라는 기구는 독립 국가면 무조건 가입할 수 있듯이 NGO도 별다른 선정 기준이 없다. 국제연합인 유엔에는 그나마 상임이사국이나 사무국 조직과 연관 단체의 힘이 존재하나, 한시적일 수밖에 없는 NGO는 어쩌면 청원단 내지는 참관단에 불과할지 모른다. 그러나 21세기 도시 선언을 준비하고 이를 유엔의 선언으로 하려는 NGO인 메가리데 그룹의 노력은 평가되어야 할 것이다. 4년에 걸쳐 준비한 것이고 또 2번의 세계 대회는 해비타트 II의 다른 NGO 모임을 합한 것보다 규모도 크고 내용도 충실했다. 하지만 여기서는 수많은 NGO의 하나일 뿐이다. 유엔이라는 이름으로 많은 사람들이 일없이 바쁘다.

탁심 광장 한가운데의 노천 식당에서 이들의 전통 음식과 맥주를 함께 먹는다. 이제 맥주는 모든 전통 음식의 파트너로 자리 잡았다. 와인은 서양 음식이어야 하지만, 맥주는 모든 음식의 친구다.

쉽게 자고 쉽게 일어난다. NGO에 속한 사람이 본회의장으로 가려면 미리 등록한 사람에 한해서 다시 유엔 패스를 받아야 한다. 다행히 입력이 되어 있어 사진을 찍고 증명서를 발급받는다. NGO의 대표 모임은 오늘이 처음이다. 자신들의 주장을 본회의 의제에 상정시키고자 하는 NGO는 자신들의 주장과 토론 결과를 운영위원회Steering Committee를 통해 정리하고 2차례의 본회의에 제안하고 설명해야 한다. 한국 사람이라곤 아무도 없는 곳에서 '메가리데 헌장 선언'의 대표로서 영어로 듣고 말하는 일은 힘들다. 캐서린, 비앙카, 미울라가 미리 와 있다. 무엇보다 오늘 저녁에 있을 프레젠테이션이 문제다. NGO가 어떻게 진행되는지, 우리의 프레젠테이션은 어떻게 할 것이고 각자의 역할은 무엇인지를 현장에

터키 제국이 세계 최고의 부를 동원해 지은 돌마바흐체 궁전.

와서 생각해야 할 판이다. 구경꾼 역할로 와서 10분 정도만 연설하는 것으로 알았는데, 영어를 전혀 못 하는 베기노 교수 대신 내가 대역을 맡아야 할 판이다. 세 여자 교수와 내가 지난 4년간의 일을 유엔에 반영시켜야 하는 것이다. 정작 결정적인 대목에서 다들 뒤로 물러난다.

우선 수준 높은 청중을 확보해야 하고 2시간에 걸친 프레젠테이션을 기억에 남을 만한 것으로 만들어야 한다. 컨퍼런스가 바자르에서와 같이 사방에서 벌어지고 있으므로, 넷이 분담해서 메가리데 헌장의 이념과 과정과 결과와 앞으로의 계획을 간단하게 요점만 말하고 토론을 유도하기로 한다. 말을 짧게 하되 30분간은 비디오, 슬라이드, OHP 등 시각자료를 이용해 다양하게 연설하도록 한다. 6백 명의 학자, 작가들이 4년간 해 온 일을 단시간에 불특정 NGO들에게 설명해야 한다. 프레젠테이션과 그동안 준비해 온 리포트를 동시에 제출한다. 캐서린은 자기 대학의 교수 넷과 함께 왔고 비앙카는 이곳에 아는 학자들이 있으므로 연락해서 참석하게 한다. 비디오 15분, OHP 15분, 그리고 각자 5~10분씩 시간을 할당하기로 한다. 미리 서로 말해 보기로 한다.

얼결에 내가 메가리데의 전투부 대장이 되어 있다. 지난 2년간의 수동적 참여자에서 이제는 주모자가 된 것이다. 2년이면 어떤 조직이든 그 흐름과 내실을 알 수 있다. 메가리데 헌장 선언을 주도한 국제 그룹은 잘 조직하면 세계적인 집단이 될 수 있다. 베기노 교수는 모으고 조직하는 데는 능하나 결정적 전투에 약하다. 미리 알았으면 해비타트 II에서 가장 뛰어난 회의를 만들 수 있었을 텐데, 내가 책임을 맡은 것은 불과 8시간 전이다. 영어로 즉석 연설을 할 생각을 하니 아득하나 마음속으로 문장을 만들면서 하루를 지낸다. 바쁜 와중에도 우리나라에서 70여 명이나 온 한국 NGO 모임이 있는 날이라 틈을 내어 그 모임에 가 본다. 임길진 교수, 유재현 총장 등이 연단에 있다. 선배가 선배의 할 일을 해 주어야 하는데 내가 무심했다. 함께 있고 싶으나 맡은 일이 있으므로 우리 방으로 돌아간다.

그런데 우리 방이 203C호에서 216호로 바뀌었다. 간신히 연락하고 준비했는데 1시간을 남겨 놓고 바뀌었다. 비디오와 슬라이드와 OHP, 마이크로폰 장치를 함께 이용하려면 계단 강의실인 216호밖에 없다고 한다. 쉽게 하려다가 더 어렵게 되었다.

NGO가 극성스러운 일본 팀 말고는 다른 나라의 NGO는 대개 10명 전후다. 대부분은 건축가이고 도시학자들도 몇 명 모였는데, 모두 22명이었다. 우리까지 30명쯤 되니 그나마 모양은 갖추었다. 비디오 효과가 좋다. 남자 같은 비앙카 교수와 할머니인 미울라는 잘했고, 헌장을 설명한 캐서린 교수는 자신이 준비한 것과 다른 것을 내가 요구해 좀 삐친 듯하나 무난했다. 결론은 내게 맡겨졌다. 마음속으로 시간을 재면서 이념과 연구 과정, 그리고 2번의 선언에 대한 3명 강의자의 설명을 요약하고, 마지막 강연자로서 현재 진행 중인 메가리데 현장을 위한 세계 조사와 확대 프로그램을 짧게, 그러나 약간 연극적으로 설명했다. 5분의 연설이지만 원고 없이 마음속으로 외운 말들을 쏟아 냈고, 내가 기대한 만큼 모두에게 전달된 듯했다. 워싱턴에서 온 두 교수의 가벼운 질문과 답이 끝나자 2시간이 지났다.

잘 끝났다. 다들 만족해한다. 다른 회의를 보고 주눅이 들었다가 우리 것이 단연 뛰어나다며 함께 한잔하자 한다. 그러고 보니 밤 9시다. 긴장해서 점심도 먹지 못했다. 이왕이면 바자르가 있는 성 소피아 성당으로 가서 터키식 음식을 즐기기로 한다. 중년의 여자 건축가들은 남자만큼 술 실력이 뛰어나다. 긴장이 풀린 내가 밀린다. 책임을 맡는 일과 도우는 일은 이렇게 다르다. 오래 좋은 삶을 살려면 남을 돕는 삶을 원해야 한다. 그러나 사자를 본 아프리카의 밤 같은 날이다. 푹 잘 것 같다.

베니스 비엔날레 한국관

1995년, 100주년이 된 베니스 비엔날레에는 24개의 국가관(파빌리온)이 있었다. 미국, 독일, 일본, 영국, 프랑스, 이탈리아, 캐나다의 G7 전시관은 자르디니 가운데에 한 줄로 위치해 있고, 그 외의 자리에 다른 나라들의 전시관이 있었다. 본관인 이탈리아관 옆에 네덜란드, 핀란드 등 북유럽 국가관, 그 사이에 미국관과 남미의 국가관, 그리고 운하 건너에 이집트, 멕시코 등 제3세계 국가관이 있었다.

24개국의 국가관이 결정되었을 때 자르디니의 자리가 모두 채워지면서 더 이상의 국가관을 세우지 않기로 했으나, 나중에 베네치아 시 정부가 비엔날레 100주년을 기념해서 1개의 국가관을 더 짓기로 했다. 새 국가관의 후보는 당연히 중국이었고, 다음으로 이탈리아로 이주하는 사람들이 가장 많은 아르헨티나에 초점이 맞추어졌다. 그러나 백남준 선생이 베니스 비엔날레 99주년의 황금사자상을 받고 베네치아 대학교의 카트롱에서 열렸던 내 전시회가 주목받으면서 한국도 17개국의 후보 중 하나가 될 수 있었다.

자르디니에는 더 이상의 빈자리가 없었다. 나는 일본관과 독일관 사이의 공중화장실 장소를 주목했다. 공중화장실은 원래 비엔날레 사무국이 있던 자리로 라구나, 베네치아 만의 바다에 면해 있었다. 베네치아 사람들에게 바다는 큰 의미를 가지고 있기에 바다를 가리는 것은 큰 죄악처럼 여겨지므로 어느 누구도 이 자리에 새 국가관을 세울 생각을 하지 않았다. 게다가 베네치아의 역사 구역인 자르디니의 기존 건축물을 철거하기 위해서는 2년이 넘는 복잡한 행정 절차를 거쳐야 했다. 중국은 작은 자금성인 중국 전통 건축을 세우려고 했고, 아르헨티나는 시선에 따라 건물이 보이기도 하고 안 보이기도 하는 희한한 건축안을 냈다. 하지만 나는 공중화장실을 다른 후미진 곳에 짓고 옛 사무국 자리를 살려 바다를 가리지 않는 투명한 건축을 제안하고 한국의 애련정을 예시로 보여주었다. 2년 동안 백남준 선생과 내가 한 팀이 되어 관계자들을 설득하고 일본관, 러시아관, 독일관 사이에 있는 숲 속의 나무를 한 그루도 손대지 않는 안을 제안하여 결국 의회의 승인을 받게 되었다.

긴 이야기가 될 것 같다.

퐁피두 센터의 설계자인 리처드 로저스Richard Rogers가 1992년 6월 베네치아로 나를 초대할 때까지, 나는 베니스 비엔날레에 대해 잘 모르고 있었다. 베네치아 시의 모든 호텔이 다 만원이었다. 로저스의 주선으로 시드니 셸던의 소설에 나오는 치프리아니 호텔에서 묵었다. 베니스 비엔날레가 1895년 미술의 제전으로 시작되어 이후 영화와 음악과 연극에 이어 건축이 더해져서 최종 5분야가 전시되는 격년제 미술 행사로, 미술과 건축은 자르디니Giardini('공원'이라는 뜻으로 국가관이 있는 공원을 가리킨다)에서, 무대예술은 베네치아 시 전역에서, 영화는 리도 섬에서 이루어진다는 것도 그때 알았다.

각국의 파빌리온pavilion이 있는 자르디니는 세계에서 온 건축가들로 가득했다. 제임스 스털링James Frazer Starling, 노먼 포스터Norman Foster, 게리트 리

베니스 비엔날레 한국관.

트펠트Gerrit Rietveld, 피터 아이젠만Peter Eisenman, 이소자키 아라타磯崎新, 렘 쿨하스 등 세계의 건축가들이 여기저기서 보였다. 거기서 김경수 교수를 만났고, 그의 소개로 베네치아 대학교의 프랑코 만쿠조 교수를 만났다. 만쿠조 교수가 특강을 부탁하면서 한국 현대 건축가들의 전시회를 카트롱에서 하려는 계획을 설명하고, 2달 뒤 교토에서 강연한 후 서울에 들르겠다고 했다. 그 후 그가 서울에 와서 보고 자료를 가지고 가서 교수회의에서 논의한 끝에 당초 예정했던 12명의 건축가 전시 대신《서울, 도시와 건축, 김석철전》이 결정되었다. 1년의 작업 끝에 1993년 2월 25일부터 4월 5일까지 베네치아 시와 대한민국 문화체육부 공동 주최의 전시회로 열리게 되었다.

김중업, 김수근 선생을 떠나 독립하면서 혼자 일하던 1967년 정릉 시절의 두 차례 전시회, 김진균, 이상해 선생 등과 일하던 1975년의 세 번째 전시회 이후 네 번째 전시회였다. 만쿠조, 리니오 브루토메소Rinio Bruttomesso, 김경수 교수의 헌신적인 도움이 있었다. 그즈음 백남준 선생과의 2인전을 미마라 박물관에서 열자는 제안을 받았다. 백 선생이 예술의 전당을 방문했을 때 둘러본 후에 세계무대로 진출해 보라며 본인이 주선을 해 주시겠다던 약속의 답인 것 같았다. 베네치아 전시가 2월부터 4월까지고, 미마라 박물관의 초대전이 6월이라 시기적으로도 좋았다. 미마라 박물관의 전시회는 2인전인 만큼 실험적인 작품과 당시 몰두하고 있던 〈하늘의 마을-서울 디자인 센터〉를 선보이기로 했다. 6월이면 베니스 비엔날레가 열리면서 유럽 미술계의 시선이 이쪽으로 쏠리는 시기인데, 마침 백남준 선생이 독일관에서 황금사자상을 받게 되어 미마라 박물관의 전시회도 스포트라이트를 받았다. 미마라 박물관의 전시회에는 서울에서 진영선, 이용우 교수와 조각가 조성묵 선생도 와서 관람했다.

전시회 개막 후 백 선생과 둘이서 베네치아로 돌아가는 8시간 동안 이야기를 나눈 것이 베니스 비엔날레 한국관의 시작이었다. 백 선생은 "베니스 비엔날레 한국관을 지을 수 있다면 한국 미술계의 가장 큰일이 될 겁니다. 사방으로 알아보았으나 거의 불가능에 가까워요. 그러나 해야 하는 일이므로 함께해 보지요"라고 했다. 8시간 동안 수많은 방법을 논의해 보았다. 백 선생은 내가 베네치아 시와 베네치아 대학교의 초청으로 전시회와 강연을 하여 이곳을 잘 알고 건축가들도 많이 알고 있으므로 가능할 것이라고 했다. 당시 자르디니 안에는 24나라만 자국관이 있고, 나머지 나라는 이탈리아와 베네치아관의 빈방을 빌려서 사용하고 있었다. 17개국이 자국관을 신청해 놓은 상태였으나 어느 나라도 아직 허가를 얻지 못하고 있었다. 한국도 이미 몇 년 전부터 신청했으나, 자리가 없다는 대답만 들었다. 백 선생이 황금사자상을 타게 된 것이 알려진 날 밤, 베네치아에서는 한국의 유수한 재벌가 부인들과 미술인 등이 이구동성으로 한국관을 짓자고 발의했다.

나는 백 선생을 기다리던 기자들, 미술관 관계자들과 매일 밤 만났으며, 낮에는 만쿠조, 브루토메소 교수 등과 현장을 둘러보았다. 마침 브루토메소 교수가 베네치아 시의 수상도시연구소장이어서 시청의 도시 계획 담당자들을 두루 만날 수 있었다. 불가능하지만은 않다는 생각이 들었다. 백 선생에게 어렵지만 될 듯하다는 말씀을 드렸다. 그리고 서울로 돌아왔다. 백 선생도 서울에 와서 대통령을 만나게 되었다. 이때 백 선생이 베니스 비엔날레 한국관 이야기를 하고, 그 일이 한국 미술의 세계적 위상을 높이는 결정적 계기가 될 것이라고 설명했다. 이에 대통령도 동의하여 문화체육부 장관에게 추진하도록 지시했다. 이때 이용우 교수가 많은 정보를 주었다. 그때까지 개인적 차원에서 추진하던 일이 정부 차원의 일로 바뀌었다.

대전 엑스포의 오프닝을 기해 베니스 비엔날레 집행위원장인 아킬레 보니토 올리바와 밀라노의 무디마Mudima 미술관 관장인 지노 디 마조를 서울로 초청해 정부의 의지를 전하고 협조를 부탁했다. 장관 주재로 한국의 집에서 오찬이 이루어졌다. 이민섭 장관, 백 선생, 아킬레, 지노, 이용우 교수, 김순규 예술국장, 그리고 내가 모였다. 이탈리아 통역자를 통해 아킬레는 "아마 불가능할 것입니다. 외부에 제2의 전시 구역을 계획하고 있으니 그때 기회를 보도록 합시다"라고 말했다. 당연히 그렇게 나올 줄 알고 있었으므로 미리 준비해 간 안을 내놓고 설명했다. 기존의 건물과 수목을 다치지 않게 일본관과 독일관 사이에 지하 파빌리온을 위치시킨 안을 설명하자, 그때까지 술을 사양하고 딱딱하던 아킬레가 "마십시다. 한번 돌파해 보지요. 여태 이런 제안은 없었습니다. 나도 나서 보겠어요. 단, 경쟁국이 많으므로 아이디어가 노출되지 않도록 주의해 주세요"라고 말했다. 그날 모두들 많이 마셨다.

한 달 가까이 안을 정리했다. 우선 스케치를 준비하여 베네치아 시 당국과 접촉하기로 했다. 도시계획위원장 펠레티 여사와 문화재관리국장 리카르디, 건축국장 루제로를 만나 우리의 아이디어를 설명했다. 다들 처음에는 말도 못 꺼내게 했으나, 이삼 일 설득한 뒤에는 "조금 더 나가 봅시다. 모델을 만들어 보세요"라고 제안하는 등 시작할 수 있는 분위기가 조성되었다. 정부의 공식적인 제안이 있을 경우 정식으로 검토하겠다는 약속을 받았다. 서울로 돌아와서 문화체육부 장관에게 정부의 공식 제안과 정부 간 협의를 시작할 때가 되었다고 전했다. 김순규 국장이 장관의 친서를 가지고 베네치아 시장과 담당 국장들을 만나 정식 제안한 것이 1993년 겨울이었다.

건물이 바다를 가리는 것을 꺼리는 베네치아인들을 위해 투명성을 강조한 베니스 비엔날레 한국관 내부.

현지에서 계속 검토한 결과, 나무뿌리가 사방으로 뻗어 있어 지하 파빌리온은 어렵다는 쪽으로 기울었다. 태도가 부정적이었던 도시국장 다코스티노와의 토론 중에 내가 "그럴 경우를 대비해서 투명한transparent 파빌리온을 서울에서 준비해 왔습니다. 내일 보이고 설명하겠습니다"라고 하여 고비를 넘기고 호텔로 돌아와 밤새 그 안을 그렸다. 일단 모형을 만들고 정식 안을 제출하기로 하고, 만쿠조 교수에게 현장의 정확한 토지 분석을 부탁했다.

다시 서울로 돌아와 한 달 작업을 한 뒤에 베네치아 시 당국과 접촉했다. 지하 파빌리온이 투명 파빌리온으로 변하면서 시 당국과의 접촉이 구체화되었는데, 도중에 시장이 바뀌게 되어 모든 일이 원점으로 돌아가는 듯했다. 첫 번째 시장 선거에서 과반수 득표자가 없어 재선거가 치러지게 되었다. 이때는 거의 포기 상태였다. 그동안 접촉하던 사람들도 모두 이제는 기다릴 때라고 말했다. 하지만 이럴 때 오히려 더 나서야 한다. 안을 더 발전시키고 설득의 논리를 확대했다. 뉴욕에서 백 선생으로부터 거의 매일 전화가 왔다. "포기하지 말고 계속해요. 내가 도울 수 있는 일은 무엇이든지 하겠어요. 새로 시장이 될 가능성이 큰 마시모 카치아리가 공산주의자인 것이 걱정이지만 나대로 생각이 있소. 당신이 해야 해요."

시장이 공석인 채 두 달이 지나고, 드디어 카치아리가 시장이 되었다. 다행히 브루토메소 교수와 가까운 친구 사이였다. 백 선생이 새로운 시장에게 그림 편지를 보냈다. '당신이 노벨평화상을 받을 기회다. 내년이면 100년이 되는 베니스 비엔날레에 아직 이데올로기에 의해 분단된 유일한 국가인 한국과 북한이 함께 참여하여 핵 문제를 문화적으로 해결할 수 있다면 얼마나 중요한 역사적 사건이겠느냐'는 내용이었다. 비판적인 다코스티노에게도 그림 편지를 보냈다. 다코스티노는 백 선생의 열렬한 팬이기도 하여 분위기를 반전시키는 계기가 되었다. 그런데 비엔날레 본부 측에서 제동을 걸었다. 마지막 파빌리온인데 중국이어야 하지 않느냐는 의견들이 나오기 시작한 것이다.

마침 중국이 베네치아에서 '진시황릉전'을 대대적으로 준비하고 있어서 우리 생각에도 마지막 파빌리온이라면 중국이 우선순위일 듯했다. 이때 마지막 제안을 했다. 처음은 지하 파빌리온을, 두 번째는 투명 파빌리온을 제안했지만, 이번에는 비엔날레 자르디니 전체의 마스터플랜과 관련한 비전을 제안했다. 이 마지막 제안을 위해 베니스 비엔날레의 역사와 베네치아 도시의 역사를 새롭게 공부했다. 이곳은 나폴레옹에 의해 공원으로 지정된 후 100년 만에 세계 미술 제전의 장소가 되었지만, 2년에 한 번, 석 달만 개관하므로 나머지 시간에는 폐허가 되는 등 시 당국으로서도 큰 숙제였다. 우선 시장에게 한국관을 설명하기 전에 자르디니 전체에 대한 개혁안을 제안하고, 한국관이 들어설 경우 자르디니에 새로운 계기가 시작될 수 있다는 비전 플랜을 다음과 같이 설명했다.

"세계 현대 미술의 역사적 장소인 이곳은 100주년을 앞두고 몰락해 가고 있습니다. 내년 100주년을 기하여 새로운 탄생이 이루어져야 합니다. 그러기 위해서는 1단계로 이곳을 야외 전시장으로 연중 개방하고, 이를 위한 한 거점으로 마지막 파빌리온을 짓고 이를 상설 전시관으로 하여 전체를 관리하게 해야 합니다. 2단계로 이탈리아관을 상설 전시장으로 개조하여 각국관의 상설화를 유도합니다. 두 단계의 개방화와 상설화가 성공적으로 이루어진다면 세계 최고의 미술관 단지가 될 수 있고, 리알토 다리, 산 마르코 광장, 자르디니로 이어지는 베네치아 중심 구역의 확대를 수백 년 만에 실현할 수 있습니다. 한국관의 실현은 100주년이 되는 자르디니의 마지막 파빌리온이면서 새로운 세기를 맡게 되는 자르디니의 첫 파빌리온이 될 것입니다!"

열심히 설명했다. 베네치아 대학교의 역사철학과 교수였던 시장의 얼굴에서 공감의 표정을 감지했다. 그가 "깊이 있게 검토하겠습니다. 워낙 여러 나라가 신청했으므로 공정하게 처리해야 합니다. 취임한 지 얼마 되지 않았으므로 관계 관들과 협의해 보겠습니다. 대단히 매력적인 제안이므로 깊은 관심을 가지고 있습니다. 전체 안을 준비해 다시 봅시다"라고 했다. 사람 사이에는 느낌이 있는 법이다.

한 달 내로 다시 오기로 하고 우선 서울로 돌아왔다. 이제는 구체적 도면과 모형을 제안할 때였다. 개론의 단계를 오래 하면 갈수록 진전이 멀어진다. 거칠게 몰아붙여야 한다. 그들의 속도에 맞추지 않고 우리의 속도로 밀어 보기로 한다. 이번에는 모형도 특이하게 만들었다. 납으로 만들고 투명함을 강조하기 위해 유리를 끼우지 않았다. 모형과 도면을 가지고 베네치아 시장을 다시 만났다. 우리에게 호감을 가지고 있는 것을 느낄 수 있었다. 백 선생의 그림 편지와 나의 자르디니 개혁안에 마음이 움직인 듯했다. 이탈리아관을 상설화하고 자르디니를 야외 미술관open air museum으로 하면서 한국관이 그 첫 파빌리온이 되는 일에 원칙적인 동의를 받았다. 도시국장 다코스티노, 건축국장 루제로, 문화재관리국장 리카르디 등을 다시 만나 시장과의 면담 결과를 설명했다.

시장은 구체적 운영 계획도 제출할 것을 요구했다. 이제 무엇이 될 듯했다. 서울에 가서 장관에게 이제는 일이 될 듯하니 정식으로 정부의 제안이 있어야 되겠다고 말하고 현지 담당 건축가로 만쿠조 교수와 일하겠다고 제안했다. 그는 도시설계학과 교수이므로 이 일에 좋은 파트너가 될 것이라고 기대했다. 그가 참여하게 되면 기본안에 베네치아 시의 도시 계획과 건축 문화적 유산을 접목시킬 수 있을 것 같았다. 이민섭 장관이 만쿠조 교수를 서울로 초대하여 현지 건축가로서 협조를 부탁하고 한국 정부의 입장을 설명했다. 그에게 우리 안이 대상으로 하고 있는 입지의 현재 토지 여건 조사와 조정 업무를 부탁했다. 만쿠조 교수는 우리 사무실에 와서 사흘 동안 함께 일했다. 『베네치아』라는 책의 저자이기도 한 그의 조언이 많은 도움이 되었다. 일본관과 같은 방향에 입구가 놓이므로 곡면 벽 끝을 펴서 기존의 나무를 비껴가도록 일부를 조정하고, 기존의 관리사무실 건물과 독일관 사이의 원통 공간을 아래까지 확대시켰다. 이 과정에서 이중 원통을 기존 건물과 병치시킨 것이 좋은 결과를 가져왔다. 수목을 건드리지 않아야 한다는 조건 때문에 최초의 안이 일부 수정되었으나 오히려 더 발전된 점도 많았다. 카치아리 시장의 말대로 하면, 서울에서 만들어진 우주선이 자르디니의 수목과 기존 파빌리온 사이에 안착하는 과정이 이루어졌다.

1994년 4월, 정식으로 대한민국 정부의 이름으로 베네치아 시의 허가 요청서가 제출되었다. 처음 백 선생의 말씀을 듣고 시작하여 열 달 동안 베네치아를 5번 다녀온 끝에 결국 허가서를 접수한 것이다.

이제 일이 다 되는 줄 알았다. 그런데 그것이 아니었다. 도처가 지뢰밭이었다. 자르디니 일대의 마스터플랜이 세워지는 중이므로 어떤 건물도 마스터플랜 확정 전에는 허가할 수 없다는 도시계획위원회 입장이 발표되었다. 건축국, 문화재관리국, 비엔날레 본부는 다 동의했고 도시국도 원칙적인 동의를 했는데 도시계획위원회가 반대한 것이다. 도시계획위원회가 동의해도 최종 심의위원회에서 시청과 시의회가 동의해야 한다. 두 번째로 포기하고 싶은 단계였다. 중국이 다시 등장하고, 일본도 증축하겠다고 나섰다. 국제 현상으로 마지막 파빌리온의 나라를 정하자는 안이 제시되고, 자르디니와 주변의 공공정원에 대한 마스터플랜이 세워지지 않았으므로 한국관을 허가할 수 없다는 말이 신문에도 나기 시작했다. 국내 언론도 어떻게 알았는지 "베니스 비엔날레 한국관 건립, 불투명하다"는 기사를 내기 시작했다. 이때 밀리면 아무 일도 되지 않는다. 누구나 다 한마디씩은 하기 마련이고, 일을 안 되게 하는 말들을 쉽게 한다. 루이스 칸이 자르디니 옆의 공공정원에 세울 베니스 컨벤션 센터를 다 그려 놓고도 허가를 못 받은 일이나, 르 코르뷔지에가 마지막 작품인 병원을 허가받지 못한 일이 떠올랐다. 차라리 허가서를 제출하지 않았으면 나 혼자 뛰다가 그만둘 뿐이었으나, 이제는 퇴로가 없는 굴 속으로 들어온 셈이니 뚫고라도 나가는 수밖에 없었다.

이때 다시 백 선생에게서 전화가 걸려 왔다. "이제 마지막이오. 여기까지 와서 물러서면 아무것도 아니오. 내가 할 수 있는 일은 무엇이든 하겠어요. 페기 구겐하임 측에도 편지하고 이탈리아의 모든 친구들에게 연락하겠어요." 다 잊고 싶은 마음이었을 때 백 선생에게 등을 떠밀리듯 다시 전장으로 나갔다. 바로 베네치아로 날아가 다시 시장을 만나서 이렇게 말했다.

"이런저런 것을 다 따져서는 아무 일도 못 합니다. 한국관은 한 국가관이 아니라, 100주년을 기념하는 첫 파빌리온입니다. 1년에 두세 달 문을 여는 여느 파빌리온이 아니라, 1년 내내 개방하여 자르디니의 잠을 깨우는 장소가 될 것입니다. 한국과 이탈리아의 역사적 문화 교류의 교두보로 우리는 이 일을 시작한 것입니다. 도시 계획 미확정 지구라서 새로운 도시 계획이 세워지면 그에 따라 다른 파빌리온과 같이 옮겨야 한다는 조건이어도 좋습니다. 우리는 100년의 역사적 실체에 참여하려는 시도를 한 것입니다. 당신의 결단이 필요합니다."

이제는 카치아리 시장과도 친구가 되었다. 시장이 웃으며 "참 대단해요. 당신이라면 무슨 일이든지 해내겠습니다. 다들 힘들다고 하나 느낌으로 불가능한 일은 아닙니다. 내가 나서 보겠어요"라고 한다. 이럴 때 쐐기를 박아야 한다는 생각에, 우리나라 장관이 직접 와서 허가를 확인하고자 하는데 어떻겠느냐고 했더니, 좋다 한다. 당장 서울로 돌아와서 장관에게 말했다. 장관도 그러기로 해서 카치아리 시장과의 면담 시간을 약속했다.

마침 월드컵 오프닝이 있을 때였다. 나는 애니 컨퍼런스 일로 몬트리올에 가야 했다. 필립 존슨, 피터 아이젠만, 프랭크 게리, 이소자키 아라타, 렘 쿨하스 등 세계적 건축가와 지식인들이 주도하여 1년마다 세계의 주요 도시를 다니며 회의하는 독특한 모임인데, 다음 해에는 서울이 호스트 시티가 되기로 하여 윤승중, 황일인, 김원, 장세양 등과 함께 가는 길이었다. 나는 애니 플레이스Any Place의 멤버로 참석하고 있었으므로 연설도 하고 토론에도 임해야 해서 이중 삼중으로 정신이 없었다. 게다가 프랭크 게리가 하기로 했던 "예술 분야에서 건축의 역할The Charge of Architecture in Arts"의 주제 발표를 내가 대신하기로 했는데, 발표문도 준비하지 못하고 베네치아 일에만 매달려 있었다.

예술의전당 안에 짓는 마지막 건물인 한국예술종합학교의 일도 미룬 채 베네치아에 깊이 연루된 셈이었다. 이제는 세계적 작가들 사이에 나의 건축을 세운다는 건축가적 욕심보다 어떻게 하든 허가를 받아야 한다는 전문가의 책임감만 있었다. 이때 김일성이 죽었다. 나라 안은 온통 그 일로 정신이 없었다. 장관은 어디로 움직일 수 없었다. 차관이 장관 대신 가기로 했다. 대략 준비는 되었으나 아직 일말의 불안은 있었다. 차관은 베니스 비엔날레 한국관의 일을 잘 모르고 있으므로 떠나기 전날에 신라호텔 멤버스 바에서 그동안의 진행을 설명했다.

정문규 국장이 일을 대신하게 되고 이돈종 과장이 차관을 수행하기로 했다. 대사와 공보관은 베네치아에서 합류하기로 했다. 대사는 비관적으로 말했다. 대사관 안의 나무 하나 자르는 허가도 몇 달씩 걸리는데, 몇 년째 여러 나라가 시도한 일을 이렇게 밀어붙인다고 될 일이 아니라며 너무 서두르는 듯하다고 했다. 일이란 하려면 되는 것이고, 안 하려면 못 하는 것이다. 차관과 베네치아 시장이 만나서 해야 할 사전 조율을 브루토메소 교수를 통해 준비해 놓았으나, 걱정스러웠다. 차관과 시장은 만나자마자 서로를 알아보았다.

차관은 먼저 시장이 우리 일을 적극적으로 도와준 것에 대해 한국 정부를 대신하여 감사의 말을 전했다. 장관 명의로 관계자들에게 최대한 긍정적 협조를 당부하는 서한을 보냈다는 사실을 말하고, 유럽에서 문화적 교두보를 확보한다는 상징적 역할 이외에도 국제화를 지향하는 신한국의 상징적 사업으로 이 일을 추진하고 있다는 정부의 입장을 말했다.

처음에 시장은 여러 나라의 경쟁이 겹쳐 허가가 불가능한 곳이라고 말해 순간적으로 나를 당황시켰으나 곧이어 이렇게 말했다. "그러나 한국 관계자들의 끊임없는 열정과, 어느 누구도 생각하지 못했던 3차례의 제안이 불가능한 일을 가능하게 만들었습니다. 작은 기적이지요. 이 일을 계기로 이탈리아와 한국의 본격적 만남이 시작됨은 물론, 자르디니도 100년 만에 새로운 모습으로 태어나게 될 것을 기대합니다. 한국관의 모든 아이디어를 높이 평가합니다."

"모두가 결과를 기다리고 있습니다. 관련 기관과의 협의가 병행되어야 하는 등 대단히 어려운 고비를 많이 남기고 있는데 허가가 날 것으로 보도해도 되겠습니까?"라고 차관이 물었더니 시장은 시원스럽게 이렇게 대답했다. "좋습니다. 시간이 좀 걸리겠지만 모든 위원회의 반이 시 정부 사람입니다. 내가 알아서 하겠습니다." 한국 대사는 여전히 걱정을 했다. 그러나저러나 만 1년 동안의 일이 드디어 한 단계를 넘은 셈이었다. 밤늦게까지 고량주를 한없이 마셨다. 운하와 땅이 함께 흔들리는 밤이었다.

다음날 모두 서울로 가고 나는 뉴욕으로 향했다. 필립 존슨의 글라스 하우스를 방문하기로 한 것인데 시기적으로 좋은 공부가 될 듯했다. 건축 역사상 처음으로 건축의 투명성을 고전적 방식으로 성취한 집이다. 이제 남의 것에 말려들 때는 지났고 나의 것을 말할 때이지만, 내 것과 남의 것을 굳이 가를 필요는 없다. 참으로 가진 자라면 남의 것으로부터 더 많은 것을 얻을 수 있을 것이다. 위대한 한 건축 앞에서 약간의 무력감을 느꼈다. 그러나 나의 건물은 그의 건물과는 근본적으로 다른 것이며, 나의 집은 한국의 문화와 도시와 건축에 깊은 뿌리를 내린 고유의 표현 형식을 가지고 있다고 생각했다. 그리고 이렇게 다짐했다. 오래된 문명국가의 건축가로서 새로운 문명을 수용하여 오히려 스스로의 어휘를 확대하는 시도를 해야 한다. 서울로 돌아가면 본격적으로 실시 도면을 시작해야 한다. 아직 스케치 단계인 안을 철골과 목재와 유리로 다시 형상화해야 한다. 기존의 벽돌 건물과 대응되는 원통의 추상 공간과, 수목 사이의 투명 공간이 이루는 새로운 건축적 실체를 극적인 건축 어휘로 표현해야 한다.

국내 신문에 일부 내용이 보도되기 시작하자 여기저기서 자기 역할을 강조하는 낯선 사람들이 많이 나타났다. 아직 도장을 받은 상태가 아니라 조심스러웠다. 수많은 팩스가 서울과 베네치아 사이를 오갔다. 게으르다 싶을 정도로 여유 만만한 이탈리아인과 조급하다 싶을 정도로 부지런한 한국인이 일을 함께 진행하자니 피차 힘들었다. 시 당국과 주 정부와 각계 대표로 7명이 구성되는 심의위원회의 최종 심의가 남았다. 시장의 협조 공문이 있었는데도 두 사람은 보류하자는 의견이었고, 한 사람은 중국 편이었다. 이제는 밤에도 누가 더 이 일을 생각하느냐가 문제였다. 갈 때까지는 갔지만 그러다 말면 그뿐인 것이다. 밀라노로, 로마로, 뉴욕으로 동원할 수 있는 모든 연줄은 다 동원했다. 인맥의 샤워였다. 그러던 어느 날, 드디어 프레젠테이션 미팅이 열렸고, 긍정적인 회의 결과가 나왔다. 그러나 아직 사인이 된 것은 아니었다.

드디어 이웅호 예술국장과 처음부터 옆에서 돕던 김경수 교수와 건축

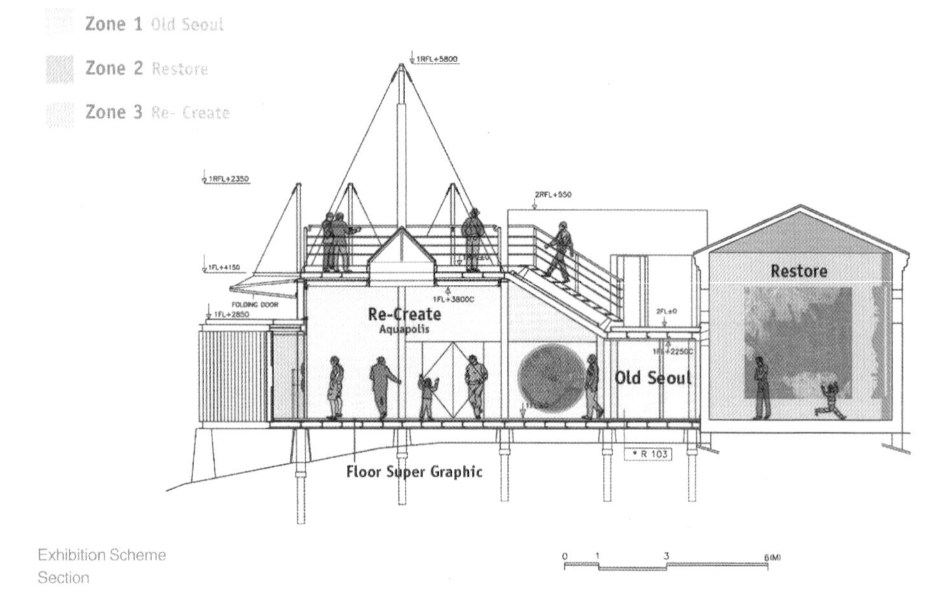

Exhibition Scheme
Section

주가 될 문예진흥원 이상용 해외본부장과 함께, 최종 허가를 위한 자료를 준비하여 베네치아로 향했다. 이번에는 허가를 받고 올 참이었다. 문화담당국장 모세토, 베니스 비엔날레 사무총장 마르티니 등을 만나 앞으로의 운영 계획을 설명했다. 그러나 그들과는 집 지은 후의 일을 말하는 것이었다. 유럽에서 건축 허가 과정을 가장 힘든 코스로 밟아 가는 중이었다.

유럽의 역사적 유적에서 건축가는 크게 3단계를 거친다. 처음에는 신축하려는 건축과 역사적 유적의 관계를 점검하는 문화재관리국을 통과해야 한다. 나라 전체가 역사적 장소이므로 역사적 장소와 새로운 현재를 조화시켜야 출발이 가능한 것이며, 새 건축이 과거에 어떤 영향을 끼칠지를 평가하는 것이다. 다음은 신축 건물이 미래에 어떻게 될 것이냐

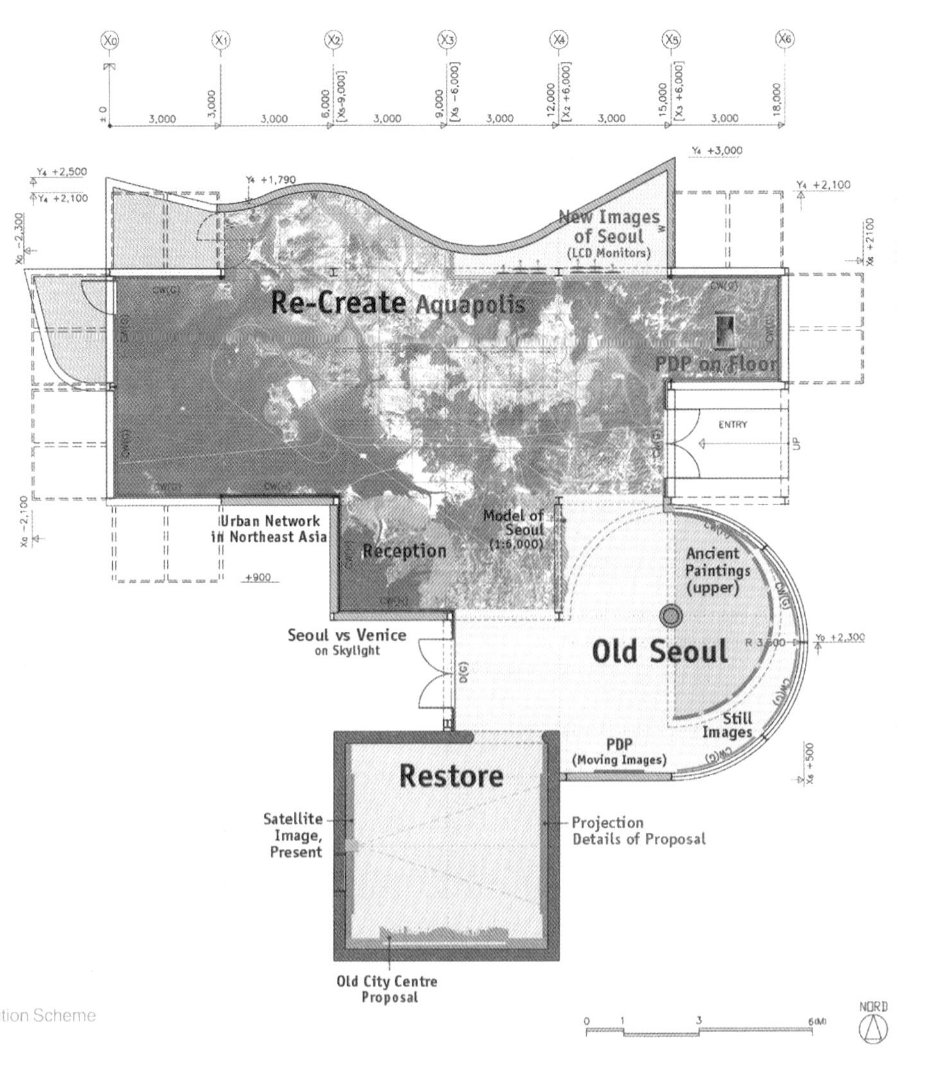

xhibition Scheme
an

베니스 비엔날레 한국관 전시장의 단면도(왼쪽 위)와 평면도(위). 전시장을 제1실 과거의 서울Old Seoul, 제2실 복원Restore, 제3실 재창조Re-Create의 세 구역으로 나누어서 서울의 역사적인 모습부터 미래의 모습까지를 모두 담아 내고자 했다.

다. 전자가 과거와의 조화라면 후자는 미래와의 조화를 묻는 것이다. 마지막으로 허가가 시작되기 전에 앞으로 이 집을 어떻게 사용할지에 대한 계획을 제출해야 한다. 이 과정을 모두 거쳤다. 몸살이 난 김 교수는 앓아누웠다. 밤마다 모여 회의를 하고, 낮에는 사방에 흩어져 있는 시청의 각 부처를 다녔다. 마르티니를 만나기 위해서 영화제가 열리고 있는 리도 섬까지 갔다.

최종 심의가 진행되는 도중에 사방에서 제동을 걸어왔다. 이럴 때 항상 나타나는 자들이 있는 법이다. 마지막 장소, 마지막 파빌리온이므로 국제 현상을 해서 그 나라의 파빌리온으로 하자는 안은, 이미 1년 동안 작업해 온 자료가 있어 철회시킬 수 있었다. 자기들도 이대로는 문제가 있다고 생각하던 차에 개혁의 청사진을 제시하고, 첫 상설 전시관이자 마지막 파빌리온인 한국관을 투명 형식으로 짓겠다는 우리의 제안이 베네치아 지식인과 유력자들의 지지를 얻은 것이다.

심의 도중 자르디니의 역사적 환경과 조화를 이루는 부분에 대해 논의할 때, '전통의 해석을 건축적으로 실현하기'라는 우리의 오랜 주제를 '동양적 에스프리의 합류'라는 명제로 격상시켜 본격적으로 시도할 수 있었다. 서울시의 심의 과정이 심의위원의 편견과 아집으로 건축가가 심혈을 기울인 안에 상처만 내는 경우가 많은 데 비해, 이곳의 심의 과정은 많은 것을 생각하게 해 주었다.

이웅호 국장, 이상용 본부장은 허가서를 서울로 보내 주겠다는 당국자에게 "허가서를 가져야 돌아갈 수 있습니다. 몇 달이라도 기다리겠습니다"며 매일 다녔다. 그들도 지치고 우리도 지쳤다. 그러다가 드디어 허가가 났다.

나폴레옹의 정원에 한국 미술의 교두보 공간을 마련하려는, 장장 1년

2개월의 대장정이 끝났다. 허가서를 받은 날은 허탈하여 잠이 오지 않았다. 여기서 건축 허가를 받는 행사는 비가 쏟아지는 날에 건축가가 담당 국장 앞에서 허가를 신청했던 도서에 사인을 하는 것이다. 주 건축가로 내가 사인하고, 현지 건축가로 만쿠조 교수가 사인했다. 얼결에 사인을 했다. 빌려 쓴 펜이어서 사인이 어색했다. 현대 미술을 주도해 온 자르디니에 드디어 한국관을 건립하게 된 것이다. 한국 현대 미술계로서도 기념비적인 사건이지만, 건축계로서도 지난 100년간 당대의 위대한 건축가들이 자국의 파빌리온을 지은 자리에 우리의 열망과 의지를 실현할 수 있게 된 것이다. 리트펠트, 호프만, 알토, 스칼파, 스털링의 집 옆에 한국 현대 건축의 한 축도를 실현하게 된 감격스러운 순간이었다.

일단 허가를 받은 후 몇 가지 추가 조치가 필요했다. 장애자 문제, 도시 하부 구조와의 연결 문제 그리고 소방에 관한 것이었다. 이 셋은 허가의 전제 조건이 아니라 허가받은 사람의 의무 조항이었다. 건축 허가는 건축이 도시 공동체의 일원이 된다는 허가다. 그러므로 시간 공동체와 공간 공동체 일원의 역할에 대해 여러 각도에서 논의가 있었던 것이다. 특히 향후 도시 발전에 따른 예측 가능한 미래의 위상에 대한 검토는 중요한 단계이지만 힘들었다. 하지만 건축 자체는 건축가들에게 철저히 일임한다.

도시의 상형문자로서, 또 도시의 부분으로서 건축에 대한 심의와 규제는 많았으나, 건축 그 자체에 대해서는 완벽하게 건축가의 세계인 것이다. 장애자, 도시 하부 구조와의 연결, 소방과 방재 이외에는 건축가가 모든 것을 알아서 한다. 많은 규제와 제약 속에서 더 많은 창작의 자유가 보호된다. 허가 도서는 우리의 심의 도서보다 간략하다. 그러나 도시 공동체 일원의 역할에 대한 도면과 논리를 더 많이 요구한다. 배치도에 관련된 사항이 많다. 기본적 건축 도면 이외에 전기, 설비, 방재 등 어떠한 도면도 허가 시에 필요하지 않다. 그런 도면은 건축주와 시공자와 건축가 간의 문제인 것이다. 관의 불필요한 개입은 없앴으나, 필요한 경우의 개입은 인허가 기간이 2, 3년인 경우가 보통일 정도로 까다롭다. 기본에 대한 광범위한 검토가 인허가의 기본이다. 따라서 기본적 제안이 2, 3년간 지속되어도 서둘러 만들어진 도면이 없는 까닭에 더 나은 방향으로 발전이 가능하다. 또한 실시 설계 단계의 많은 과정이 사전에 논의되기 때문에, 인허가가 설계의 종결이 아니라 설계의 새로운 시작인 셈이다. 이런 일에 오랜 문명국가의 모습이 있는 것이다.

허가를 받은 이후 더 바빠졌다. 인허가 과정에서는 내가 시장, 시의회 의원, 담당국장들을 찾아다니면서 설명하는 일이 대부분이었는데, 이제는 서울의 우리 팀이 바쁘게 되었다. 구조, 전기, 설비는 물론 인테리어를 서둘러 그려 내야 했다. 다행히 오페라하우스의 무대 기계를 10년에 걸쳐 우리 힘으로 해낸 일이 크게 도움이 되었다. 로저스와 함께 공업생산주택을 하면서 해 온 철골 건축에 대한 연구도 큰 도움이 되었다. 특히 철 구조물에 관해서 일가를 이룬 최진영 실장이 마침 철골 선박을 건축으로 만드는 작업을 성공적으로 수행했고, 초기 단계부터 현지와 서울에서 일한 김석우가 큰일을 많이 해냈다. 실시 설계는 기본 설계를 단순히 발전시키는 것이 아니라, 기본 설계가 이루어질 때까지의 숨은 의욕과 사연들을 최종적인 건축 형식으로 표현하는 도면이다. 따라서 기본 계획 단계에 참여한 사람들이 실시 설계 단계의 세부에 몰두하는 것은 필수다. 철골 구조에서는 구조 계산이 아닌 구조 기획, 구조 디자인이 우선되어야 하는데, 이 일을 25년 동안 함께 일해 온 이창남 선생이 맡아 주었다. 시간이 촉박하여 한국예술종합학교, 예총회관 팀이 자신들의 일을 한동안 미뤄 두고 밤을 새우며 함께 작업했다.

옛 건축가들은 개념도와 스케치만으로 공사를 시작했으므로 착공부터 준공 때까지가 그들의 설계 기간이었다. 그러나 이제는 미리 다 그려야 한다. 모든 것이 베네치아에서 이루어지므로 숍 드로잉shop drawing 이전의 도면이 다 그려져야 한다. 100평 남짓한 건물 도면이 A0 37장이어도 아직 그려야 할 것이 더 많았나.

드디어 1994년 11월 8일, 산 마르코의 올리베티 홀에서 한국관 전시회가 열렸다. 현장에서는 이민섭 장관이 참석한 가운데 기공식이 진행되고 파일을 박기 시작했다. 이제 시작인데 도처에서 못 보던 목청 높은 공신들을 보니 민망스러웠다. 그것이 세상일이다. 언제나 그랬다.

잊고 다시 시작하는 마음으로 이 글을 마친다.

제3실 재창조의 내부 모습. '수상 도시Aquapolis'라는 개념을 도입하여 서울을 재창조하고자 했다.

캄보디아 국토 계획, 프놈 펜 특별도시 구역

학창 시절에 앙드레 말로의 소설 『왕도로 가는 길』을 읽고 큰 감명을 받아 캄보디아와 그 나라의 석조 미술에 대한 경의를 가지고 있었다. 그런 나에게 훈센 총리의 사돈이자 캄보디아 해병대의 사령관이 메콩 강변에 있는 여의도만 한 크기의 섬을 계획해 달라고 제안해 왔다. 그 섬은 국회의사당과 왕궁이 있는 프놈 펜 시내 한복판과 다리 하나로 연결되어 있어 여의도와 흡사한 구조를 가지고 있었다.

여의도를 계획하기 위해 한강 마스터플랜을 해야 하는 것과 마찬가지로, 프놈 펜을 계획하기 위해서는 프놈 펜뿐 아니라 앙코르와트, 석유가 나기 시작한 남쪽 해안, 그리고 메콩 강 일대를 먼저 둘러보아야겠다고 전했다. 정부의 허가를 받아 40인승 군용 헬기를 타고 캄보디아 전국을 저공으로 둘러보며 캄보디아 마스터플랜을 구상했다. 14세기까지 인도차이나의 최대 강국이던 앙코르 제국을 다시 경영한다는 입장으로 캄보디아 세계화의 성장 동력이 될 발전 축을 찾고자 했다.

두 달 뒤에 내게서 초안에 대한 설명을 들은 프놈 펜 시장은 이 프로젝트는 시 차원에서 논의될 일이 아니라고 했다. 결국 나는 부총리가 주재하는 국무회의에서 연설을 하고, 총리 관저까지 가서 훈센 총리에게 계획을 설명하게 되었다. 하지만 그 후 3번째 암과 심근경색이 찾아와 더 이상 진행되지 못했다. 이제 몸을 추스르고 다시 해 볼 생각을 하고 있다. 바로 내 나이가 르 코르뷔지에와 루이스 칸이 인도의 아랍 신도시를 설계하던 나이 아닌가.

2005년 여름, 캄보디아 프놈 펜 시장의 초청으로 프놈 펜을 방문하여 캄보디아 개발 계획과 프놈 펜 2020 마스터플랜을 발표했다. 캄보디아 개발과 프놈 펜 마스터플랜을 계획할 기회가 주어졌을 때 지난 40년 동안의 경험을 모처럼 되살릴 수 있는 기회가 될 것이라 생각했다.

지금의 캄보디아와 프놈 펜은 1960~1970년대의 한반도와 서울과 크게 다를 바 없다. 어떤 면에서는 현재 캄보디아와 프놈 펜이 1960~1970년대의 한반도와 서울보다 더 낫다고 볼 수 있다. 가난의 끊임없는 악순환과 전쟁의 폐허 위에서 세계 11위의 경제 대국으로 성장한 우리 역사를, 캄보디아와 프놈 펜에서 그들과 우리를 위해 다시 한 번 시도해 볼 수 있는 기회라고 생각했다. 우리가 그들을 도와서 우리가 해 온 것을 그들이 이루게 할 수 있으면, 우리도 선진국같이 다른 나라를 도울 수 있고 그래서 한 단계 더 나아갈 수 있는 계기가 될 것이라 생각했다.

선진국은 후진국을 도울 수 있어야 선진국이 되는 것이다. 스웨덴과 룩셈부르크가 아무리 잘살아도 그저 잘사는 나라일 뿐이지, 세계를 이끌어 가는 나라는 아니다. 7천만 인구의 한국은 세계를 이끌어야만 다음 단계로 일어설 수 있는 규모의 국가가 될 수 있다. 지난 40년 동안 우리가 해 온 일은 아시아의 후발국들에게는 중요한 도움이 될 수 있는 것이다.

캄보디아 훈센 총리에게 프놈 펜 마스터플랜을 설명하고 있다.

처음에는 프놈 펜 시장실에서 프놈 펜 마스터플랜을 발표하고 캄보디아 부총리 집무실에서 캄보디아 재건 계획을 설명했다. 그리고 결국 총리 관저까지 가게 되었다. 예상 외로 소박하고 담대한 모습의 훈센 총리를 만나 그에게 앙코르 제국과 21세기 캄보디아 재건 계획을 설명했다. 마침 파리에서 앙코르 제국의 도시 계획으로 박사학위를 받은 젊은 건설부 장관이 있어 크게 도움이 되었다. 훈센 총리가 기본 구상이 가시화되려면 얼마나 걸리겠냐고 묻기에 최소한 설계 2년에 1단계 10년의 시간이 필요하다고 설명했더니 자신의 임기를 1번 더 연장해서라도 완성시키고 싶은 안이라 했다.

하지만 그 뒤로 나는 심장 수술을 받게 되었고 한 달 뒤에는 방사선으로 다스렸던 암이 재발했다는 통보를 받았다. 서울대학교 병원에서 뉴욕 병원으로 가고 다시 서울대학교 병원으로 돌아왔다가 삼성의료원으로 옮기는 넉 달의 방황 끝에 대수술을 하고 거의 반년 가까이 쉴 수밖에 없었다.

2006년 여름부터 일할 수 있게 되어 《희망의 한반도 프로젝트: 건축도시 40년》 전시회를 하면서 프놈 펜 마스터플랜과 캄보디아 개발 계획을 다시 정리했다.

'희망의 한반도 프로젝트'의 주요 프로젝트는 한반도의 소통과 융합이다. 개성 · 수원 · 인천을 아우르는 대수도권 계획과 지방권 세계화라는 두 계획을 진행하면서, 우리에게 도움이 될 수 있는 중국과 캄보디아의 도시 설계도 함께 진행했다. '희망의 한반도 프로젝트'가 한반도 이남만의 프로젝트가 아니라 한반도 전체의 프로젝트이자 황해 공동체의 프로젝트이고, 우리가 선진국이 되어 다른 나라를 돕는 프로젝트가 될 때 그것이 바로 진정한 '희망의 한반도 프로젝트'인 것이다.

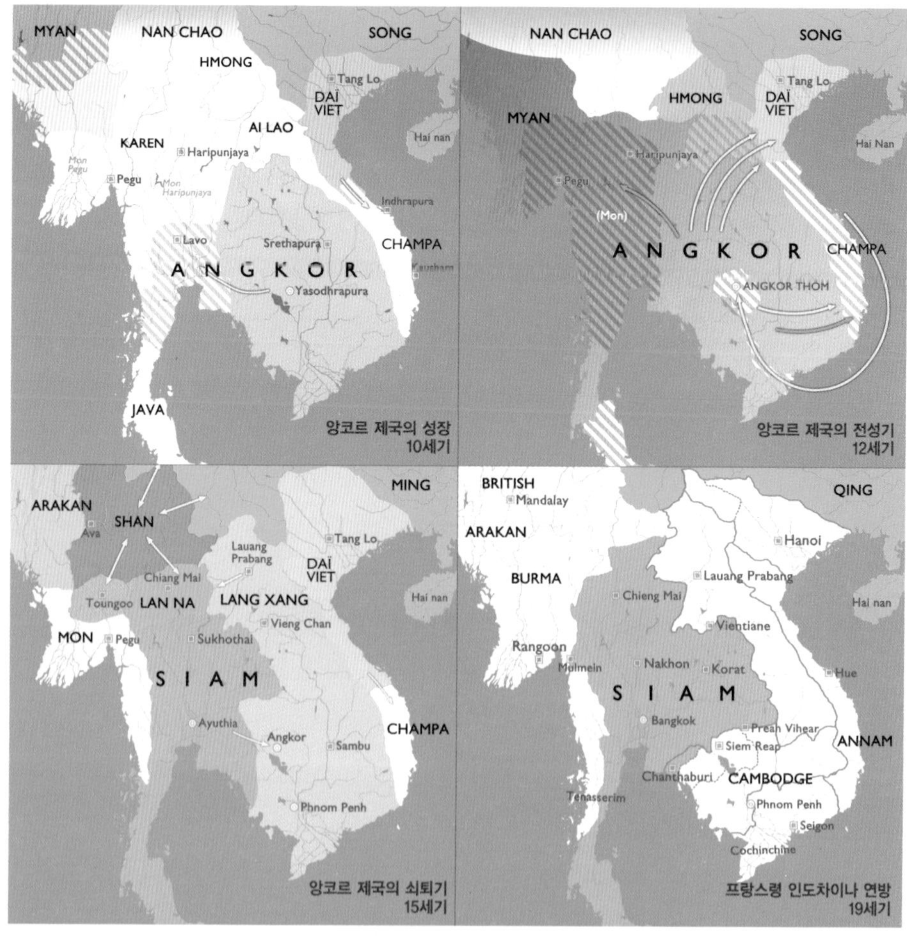

캄보디아의 역사 변천도. 10세기에 앙코르 제국이 성장하여 12세기가 되면 대월(현재의 베트남), 페구(현재의 미얀마 중부 도시), 참파(현재의 베트남 중남부) 등에 진출하고 15세기까지 유지되다가 19세기에 프랑스 식민지인 프랑스령 인도차이나 연방에 속하게 되었다.

마침 프놈 펜 중앙은행장으로 부임한 안 박사를 통해 프놈 펜을 일거에 일으키는 계기가 되는 특단의 프로젝트를 해 보지 않겠느냐는 제안이 있었다.

한 도시를 비약적으로 일으키기 위해서는 기존 도시의 구조 개혁도 중요하지만, 기존 도시가 가지고 있는 도시 역량을 집합하고 기존 도시와 적당한 거리에 새로운 성장 동력이 될 수 있는 국제화 도시 구역을 만들어 기존 도시의 영역을 확장하는 도시 산업을 일으키는 전략이 필요하다. 루브르 박물관과 개선문이 있는 샹젤리제의 축 위에 라 데팡스를 건설해서 파리 대도시권의 중심이 되게 한 계획이나, 국회의사당, 버킹엄 궁전, 사우스 뱅크, 더 시티 등의 기존 도시권을 도크랜즈로 이어 런던 템스 강변의 축을 이룬 계획 같은 것이 필요하다고 보았다.

사대문 안에 갇혀 있는 서울을 한강으로 확대하여 200만 도시를 지금의 1천만 도시가 되게 한 핵심 전략, 즉 여의도 신도시를 건설하고 기존 도시와 연결시켜 한강변 도시군을 이루게 한 경험이 내게는 있었다. 이를 프놈 펜에서 되살려 볼 수 있는 기회라고 생각했다.

한 도시의 비약적인 발전은 점진적 개혁만으로는 어렵다. 그리고 도시 외곽의 사방에 신도시 구역들을 만들어서는 강력한 성장 동력 축을 만들 수 없다. 기존의 도심 기능군을 집합하여 신도시 구역과 어반 링크urban link로 연결하여 국제화, 세계화한 도시 산업 구역을 만들 때 가능한 것이다. 프놈 펜에서는 톤레 삽과 메콩 강이 만나는 지점이 바로 그런 곳으로, 이 프로젝트의 핵심 지역이다. 시청, 왕궁, 국회의사당, 외국 대사관과 공공기관이 집합해 있는 프놈 펜 CBD(중심 업무지)를 메콩 강으로 연결시키는 지점에 국제화 특별도시 구역인 iCBD를 만들어 기존 CBD와 짝을 이루게 하면 앙코르와트와 프놈 펜을 연결하는 신도시 구역이 될 것이다.

캄보디아가 살 길은 캄보디아가 일어설 수 있다는 사실을 세계에 보여주는 것이다. 이제는 자본의 세계화 시대다. 세계 자본이 오고 사람이 와야 한다. 그러자면 캄보디아가 일어설 수 있다는 것을 보여야 한다. 캄보디아가 일어서자면 앙코르와트와 프놈 펜이 함께 살아나야 한다. 앙코르와트와 프놈 펜이 살자면 이 두 곳이 어반 링크를 이루어야 한다. 앙코르와트는 세계 최고의 문화유산이지만 문화유산만 가지고는 세계인을 모을 수 없다. 프놈 펜에 사람들이 와서 앙코르와트를 보게 하고 톤레 삽

캄보디아 프놈 펜 마스터플랜 조감도. 프놈 펜에 서비스 산업과 신산업 구조를 정착시키고 이 지역을 왕궁, 공공 기관 등과 연결하여 특별도시 구역으로 발전시키려는 계획이다.

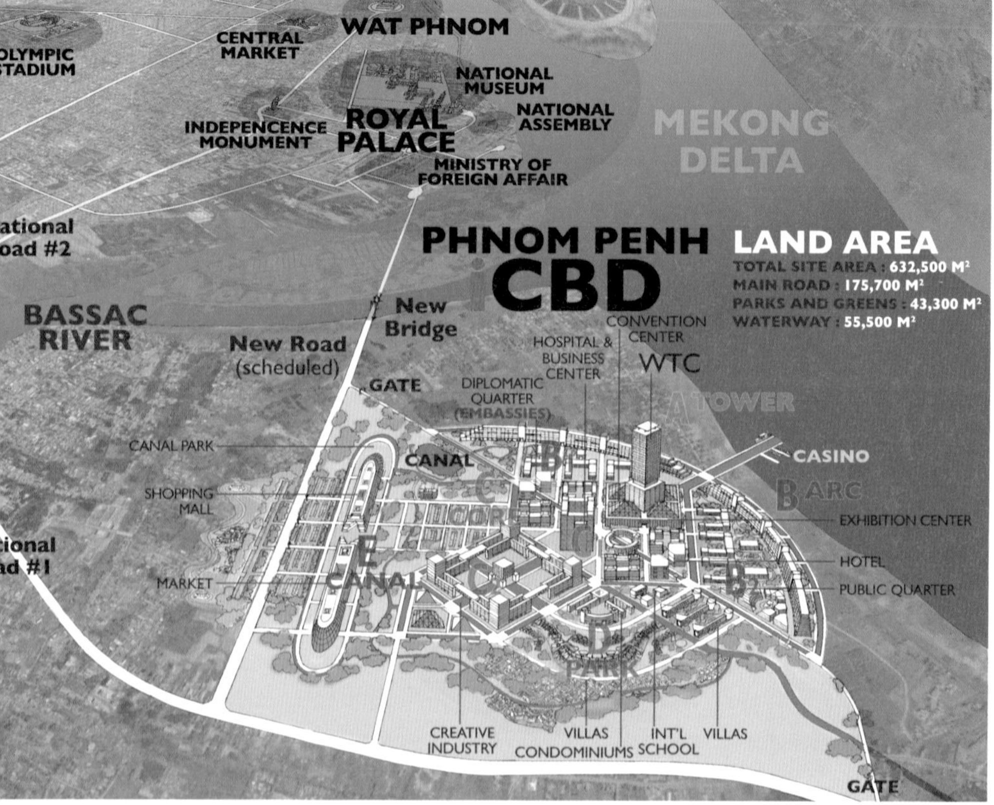

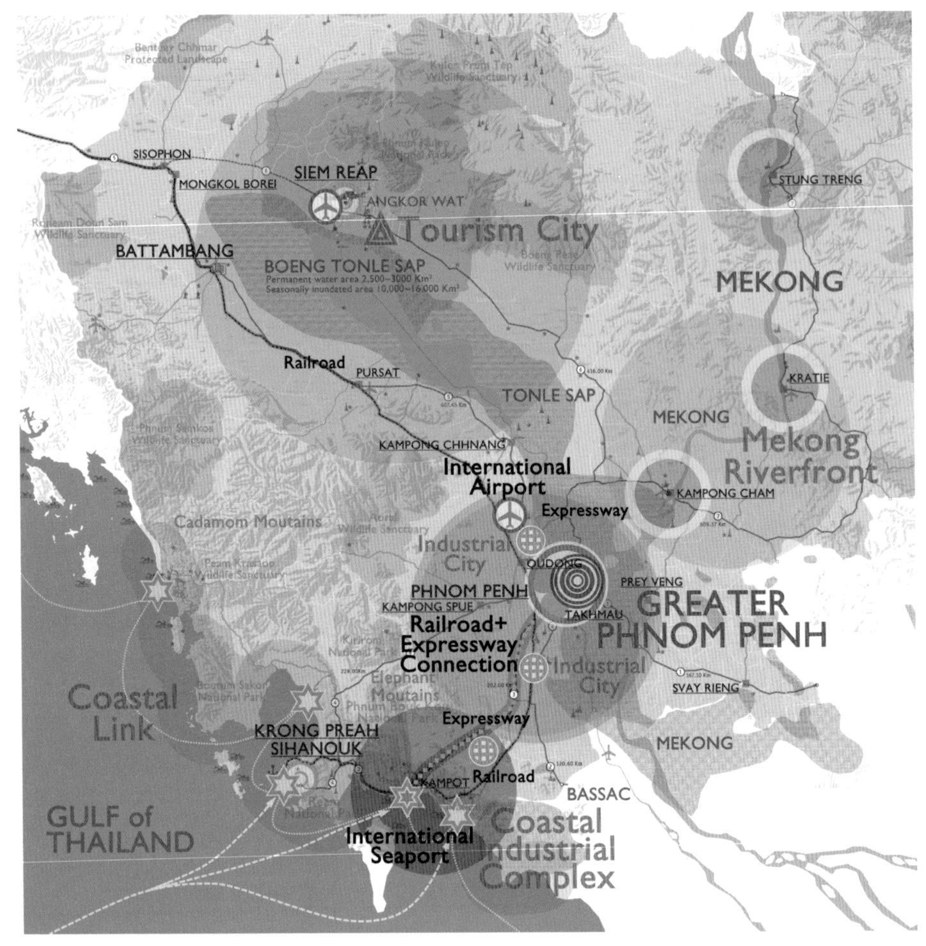

캄보디아 국토 계획. 분홍 원의 톤레 삽 지역, 초록 원의 프놈 펜 지역, 파란 원의 메콩 강 지역, 그리고 앙코르와트를 어반 링크로 연결해 캄보디아를 균형적으로 발전시키려 했다.

일대와 메콩 강을 연결해서 세계적 명소가 되게 해야 한다.

프놈 펜과 앙코르와트와 톤레 삽을 하나가 되게 하여 세계적인 관광지로 만들고 캄보디아 남해안에 한반도 동남해안과 같은 산업단지를 만들어, 관광단지와 해안 산업 도시군을 함께 세우면 캄보디아를 일으켜 세울 수 있다. 볼 것이 가장 많은 앙코르와트와 사람들이 가장 많이 살고 있는 프놈 펜을 연결시켜야 한다. 그러기 위해서 프놈 펜의 기존 도시 구역을 톤레 삽과 메콩 강으로 끌고 나와서 이를 다시 앙코르와트와 짝이 되게 만드는 특별도시 구역의 건설이 필요한 것이다.

특별도시 구역은 국제화된 자유 구역이어야 한다. 세계 자본이 와서 프놈 펜의 도시 산업을 일으킬 수 있도록 주간 인구 10만, 상주 인구 3만 명 정도의 서비스 산업과 창조적 신산업 도시를 형성하고, 왕궁·국회의사당·세계 각국 대사관·공공 기관과 강력한 네트워크를 구축해서 톤레 삽을 거쳐 앙코르와트에 닿는 세계적 명소를 만들어야 한다. 거기에 한국이 참여하여 세계 자본을 끌어들이는 일을 함께하는 것이 그들을 돕고 우리가 세계로 나아가는 길이다.

프놈 펜 특별도시 구역은 우리가 40년 전에 여의도를 건설하던 철학과 근대화 의지를 오늘에 되살리고 남을 통해서 우리를 더 나가게 하는 '희망의 한반도 프로젝트'가 될 수 있다. 남의 나라를 도울 수 있어야 선진국이 되는 것이고 남을 도울 수 있어야 한 단계 더 올라가는 것이다. 우리가 정체하고 있는 것은 우리 안에 갇혀 있었기 때문이다. 프놈 펜 특별도시 구역이 우리를 우리로부터 탈출하게 하는 프로젝트가 되기를 기대한다.

취푸 신도시

베네치아 대학교와 컬럼비아 대학교 건축도시대학원 졸업반의 설계 지도를 하던 중에 칭화 대학교의 우량융吳良鏞 교수와 함께 일하게 되었다. 우량융 교수가 설계한 취푸의 공자연구소가 완공되고 칭화 대학교 경제대학원에서 취푸를 세계 도시로 키우기 위해 취푸 신도시 경영 계획을 수립한 직후여서, 칭화 대학교 팀과 함께 취푸 역사 도시 구역과 신도시를 설계하기로 했다. 우량융 교수를 중심으로 류지안 교수와 박사과정 마지막 학기인 두 여학생, 석사 논문을 준비하던 12명의 학생 등 17명의 팀이 구성되었다.

20세기 도시 문명의 모순과 문제를 적시하고 역사 도시 취푸의 보존과 도시 개조 계획을 세우는 일은 우량융 교수가 총괄하기로 했다. 그리고 류지안 교수가 취푸 구도시를, 내가 취푸 신도시를 담당하기로 했다. 취푸 구도시의 보존과 재개발은 취푸만의 문제이나, 취푸 신도시는 21세기 중국의 도시화 모델이 되어야 할 도시로서 논리와 형식을 갖추어야 할 것이므로 5천 년 중국 문명과 21세기 문명을 아울러야 하는 어렵고 지난한 문제였다. 다행히 취푸 구도시 팀이 3천 년 역사 도시 취푸의 역사 연구와 전설의 제국 3황 5제 때의 고고학적 연구까지 하고 있어서 신도시 팀은 모든 도시 원리가 3천 년 전과는 완전히 바뀐 21세기의 도시 문제와 신도시 모델만 연구해도 되었다. 취푸 신도시 설계안은 『인민일보』가 주최하고 2006년 2월 댜오위타이釣魚臺에서 열린 '중국 21세기 선진화 발전 전략' 회의에서 발표되어 중국 지도자들의 큰 호응을 얻었다. 그러나 우량융 교수와 내 건강이 악화되어 더 이상 진전되지 못했다. 지난해 말에 우리 두 사람 모두 건강을 회복하여 향후 발전에 큰 기대를 가지고 있다.

취푸曲阜는 특별한 도시다. 3황5제를 비롯한 중국 고대 문명의 궤적이 그대로 모습을 남기고 있는 도시이자, 노나라의 옛 성터를 복원해 중국 도시의 원형이라고 할 3천 년 역사 도시를 되살릴 수 있는 거의 유일한 도시다. 또한 취푸는 중국과 동아시아의 국가적 정체성, 국가 이념의 근간

2006년 댜오위타이에서 열린 '중국 21세기 선진화 발전 전략' 회의 중에 취푸 신도시 계획에 대해 연설하고 있다.

이 되었던 유교가 형성되고 보존되어 온 유학 도시이기도 하다. 2500여 년 전에 공자가 중국의 고대 문명을 집대성하여 유학을 일으킨 도시이며 지금까지도 동아시아 국가의 이념과 문명의 근간이 된 도시인 것이다.

아테네가 서양 문명의 발원지이고 예루살렘이 기독교 문명의 기원이며 메카가 이슬람의 근원인 것같이, 취푸는 동방 문명의 아테네이고 예루살렘이고 메카인 도시다. 그러한 취푸의 역사 도시 구역을 현대화하여 세계에 알리고 동아시아 문명의 근거가 되게 하는 일은 단순한 복원과 보존을 넘어서서 역사 도시 구역과 대응하는 새로운 도시를 더해야 가능한 것이다. 취푸 역사 도시 구역의 보존과 보호는 국가적 사업으로서 20~30년을 지속해야 할 일이다. 역사 도시의 의미를 오늘에 잇고 동시에 세계에 알려질 수 있는 새로운 특별도시 구역을 만듦으로써 역사 도시를 보존하면서 신도시를 건설하려는 것이다. 이럴 때 신도시 전체를 특별하게 만들 필요는 없다. 한 도시를 특별하게 하는 것은 적은 부분에서 집중적으로 이루어지는 게 효과적이다.

취푸 신도시는 세계 문명을 이끌어 온 서구 문명의 결과인 현대 도시 문명이 낳은 많은 문제들을 해결하는 제안이 되어야 한다. 뒤늦게 현대화를 시작한 아시아 문명이 서구 문명을 뒤따르게 되면 세계는 공멸의 위기에 빠질 수 있다. 취푸 신도시는 역사 도시와 공존하며 역사 도시의 의미를 오늘에 잇는, 나아가서 현대 도시의 미래를 예언하는 제안이 되어야 할 것이다. 이러한 배경으로 취푸 신도시는 다음의 네 원칙 아래 이루어진 것이다.

건축화 도시

고대, 중세에서 르네상스에 이르기까지 도시와 건축은 하나의 문법으로

인천과 취푸의 도시 계획으로 2004년 베니스 비엔날레에서 특별상을 받았다.

'Cities on Water' Special Awards
9th International Architecture Exhibition

09/11/2004

SPECIAL AWARD 'CITTA' D'ACQUA' OF THE BIENNALE DI VENEZIA FOR THE BEST PROJECT

The jury has decided to mention the proposal that was jointly presented by the Korean city of **Incheon** and the Chinese city of **Qufu**, meaning to underline the innovative value of the transnational collaboration in the field of urban reorganization. Such result was obtained proposing the water as a determining element and as an essential key for the re-appreciation of past and present urban fabrics.

연속되었다. 도시를 만드는 일이 건축을 만드는 일이고 건축을 만드는 일이 도시를 확대하는 일이었다. 고대 중국과 유럽의 도시들이 모두 그러했다. 중세에 와서도 크게 다르지 않았다. 도시 원리가 건축 문법이 되고 건축 문법이 도시의 세부가 되었던 것이다.

자금성은 건축군 전체가 하나의 도시이고 베이징은 수많은 건축군이 확대된 것이다. 그러던 것이 산업혁명 이후 자동차와 철도가 개입하고 도시가 급격히 확대하여 인간적 척도 단위를 넘어서면서 도시와 건축의 이원화가 시작되었다.

이때부터 도시 건설은 도시 계획이라는 이름으로 별도의 도시화 작업을 이룬 뒤에 건축이라는 이름으로 또 다른 도시화 작업을 더하는 식이었다. 그 결과 도시와 건축이 상극하는 도시를 만들어 왔다. 더욱이 중국은 20년 안에 20만 도시 2천 개를 만들어야 한다. 새로운 개념의 도시를 만들어 역사적 도전에 창조적으로 응답해야 한다. 도시와 건축의 원리와 문법을 연계시켜 도시와 건축을 함께 만드는 방식으로 진행되어야 하는 것이다. 취푸 신도시는 건축과 도시가 하나 된 건축화 도시를 선언하고 시행하는 결단이 필요하다. 그럴 때 3천 년 역사 도시 취푸다운 특별도시가 이루어질 수 있다. 엄청난 경제를 이룰 뿐 아니라 오행이 상생하는 도시를 만드는 길이기도 하다.

『주역』과 풍수지리의 도시

『주역』은 도시 설계의 강력한 원리가 될 수 있다. 도시는 하나의 세계다. 도시에 사는 사람들이 이루는 소우주인 것이다. 도시라는 소우주에 질서를 내재시키는 일이 도시 계획에서 가장 우선순위다. 도시를 이루는 주거, 상업, 산업, 교통, 문화의 5요소가 상생하는 관계는 음양오행의 원리에 의해 이루어져야 한다. 취푸 특별도시 구역에서 그러한 『주역』의 원리를 살린 도시를 시도하고자 했다.

풍수지리는 결국 장풍득수藏風得水, 즉 바람을 가두고 물을 얻는 것이다. 취푸 특별도시 구역은 건축과 도시의 통합을 이룸으로써 건축으로 하여금 바람을 가두게 하고 도시로 하여금 물을 얻게 하려는 것이다. 농촌의 경우에는 풍수지리의 자연 요소가 중요하지만, 건축이 자연을 압도하기 마련인 현대 도시에서는 건축과 도시의 관련성이 풍수지리의 주요 요소가 된다. 도시의 좌청룡 우백호는 건축군이 되고 기를 가두는 안산案山 역시 건축군이 되며, 도시로 흐르게 한 물은 내청룡과 주산의 관계를 어우를 수 있다.

취푸의 경우 북쪽에 있는 쓰수이泗水 강으로부터 큰 물줄기를 이끌어내어 건축군 사이를 휘돌아 가게 함으로써 내청룡의 역할을 하게 할 수 있다. 물 없는 산둥 성에 강과 지하수와 빗물을 끌어들여 대운하에 조우하는 물의 흐름을 유도한다면, 풍수지리의 원리를 최대한 이용한 도시를 만들 수 있다.

더하여 현대 도시와 같이 자연 위에 인공이 거대한 규모로 덮이는 경우에는 자연이 원래 가졌던 에너지를 되받는 장치가 필요하다. 땅으로부터의 자연은 조경을 통해 복원하고 수계水系를 도입하여 순환시킬 수 있으며, 하늘로부터의 자연은 태양열 집열판이 있는 건축을 통해 도시의 에너지로 만들 수 있다. 이처럼 현대 도시에 맞는 풍수지리의 해법을 찾아야 한다.

역사 도시·신도시

인류는 농경사회에서 산업사회로, 농촌에서 도시로 끊임없이 이동해 왔다. 지금 우리가 말하는 도시 역사의 대부분은 농경사회에서 시작된 것이다. 지금은 산업사회를 거쳐 지식정보산업이라는 새로운 도시 패러다임으로 이동하는 도중이다. 이럴 때 농경사회의 역사적 유산들을 어떻게 현대 도시에 수용하느냐가 중요한 문제다. 대부분의 도시가 역사 도시인 중국을 현대 도시화하는 과정은 특히 어려운 과제다.

중국의 수도인 베이징에서조차 대부분의 역사 도시 구역이 현대 도시화 속에 소멸되어 가고 있고, 중국 문명의 원천인 취푸까지도 마찬가지다. 역사 도시 위에 현대 도시를 건설하려는 생각을 버려야 한다. 사대문안 서울도 역사 구역을 철저하게 보호하는 가운데 현대 문명을 수용하는 지혜가 필요했다.

시간이 연속하는 도시라 함은 역사 도시 바깥에 새로운 신도시를 창출해서 그 두 도시 구역을 서로 대응하게 하는 도시다. 역사 도시는 역사 도시로 남겨 두되 신도시를 건설해 끊임없이 영감을 주고받는 도시적 조우의 관계를 이루게 해야 한다.

인간 중심 도시

결국 도시는 인간을 위한, 인간에 의한, 인간의 도시여야 한다. 산업사회에서 급격히 이루어진 도시화는 농경사회가 이루지 못한 많은 것을 이루었으나, 동시에 인간 중심 사회를 잃은 것도 사실이다. 인간 중심이던 농경사회와 달리, 산업사회에서는 도시의 메커니즘이 도시를 지배하고 인간은 거기에 종속되는 현상이 이루어지고 있다.

특히 자동차에 의한 도시와 인간의 차단은 갈수록 도를 더하고 있다. 인간 중심의 도시를 이루고 자연과 인간과 도시의 친화를 유지하기 위해서는 걸어 다니는 도시가 되어야 한다. 인간이 걸어서 모든 장소에 이를 수 있어야 한다.

라 데팡스와 같이 자동차를 지하에 넣고 지상을 보행 전용으로 하는 것도 하나의 해결책이 될 수 있으나, 이는 완전한 의미의 인간 중심 도시라고 볼 수 없다. 베네치아와 같이 도시의 상당 부분에서 자동차를 차단하고 보행과 물에 의해서 도시의 흐름을 잇는 것이 이상적인 모델이라고 할 수 있다.

취푸 신도시에서는 자동차를 배제하되 불편하지 않은 새로운 도시 교통의 메커니즘을 창출하면서 인간 중심의 도시, 보행 중심의 도시가 되게 하는 시스템을 구상했다.

이러한 4가지 원칙을 가지고 취푸 신도시를 이허 강沂河 이남에 만든 것이다. 건축화된 도시, 『주역』과 풍수지리의 도시, 시간이 연속되는 도시, 인간 중심 도시를 만들기 위해서 직경 2.5킬로미터의 거대한 원형 성곽을 이허 강 이남에 쌓고 그 원 안팎으로 특수 교통 라인이 순회하게 했다. 원 안에서는 도시의 5요소가 상생할 수 있도록 오행의 원리를 도입했다. 또한 북쪽의 쓰수이에서 물을 끌어들여 이허 강을 통해 도시를 관통하게 한 뒤에 다시 이허 강으로 흘러 들어가게 하여 이허 강이 취푸의 내청룡이 되게 하는 등 풍수지리의 원리도 적용했다.

쓰수이에서 내려온 물의 흐름이 도시 전체에 거대한 운하망을 형성하게 한 뒤에, 외부에서 진입한 자동차의 흐름은 특정 장소에만 머물게 하고 그 외는 모두 수로로 이어지게 하여 인간 중심의 보행 도시가 되게 했다. 고속철도, 철도, 고속도로, 국도 등으로 이어지는 외부로부터의 흐름은 도성 사방에 광장이 있는 계류장繫留場(배를 대고 매다는 장소)을 만듦으로써 내부의 흐름과 외부의 흐름이 완벽하게 조화를 이루는 교통 체계로

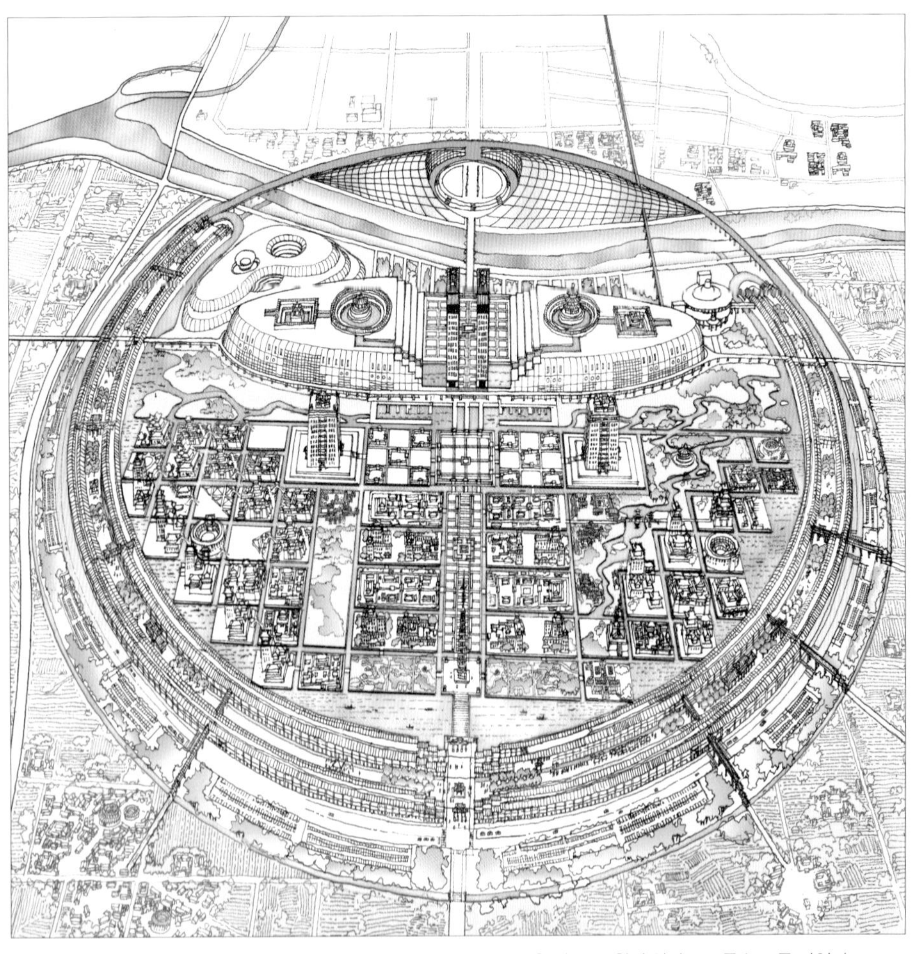

취푸 신도시 계획을 위한 조감도. 신도시 주위에 원형의 성곽을 쌓고 그 원의 안팎으로 특수 교통 라인이 순회하게 했다.

바뀌도록 구상했다.

동시에 직경 2.5킬로미터 원 둘레의 거대한 성벽을 태양열 집열체로 만들어 내청룡의 운하와 대응시키고 취푸 특별도시 구역의 에너지원이 되게 했다. 그러면서 한편으로는 공림孔林, 공묘孔廟, 공부孔府를 잇는 유가의 축과 3천 년 노국고성魯國故城의 고대 역사 도시의 축을 이어서 특별도시 구역의 핵심 부분으로 만들어 역사 도시와 현대 도시(신도시)의 합일을 시도했다.

아덴 신도시

어느 날 의외의 이메일을 받았다. 자신은 아드난 알-호무드로, 미국에서 물리학을 공부하고 에너지학 박사학위를 받았으며 쿠웨이트 에너지부 장관을 지냈고 쿠웨이트 왕가의 친척이라는 소개로 이메일이 시작되었다. 남예멘의 수도 아덴의 서쪽 홍해에 신도시를 계획 중이라면서 신도시에 대한 조사를 하다가 쿠웨이트의 자하라 신도시가 가장 성공적인 사례라 생각하여 그 설계자인 나에게 신도시를 맡기고 싶다는 것이었다. 관심이 있다면 자신이 직접 서울을 방문하겠다고 했다. 그들의 목적은 아덴 신도시와 지부티 신도시 계획안을 만들어서 예멘의 알리 압둘라 살레 대통령과 지부티의 이스마일 오마르 겔레 대통령의 승인을 받는 일이라 했다.

알-호무드 팀의 방문 이후 광화문에 새로 사무실을 차리고 석 달 동안 안을 만들어 쿠웨이트에 보낸 후 비행기에 올랐다. 투자 집단에게 안을 설명하자 "이 이상의 안은 나올 수 없겠군요. 이대로 정리만 하면 되겠습니다"라는 동의를 받아 본격적인 작업을 시작하기로 했다. 구체적인 안을 사나Sanaa에 있는 대통령궁에서 설명하기 전에 각료들이 모인 자리에서 먼저 설명했다. 각료들의 의견을 받아 안을 수정·보완한 뒤 알리 압둘라 살레 대통령에게 보고하기로 한 것이다.

다시 두 달 동안 더 작업하여 최종안을 만들고 대통령에게 보고할 날을 정했는데, 바로 그때 사나에서 한국인 5명이 죽는 폭탄 테러가 발생하여 일정이 연기되었다. 그러던 중 배럴당 147달러이던 유가가 급락하자 일정이 연기되고 프로젝트가 보류되었다. 유가가 배럴당 100달러가 되면 다시 시작하기로 합의한 상태에서 지금에 이르렀다. 그동안 나도 2차례 수술로 일을 할 수 없었다. 유가가 어느 정도 안정되어 가고 중동의 봄도 진정되고 있다. 내 몸이 나으면 다시 시작할 수 있는 프로젝트다.

2천 년 동안 우리에게는 중국이 세계의 대부분이었다. 몽고 침략, 임진왜란, 병자호란으로 몽고, 일본, 만주도 한국의 세계가 되었다. 고려가 몽고와의 전쟁에서 패해 부마국이 되고 조선은 명나라를 멸망시킨 만주족에게 굴복했다가 100년 후 일본의 식민지가 되었다. 지난 70년 동안 대한민국은 미국의 영향 아래 있으면서 아시아를 넘어 세계 전체를 상대로 한 세계화를 이루었다. 한반도 바깥 세상에 사는 한민족은 7백만 명이 넘는다. 스웨덴과 네덜란드만 한 나라가 한반도 바깥에 한민족 공동체를 이루고 있는 것이다.

그런데 유독 아프리카 대륙과 중동에는 한국인들이 상대적으로 덜 나가 있다. 중동은 역사적으로 삼국시대부터 우리나라와 교역과 교류가 있었던 곳이고 동아프리카와 북아프리카는 중동과 같은 문화권으로 묶일 수 있는데, 이곳들에서는 아직 한인 공동체라 할 만한 것이 형성되지 못했다. 미 대륙보다 거리상 가까운 중동과 아프리카 대륙이 더 멀게 느껴지는 것은 그들이 기독교 문명이 아닌 이슬람 문명권이기 때문일 것이다. 유교 문명권, 불교 문명권인 한국의 입장에서 보면 기독교 문명보다는 이슬람 문명이 더 친화적일 수 있는데도 불구하고, 해방 이후 한반도에 영향을 미친 기독교 문명이 우리로 하여금 중동과 아프리카를 멀리하게 한 듯하다. 미 대륙은 영국과 프랑스가 지배한 북아메리카, 스페인과 포르투갈이 지배한 남아메리카로 크게 나뉘지만 지중해 측과 태평양 측은 하나의 대륙으로 연결되어 있다. 이에 비해 아프리카는 지중해와 대서양과 홍해를 면한 북아프리카, 서아프리카, 동아프리카가 각각 서로 다른 역사와 지리를 가진 다른 세상이며, 아프리카 내륙과 남아프리카 연방 등과도 또 다른 대륙이다. 모로코, 카사블랑카, 트리폴리는 유럽과 더 가깝고 카이로, 알렉산드리아, 지부티는 중동의 도시다.

유럽 세력은 크게 대서양과 지중해의 두 중심으로 이루어져 있는데, 수에즈 운하와 홍해를 통해 인도양과 태평양으로 이어지는 흐름의 길목

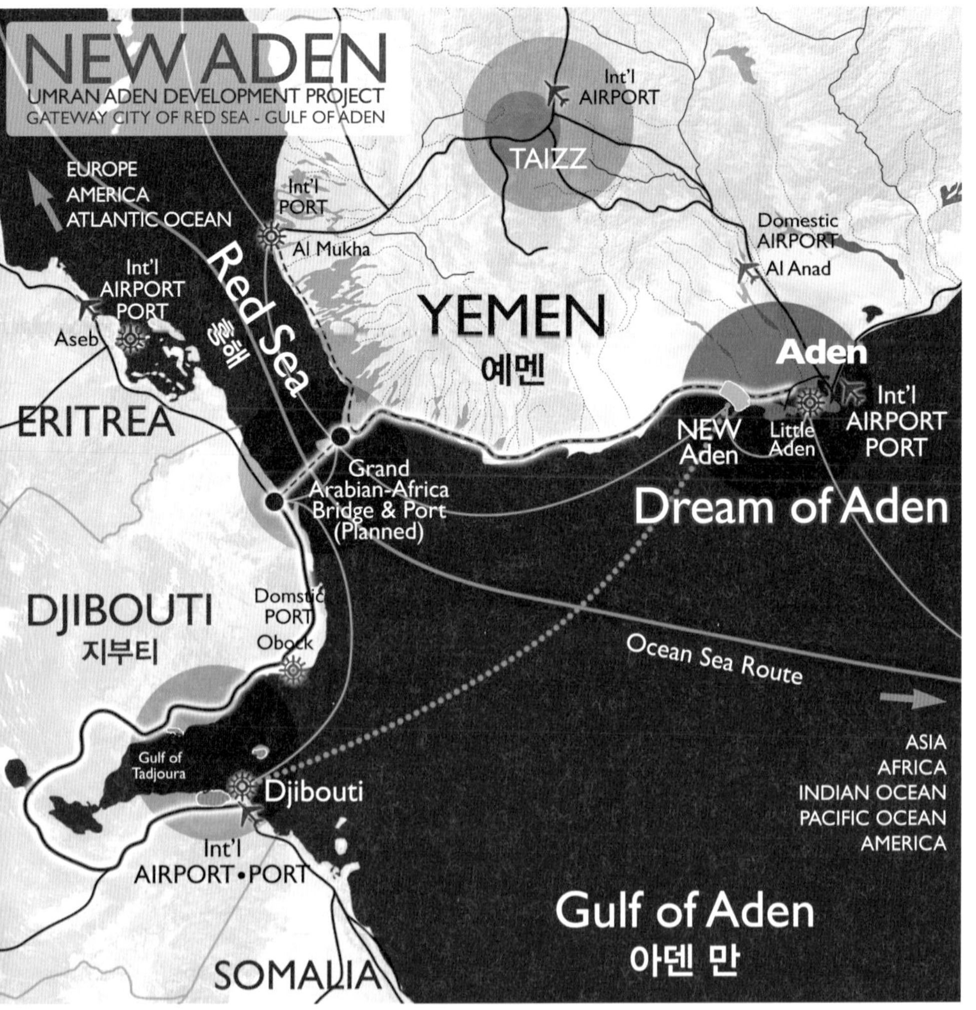

아덴 신도시 마스터플랜. 아프리카의 관문인 지부티와 아라비아 반도의 관문인 아덴은 홍해를 가운데 두고 마주하고 있다. 이를 연결하는 게 마스터플랜의 핵심이다.

에 아프리카의 관문인 지부티와 아라비아 반도의 관문인 아덴Aden이 마주하고 있다. 쿠웨이트의 이화그룹으로부터 아덴 신도시와 지부티 신도시 설계를 함께 의뢰받은 것은 이 두 도시가 아프리카와 아라비아 반도를 어우르는 중동의 두 핵심이기 때문이다.

지부티와 아덴은 프랑스와 영국이 18세기부터 최근까지 식민지로 지켜 온 아프리카와 중동의 요충지다. 북아프리카는 고대부터 유럽과 함께 세계 문명의 한 중심이었고 동아프리카와 중동은 구약성서 때부터 번성해 왔다.

아덴 신도시와 지부티 신도시는 다르다. 아덴 신도시는 예멘의 경제 수도이자 남예멘의 수도였던 고대 도시 아덴에서 30킬로미터 떨어진 서쪽 해안에 산업과 상업의 자립 기능을 가진 40만 신도시를 건설하려는 것이다. 이에 비해, 지부티 신도시는 현 지부티 도시 구역을 공항, 항만의 경제 자유구역으로 하고 20킬로미터 떨어진 해안에 신도시를 만들어 구시가지를 이전하려는 계획이다. 아덴 신도시는 기존 도시를 그대로 두고 새 산업의 신도시를 세우려는 계획이고 지부티 신도시는 구도시를 자유무역 지대로 만들고 구도시 인구를 신도시로 이주시키려는 계획이므로 근본적인 도시 건설의 철학과 방법이 다른 것이다. 또한, 지부티 신도시 해안에 대규모 리조트 시티를 개발하여 북쪽 해안과 산악 지대와 트라이앵글을 이루는 동쪽 섬을, 바다를 중심으로 한 복합단지로 만들려는 계획이다. 즉 바다를 끼고 북쪽 해안과 산악 지대와 중간 섬 사이를 해상 리조트 시티로 만들어 40만 신도시와 함께하게 하고, 구시가지를 신시가지로 이전한 뒤 구시가지를 공항·항만·경제 자유구역으로 하여 기존 도시 인프라의 기초를 유지한 상태에서 도시 구조 개혁을 이루고자 하는 것이다.

지부티와 같이 바다와 산과 섬이 어우러진 도시는 신도시 건설과 함께 관광산업 도시로 개발하는 것이 바람직하다. 구제 불능의 구도시를 산업단지화하고 신도시를 이슬람 도시화하여 관광산업을 개발해 천혜의 자연과 조화를 이루게 하면, 그 자체가 다른 도시는 따라올 수 없는 차별화된 여건이 되는 것이다. 지부티 국제공항을 동아프리카의 허브 공항이 되게 하고 지부티 항만을 아프리카 최대의 컨테이너항으로 키워, 지부티를 물류 중심의 동아프리카 교두보 도시로 발전시키면서 동시에 천혜의 자연을 이용한 관광산업 도시로도 개발하는 것이 이 도시 발전의 비전과 전략인 것이다.

도시 건설과 경영의 핵심은 비전과 전략을 실현할 수 있는 도시 프로젝트를 만드는 일이다. 지부티 정부는 1,700세대의 퍼블릭 하우징을 통해 주거 도시를 만들 예정인데, 1975년 국제 현상으로 만들어진 쿠웨이트의 자하라 주거 도시가 바로 그런 프로젝트였다. 1,700세대의 퍼블릭 하우징은 정부가 지어 저소득층에 임대하는 주택이므로 최소 공사비가 전제되어야 하지만, 동시에 공공 단지로서 이슬람 공동체의 가치를 실현하고 앞으로 들어설 지부티 신도시 40만 명의 희망과 모델이 될 수 있는 주거 단지가 되어야 한다. 1,700세대 중 500세대는 단층 조립 주택으로, 700세대는 2층 조적조 주택으로, 나머지 500세대는 5층 집합 주택으로 계획했다. 이는 주거 형식을 자유롭게 선택하게 하려는 의도도 있으나 어떠한 주거 형식이 더 경제적이고 편리하고 그들의 삶에 맞는지 다양하게 실험하고자 한 때문이다. 특히 선명한 원형 가로와 격자 가로망을 불규칙한 계곡의 자연 현상과 대비시킨 것은 최소의 공사비로도 낙원을 만들 수 있음을 보여 주고자 한 의도다.

지금까지 이야기한 내용을 정리하면, 지부티 신도시를 발전시킬 6가지 순환 고리는 다음과 같다.

첫째 지부티 국제공항을 허브 공항으로 만들고, 둘째 지부티 항만을 아프리카 최대의 컨테이너항으로 만들고, 셋째 국제공항과 항만이 자리한 옛 도시 구역을 물류 중심의 경제 자유구역으로 개발하고, 넷째 아름다운 서부 해안에 리조트 시티를 만들어 북부 해안과 산악 지대와 동쪽 섬 사이에 바다를 중심으로 한 관광산업 도시를 만들고, 다섯째 1,700세대의 이슬람 공동체를 건설하고, 여섯째 관광산업 도시와 경제 자유구역과 아프리카의 21세기 이슬람 도시를 어우른다.

지부티 신도시 계획은 아직 시작 단계다. 유재현 박사가 현지를 다녀오고 최고 책임자들과 마스터플랜에 대한 제안을 검토했으나 그들의 수준이 아직은 초보적이어서 어려움을 겪고 있다.

아프리카의 21세기 이슬람 도시는 우리에게도, 그들에게도 아직은 킬리만자로의 눈 같다.

바쿠 신행정수도

새로운 바쿠를 설계하다

천연가스의 최대 산지 중 하나인 아제르바이잔은 클린턴 전 대통령이 재임 때 2번이나 방문했을 정도로 지정학적으로 중요한 곳이다. 노무현 전 대통령도 아제르바이잔을 방문했다.

아제르바이잔의 수도 바쿠Baku는 온 도시가 중고 벤츠로 뒤덮여 잠시 정차할 곳도 없을 정도로 과밀하다. 서울의 과밀을 해결하기 위해 행정수도 이전을 주장한 노 전 대통령은 바쿠가 '과밀'의 수준을 넘어섰다고 느꼈을 것이다. 당시 노 전 대통령은 "서울이 과밀을 해결하기 위해 신행정수도를 건설하고 있으니 한국에 방문해 보시지요"라며 알리예프 대통령을 초청했다. 세종시 공사 현장을 본 알리예프 대통령은 바쿠 신도시 건설을 한국에 맡기기로 했다. 당시 한국토지공사 이종상 사장과 아제르바이잔 환경천연자원부 바기로프 장관이 참석한 가운데 양국은 건설사업총괄관리 계약을 체결했다. 이종상 사장은 내가 아텐 신도시를 설계하고 있다는 사실을 알고 있었고 도시 수출에 한국의 미래가 있다고 생각해 오던 터라 대통령에게 나를 설계자로 추천했다.

바쿠 신도시를 설계하기로 하고 바쿠를 방문했다. 천 년 역사가 겹겹이 쌓인 아름다운 도시이고 무엇보다 '차라투스트라'의 도시라 감동했으나, 듣던 대로 전 도시가 주차장 같은 과밀 · 정체 상태였다. 신행정수도를 건설하기로 한 카스피 해 북쪽의 신도시 현장에 가 보았다. 코카서스 산맥이 카스피 해로 타고 들어가듯 내려오다가 해안에서 대평원이 형성된 지역이었다. 세상에 이런 땅이 있다니 싶을 정도로 의외의 토지였다.

카스피 해의 해안 도시에 있는 호텔에서 최초의 안을 그리고, 최종안은 서울에서 다시 만들었다. 아덴 신도시에서 한 걸음 크게 나아간 설계가 되었다.

서울에서 알리예프 대통령에게 보고할 날을 기다리던 중에 아제르바이잔 공군 사령관이 저격을 당하는 일이 일어났다. 대통령과의 만남이 당분간 취소되었다. 대통령에 대해 많은 공부를 하고 만날 날을 기다리던 차에 만남이 무산된 것이다.

두 달 후 아제르바이잔 신행정도시 장관이 서울로 와 한국토지공사에서 회의 일정이 잡혔다. 몸이 아파 도저히 갈 수 없어 이종상 사장에게 전화했더니, 이미 관계 부처 사람들이 대기하고 있고 신행정도시 장관이 특사로 와 있어 오늘 회의가 프로젝트의 중요한 고비이니 무리하더라도 오시라 했다. 한국토지공사에 도착하자마자 사내 병원으로 가 링거 주사를 맞고 간신히 기운을 내서 회의실에서 바쿠 신도시 안을 설명했다. 1시간 동안 설명하고 나자 어지러워 서 있기도 힘들었다. 신행정도시 장관이 알리예프 대통령과 일정을 잡겠다고 했다.

하지만 바쿠 신도시 계획은 노무현 전 대통령이 시작한 일이라 이명박 전 대통령은 관심이 없었고, 한국토지공사가 통폐합되자 해외 도시 설계가 우선순위에서 밀려 정체 중이다. 하지만 새 대통령의 관심만 있다면 언제든지 다시 시작할 수 있는 프로젝트다. 다시 시작할 수 있는 준비는 다 되어 있다.

새로운 바쿠를 위한 제안

사람들은 흔히 도시를 안다고 생각하는데 과연 그러한가? 우리가 실제로 도시를 이해하기는 쉽지 않다. 왜냐하면 도시라는 것은 거대한 시각

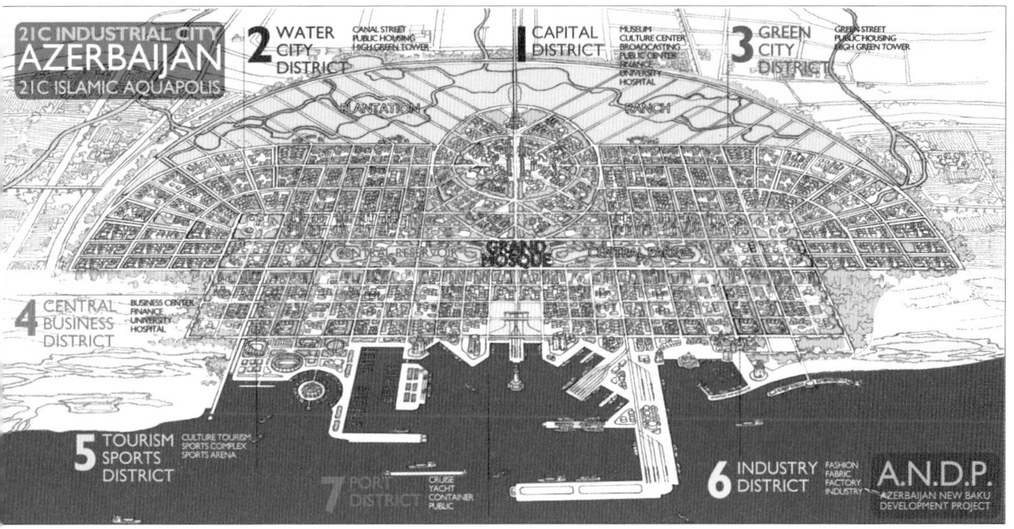

바쿠 신행정수도 마스터플랜. 중앙의 그랜드 모스크Grand Mosque를 중심으로 7개의 도시 영역(위로 행정 구역, 그 양옆으로 도시 주거군, 아래로 상업 구역, 투어리즘 및 스포츠 구역, 항만과 산업 구역)으로 나누어 이슬람 도시의 특성을 최대한 살렸다.

형식으로 존재하는데, 그것은 단순한 공간으로 존재하는 것이 아니라 몇백 년 시간의 겹침이 더해져 이루어진 것이기 때문이다.

우리가 그나마 안다고 할 수 있는 도시는 5세기에서 12세기 사이에 지어진, 일군의 도시 건설자들에 의해 거의 동시다발적으로 건설된 서양 중세의 도시들이다. 카르카손, 산 지미냐노, 아시시 등과 같은 서양의 중세 도시들은 종교 원리와 도시 원리를 합쳐 이룬 도시들이다. 우리가 이 도시들을 알 수 있는 이유는 이러한 도시들이 대부분 비슷한 원리로 지어졌고, 건설 이후 천 년 동안 거의 변하지 않은 채 중세, 르네상스, 근대를 거쳐 현대에 이르는 각 시대의 삶들을 그 도시 안에 수용했기 때문이다. 서양의 중세 도시들은 생성 당시의 도시 원리들이 그대로 살아 있기 때문에, 그나마 우리가 파악할 수 있는 도시들이다.

사람들은 흔히 여행을 다니며 그 도시를 안다고 생각한다. 우리가 뉴욕, 런던, 도쿄 등을 안다고 생각하지만 그것은 도시의 특정한, 그것도 관광 상품화된 일부 구역만 알 뿐이다. 따라서 우리가 도시를 알기 위해서는 서양의 중세 도시들을 알아야 한다. 그런데 정작 사람들이 알아야 할 필요가 있는 도시는 서양의 중세 도시 말고도 있다. 서양의 중세 도시들은 기독교 도시다. 그런데 우리는 기독교만큼이나, 혹은 그 이상으로 세계에 영향을 끼친 이슬람의 중세 도시를 모른다.

이슬람 문명은 무함마드가 이슬람을 체계화한 7세기 이후로 기독교 문명보다 더 많은 영역을 지배했고, 현재도 중동, 아프리카 북부, 서남아시아 및 동남아시아까지 영향을 끼치고 있다. 그러나 문제는 이슬람의 도시들은 현재 거의 남아 있지 않다는 것이다. 리야드나 쿠웨이트 시티 등 현대 이슬람 도시들은 옛 도시 원리의 모습을 잃은 채 통속적 현대 도시의 모습만을 보여 줄 뿐이다.

그나마 중세 이슬람 도시의 모습을 유지하고 있는 곳은 페스와 그라나다 정도인데, 이 두 도시 모두 건축적 유적으로만 남아 있을 뿐, 서양 중세 도시가 그런 것처럼 도시의 원리가 남아 있다고 보기는 힘들다. 그런데 아직까지도 중세 도시의 원리가 그대로 남은 도시가 있는데, 그 도시가 바로 아제르바이잔의 수도 바쿠다.

내가 바쿠를 처음 안 것은 프리드리히 니체의 『차라투스트라는 이렇게 말했다』를 읽으면서다. 고등학교 재학 당시 신의 문제, 영혼의 문제로 갈등을 거듭하던 어느 날, 이어령 선생에게 신은 존재하는가에 대해 질문을 드린 적이 있다. 당시 선생은 신은 니체가 죽였다는 말씀과 함께 기독교 이전의 유일신 존재를 이야기한 이가 니체이니 『차라투스트라는 이렇게 말했다』를 읽어 보라고 했다. 니체의 책을 읽으면서 조로아스터(차라투스트라의 영어명)에게 예수의 예루살렘, 무함마드의 메카와 같은 곳이 어디인지를 찾아보게 되었는데, 그렇게 알게 된 조로아스터교의 활동지가 바로 바쿠였다. 그러다 인간과 죽음의 한계 상황 등에 대한 관심이 비트겐슈타인에 대한 관심으로 넘어가면서 바쿠에 대하여 잊었다.

그 이후에 오히려 서양의 중세 도시들을 공부하게 되었다. 그러면서 그동안 읽었던 수많은 책보다 중세 도시를 통해서 더 많은 것들을 배웠다. 인간 공동체, 역사, 종교는 무엇인가 등에 대해 더 많이 배울 수 있었고 더 많은 지평을 알게 되었다. 그 결과 '공간의 상형문자'라는 글의 반 이상을 중세 도시에 대해 다루었다.

이후 아라비아 반도와 카스피 해 연안의 신도시들을 설계하면서, 서양 중세 도시와 대비되는 이슬람 중세 도시에 대한 관심이 깊어졌다. 그리고 이슬람 중세 도시인 예멘의 사나와 아제르바이잔의 바쿠를 방문하게 되었다. 아쉽게도 사나에서는 현대화에 실패한 나머지 유적화되고 몰락한 폐허의 이슬람 도시를 발견했다. 도시는 현대의 삶을 수용할 수 있어야지, 박물관에서나 볼만한 유적화된 도시는 살아 있다고 할 수 없다.

반면에, 바쿠는 기원전 5세기부터 지금까지 약 2,500년 동안의 삶이 적층된 도시 공간이었다. 특히 도시의 가장 핵심적인 부분에서 중세 이슬람의 정신이 살아 있으면서도 중세 이전과 중세 이후가 함께 있었다.

바쿠는 조로아스터, 무함마드, 술탄, 스탈린이라는 인류 역사상 가장 강력한 힘을 끼쳤던 사람들의 영향이 그대로 살아 있는 도시다. 바쿠 안에는 고대, 중세, 근대 그리고 현대에 이르는 각 시대가 서로 조화롭게 유지되고 있다. 서양 중세 도시는 그대로 정지되어 있는 형태로 존재하는데, 바쿠에는 전 시내가 혼합되어 있다.

바쿠는 1900년대에 세계 최대의 산유 도시였다. 그러나 당시 석유의 소비량은 극히 적었고, 그 대부분은 소련에서 가져갔기 때문에 석유가 이 도시에 절대적인 영향을 끼쳤다고 보기는 힘들다. 아제르바이잔에서 석유의 영향이 극대화된 시점은 BTC 송유관이 개통되면서 카스피해의 석유를 터키를 통해 전 세계에 공급하게 된 2006년부터이다. 그 이전에는 석유가 아제르바이잔의 전부이자 절대적인 요소라고 볼 수 없는 것이다.

현재 세계열강들이 바쿠와 아제르바이잔의 석유를 보고 몰려드는데, 그것은 부나비와 같은 것이다. 바쿠 시내에 있는 오페라하우스, 발레하우스, 연극 극장 등 문화 시설들의 수는 천만 인구가 사는 서울보다 많고, 비슷한 도시 규모인 대구, 인천, 부산에 비하면 엄청나게 많다. 도시 문화가 어떻게 되어야 하는지는 바쿠를 보면 알 수 있다. 바쿠에서는 삶의 귀함을 느낄 수 있다.

중동의 두바이는 석유로 일어선 도시이지만, 바쿠는 석유가 나지 않을 때부터 위대한 도시였다. 그러한 바쿠가 쿠웨이트 신도시와 같은 중동의 모델을 따라가는 것은 바쿠가 가진 가치와 잠재력을 스스로 저버리는 일이다. 아제르바이잔을 단지 산유국으로 간주하면 안 된다. 바쿠는 인류 문화유산의 도시이자, 기독교와 이슬람교에 혼을 준 조로아스터교의 도시다. 바쿠의 핵심은 그곳이 정신이 살아 있는 도시라는 것이다.

도시는 문명과 문질文質이 같이 가야만 한다. 쿠웨이트 시티는 석유가 없으면 사라질 도시이지만, 바쿠는 그렇지 않다. 바쿠의 석유는 베이징이나 유학의 총본산인 취푸에서 석유가 나는 것과 같이, 스스로의 본바

탕에 더해진 것일 뿐이다. 우리에게 바쿠란 가르치고 구제해야 할 대상이 아니라, 그들에게서 배우면서 그들이 아직 이루지 못한 것을 함께해 나가야 할 존재다.

III

국내의 건축·도시 이야기

예술의전당
제주 영화박물관
의왕시의 '축제의 계곡'
한샘 시화공장과 한샘 DBEW 디자인 센터
밀라노 디자인 시티와 트리엔날레 전시관
부산 세계 도시화
교수 시절 15년간의 작품
다시 대학로 스튜디오로 돌아와서

미술가는 그려서 말한다. 그들은 시각 형식을 통해 그들의 세계를 표현한다. 그러나 미술은 전시회에서 역할을 끝낸다. 건축가는 오랜 기간 그 자리에 설 공간을 만드는 일을 하는 사람이므로 자기의 생각을 일상의 언어로 말할 수 있어야 한다. 설계 이야기는 설계 과정의 이야기이기도 하지만 건축 이야기이기도 하다. 건축은 필요에 의해 시작되지만 건축의 주인이었던 사람과 그가 요구했던 필요와 상관없이 도시의 부분으로 영구히 남는다. 모든 건축의 논리는 건축이 영구히 그 자리에 서 있다는 전제에서 이루어진 것이다.

그런데 우리는 십 년, 백 년 뒤를 생각하지 않고 집을 짓는다. 집은 그냥 지어서는 안 된다. 어떠한 개념으로 어떤 이미지로 어떤 메시지를 주려 하는지를 분명히 해야 하고, 당장의 필요를 계량화한 의미 형식의 것을 만들 수 있어야 한다. 건축가는 영감만으로 일해서는 안 된다. 건축가는 과학적 진실을 기반으로 문명적 규모 속에서 스스로의 건축 미학을 만들 수 있어야 한다.

이 장의 글들은 예술의전당, 제주 영화박물관, 한샘 시화공장과 한샘 DBEW 디자인 센터 등 중요한 일에 참여한 기록들이다. 지금 돌아보면 회한스러운 기록들이지만 다음 단계로 도약하기 위한 자료가 되기를 기대한다.

예술의전당

사무실로 이진희 문화공보부 장관 비서관의 전화가 걸려 왔다. 약속이 없으면 점심 때 필동 한국의 집에서 함께 식사를 하자는 장관의 전갈이 있다. 다른 메시지는 없었다. 독립기념관 마스터플랜 때 내가 기획에는 참여하고 실지 설계의 참여는 고사했는데, 이후 장관이 수고했다며 나를 만찬에 초대했다. 그때 내가 참석하지 못해 그 대신 부르는 것으로 알았다. 막상 가니 장관 혼자였다. 난데없이 예술의전당 부지를 정하려 하는데 어디가 좋겠느냐며 서울 지도를 보였다. 그때 처음 예술의전당이라는 말을 들었다. 당연히 예술의전당이 무엇이냐고 물을 수밖에 없었다. "링컨 센터처럼 우리 시대를 대표할 수 있는 예술 공간의 집합체를 구상하고 있는데 현재 별도의 기획 팀이 작업하고 있습니다. 이삼 개월 후 결과가 나올 것인데 우선 부지를 확보해야 하니 추천해 주세요"라고 했다. 아닌 밤중에 홍두깨였다. 독립기념관 마스터플랜이 암초에 부딪쳤을 때 내가 공간 기획과 주제 기획을 세워 돌파구를 만든 것과, 마스터플랜 입안 때 도시적 입지에 대해 강하게 말하던 것을 좋게 기억한 모양이다.

"링컨 센터 같은 도시적 시설은 모두 도시의 상징적 장소이자 도시 교통의 접근 축이 확보되고 모든 사람이 알 수 있는 장소에 있어야 하겠지요"라고 말하고, 옛 서울고등학교 부지와 한강변 고수부지, 서초동의 현재 대법원 자리를 추천하며 이렇게 덧붙였다.

"서울고등학교는 옛 역사 구역인 경복궁, 덕수궁과 세종문화회관, 인사동 거리 등을 이어 도시 문화 공간 인프라를 만들 수 있는 좋은 장소이나, 동궐인 창덕궁과 짝이 되는 서궐인 경희궁 자리이므로 오히려 고궁으로 복원하는 게 더 바람직합니다. 고수부지는 아직 한강이 정리되지 않아 현실적으로 문제가 많으나, 아직 몇 남은 한강변 부지를 거점으로 이 부근을 미래의 장소로 확보하면 한강을 내일의 서울 중심으로 만들 수 있습니다. 이렇게 예술의전당이 한강에 위치하면 가장 접근하기 쉽고 모두의 것이 될 수 있는 서울 최고의 문화적 상징물이 될 것입니다. 물론 넘어야 할 수많은 현실적인 장벽이 있긴 하지요."

한강변은 이상적인 장소이지만 10년 안에는 무리인 자리였다. 당시는 올림픽대로도 되어 있지 않고 한강도 전혀 정비가 되어 있지 않은 때였다. 그러나 한강을 정비할 때 한강변에 문화 인프라를 위한 공간을 준비하지 않으면 서울의 미래에 큰 한이 될 것이라고 설명했다. "서초동 서울시청 자리(현 대법원 자리)는 지하철과 고속도로의 연계도 훌륭하고 도시 중심이 없는 강남의 중앙 지역으로서 좋은 입지이기는 하나 서울 문화 예술의 인프라를 상징하는 장소로는 미흡합니다. 그래서 기다려서라도 한강변이어야 하며, 아니더라도 한강과 이어질 수 있는 장소라야 합니다."

그러고 나서는 이 일을 잊었다. 두 달쯤 지나서 서울대학교의 김진균 교수로부터 연락이 왔다. 예술의전당이라는 비밀 프로젝트가 진행 중인데 파리 대학교의 신용학 교수가 주동이 되어 국제 현상 프로그램을 준비하고 있다면서, 자기에게 도와달라고 하나 자기가 할 일이 아니어서 나를 추천했다 한다. 다음날 신용학 교수를 만났다. 현상 프로그램을 작성하고 있다고 했는데 프로그램 작업은 지지부진한 상태였다. 나는 독립기념관의 경우를 말했다. "기획에 참여하면 현상설계에는 참여하지 못합니다. 그래서 독립기념관 설계를 하고 싶었는데 못 했지요. 예술의전당 같은 일이 있으면 현상설계에 참여하지, 기획에 참여할 생각은 없습

예술의전당 국제 현상 당선 조감도.

니다." 며칠 지나 문화공보부 측에서 다시 찾아왔다. 이미 국제 현상이 결정되었고 주요한 사항은 다 정해졌으니 마지막 단계에 대해 조언을 해주기만 하면 된단다. 국제 현상을 준비할 만한 사람이 없고, 지금까지 진행된 상태에 불만이 있는 장관에게서 나와 부지를 상의한 일을 들은 모양이다. 국제 지명 현상으로 할 생각이라 했다. 이때 많은 생각을 했다. 서울대학교 마스터플랜 때처럼 보이지 않는 곳에서 일을 하여 세계적인 아트 센터를 만들어 보자는 생각도 없지 않았으나, 서울대학교 일을 하면서 원래의 뜻이 나중 사람에 의해 이어지는 일은 무의미하다는 것을 알게 되었기 때문에 생각을 접었다.

주변의 몇 사람을 소개하고 나는 비상임으로 조언만 하기로 했다. 우리나라 최초의 국제 지명 현상이므로 법률가의 자문도 받고 마침 진행 중이던 바스티유 오페라하우스와 라 빌레트 공원Parc de la Villette의 예를 많예술의전당 스케치.

이 참고했다. 지명 현상 대상으로 국내외 건축가 각 10명이 추천되었다. 국내는 김중업, 김수근 선생과 내가, 국외는 미국의 TAC와 바비칸 센터의 설계팀인 영국의 CPB(체임벌린, 파월, 본Chamberlin, Powell and Bon)가 최종 추천되었다. 국제 현상 프로그램의 자문을 맡고 있다는 사실만으로도 자격이 제한될 수 있었기에, 비상임으로 프로그램에 참여한 내가 지명된 것을 놓고 뒷말이 있었다. 하지만 스페이스 프로그램이 프랑스 팀에 별도 용역으로 맡겨진 마스터플랜 현상이므로 문제될 게 없다는 것이 대부분의 생각이었다.

심사는 8명의 전문가위원회와 스페이스 프로그램 용역을 맡은 프랑스 팀과 문예진흥원, 예총, 예술원, 건축가협회 등 유관 기관장이 맡도록 하여 잡음의 소지를 없앴다. 우리에게는 처음인 복합 문화·예술 공간의 마스터플랜을 제안하는 것이므로 일종의 개념적 제안 같은 것이었다. 거의 100일 동안 사무실에서 자며 일했다. 이때의 메모를 「예술의전당에 대해 생각한다」는 글로 정리하여 직원들과 함께 읽었다.

우리 팀은 링컨 센터와 같은 단순한 건축 집합이 아닌, 도시의 일부이

예술의전당 국제 현상 당시의
오페라하우스 평면 스케치.

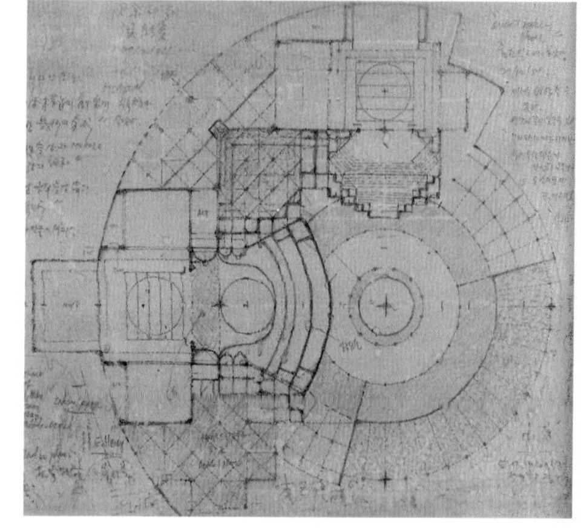

면서 그 스스로가 도시적 규모를 갖는 문화 단지를 만들고자 했다. 제출하기 직전의 사흘은 거의 자지 못했다. 덕수궁에서 3차에 걸친 심사가 진행되었다. 도시적 건축, 건축으로서의 도시를 제안한 것이 좋게 평가되어 3차에 걸친 심사위원회 모두에서 우리 안을 선정했다.

그런데 최종적으로 심사 결과를 장관에게 보고하자 장관이 제동을 걸었다. 덕수궁 심사장에서 진행된 3단계의 심사 모두에서 우리가 1위를 했고 전시회도 열고 언론에도 보도되었으나 장관이 최종 승인을 하지 않은 것이다. 장관은 바비칸 센터를 설계한 CPB의 안을 좋아했으므로 그들과 합작하기를 원했고, 일부에서는 지명 현상에 참가한 건축가 모두가 참여한 컨소시엄을 주장했다. 별말이 다 있는 가운데 석 달의 시간이 흘렀다. 우리의 마스터플랜에 대해서는 모두가 동의했으나 건축 형태에 대한 이견으로 빚어진 사건이므로 여러 대안을 제시했다. 현상설계였으므로 건축가가 모든 것을 책임지고 해야 하고 여의치 않으면 자기를 희생해서라도 원칙을 지켜야 하는 일이나, 현상 자체가 마스터플랜에 관한 것이고 건축안은 별도의 심의를 거친 것이었으므로 달리 택할 길이 없었

예술의전당 오페라하우스의 야경. 경복궁에서 이어지는 서울 문화상징 가로의 축 위에 있는 건물이므로 원형 공간을 시도했다.

다. 어떤 경우에도 합작이나 컨소시엄은 받아들일 생각이 없었다. 토지와 주제가 워낙 복합적인 것이고, 우리 안은 건축군 사이에 설정된 내부 가로와 지하철로부터 국악원 사이의 흐름과 외부 광장과 내부 공간을 하나로 만드는 안이므로, 여러 건축가의 합작으로 될 일이 아니었다. 우리가 마스터플랜과 주 건축물인 오페라하우스를 하더라도 여러 건축가의 무의미한 합작으로 결국 링컨 센터같이 될 바에는 차라리 포기하는 편이 나을 것 같았다. 도시와 건축이 하나가 되는 마스터플랜이었으므로 건축 형태의 변용에는 큰 부담을 느끼지 않았다. 그러나 아무리 여러 안을 그려도 장관은 안 된다였다.

나중에는 그와 주변 사람을 의심했다. 장관의 말은 한국을 '상징'할 수 있으며 '인상'적인 건물이어야 한다는 것이다. 누가 보거나 아! 하는 느낌이 있는 대중적이며 예술적인 한국적 조형이어야 한다는 것이다. 거의 포기하는 단계까지 갔다. 끝까지 현상 당선안이 기본이 되고 당선 건축가 수정안이어야 한다던 김동호 기획관리실장까지도 합작으로 가야 하지 않겠냐 하고, 이주혁 본부장도 번번이 퇴짜를 맞자 더 이상 용기를 잃었다. 사무실 분위기도 말이 아니었다. 10년 만에 드디어 최고의 현상에 당선하고 나서 오히려 진퇴유곡에 빠진 셈이 되었다. 하지만 주변의 권유도 있고 해서, 현상안의 기본 형식을 발전시켜서 이 이상은 도저히 너 못 하겠다 싶을 정도의 안을 마지막으로 한 번 더 만들어 보기로 했다. 이렇게 해도 안 되면 그만두겠다는 비장한 마음으로 김원, 유병림 교수와 아카데미하우스로 들어갔다. 이때 김원이 별도의 대안을 만들고 있었

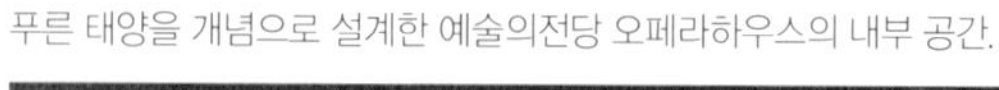
푸른 태양을 개념으로 설계한 예술의전당 오페라하우스의 내부 공간.

예술의전당 음악당.

다. 섭섭했지만 할 수 없는 일이었다. 당선 이후 석 달 동안 건축안을 별도 심의한다는 현상의 단서 조항을 지키지 못한 입장에서 달리 할 말이 없었다. 첫날은 도봉산 계곡에서 밤새 소주를 잔뜩 마시고 잤다. 앞으로 며칠이든 안이 나올 때까지 자지 않을 작정이었다. 다음날 머리가 터질 듯이 아팠으나 마음은 홀가분했다. 낮에 내내 혼자 계곡을 거닐었다. 밤에 유병림 교수와 이야기하다가 문득 무엇이 될 것 같은 예감이 들어 그리기 시작했다. 바로 그 자리에서 지금 우면산 기슭에 선 예술의전당 안을 그렸다.

그렇게 긴 시간의 갈등 뒤에 새 안은 순식간에 그려졌다. 무엇이 될 듯한 강한 예감이 스쳤다. 더 많이 그릴 것 없이 당장 다음날 하산해서 모형을 만들기로 했다. 유 교수가 "드디어 되었군요"라고 했다. 그날은 더 예술의전당 콘서트홀 단면도.

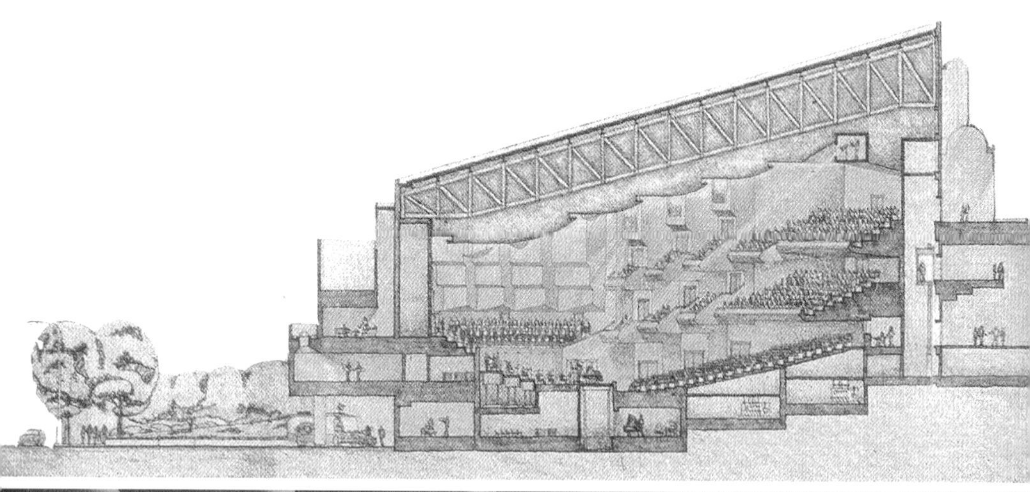

예술의전당 음악당 내부.

일하지 않고 잤다. 사무실로 돌아오자마자 본부장과 김 국장, 김 실장에게 전화했다. "뭔가 될 것 같습니다. 이제는 싫다 해도 할 수 없어요. 못 지어도 좋습니다. 뭐가 될 듯하니 일주일만 주십시오"라고 했다. 현상 발표 이후 거의 석 달간 갖은 유언비어가 나돌 때라 김 실장이 그 길로 장관에게 보고하고 장관은 다음날 스케치라도 보자 했다. 밤을 새워 모형을 만들고 다음날 장관에게 보였다. 석 달 동안 10번도 넘게 이번보다 더 잘 만든 모형에 잘 그린 투시도를 보여 주었으나 번번이 외면하던 장관이 이 안을 보자마자 대뜸 "이제 됐소. 이럴 줄 알고 내가 여태 기다린 것이오. 이제 아무도 더 간섭 못 하게 할 테니까 마음대로 하시오. 김석철 씨는 머리가 좋으니까 기능적으로는 훌륭한 건물을 만들 테지만 국가적

현상설계 당시의 예술의전당 모형.

예술의전당 배치 스케치.

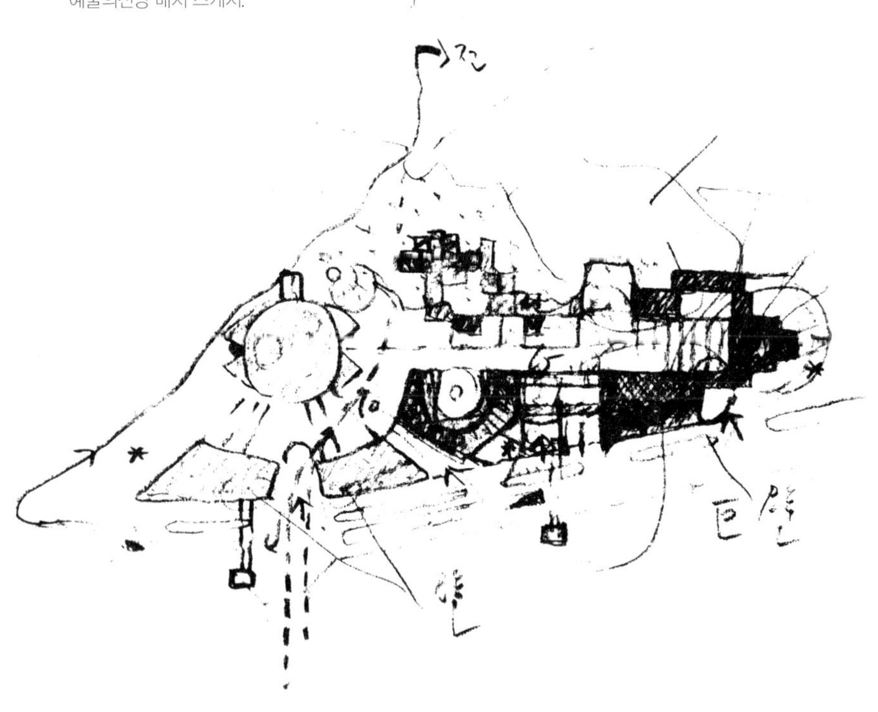

상징성이 부족해서 그런 것이었는데 이제는 되었소"라고 했다.

석 달 동안 얼마나 속이 뒤집혔으면 기획관리실장에게 "장관하고 치고받고 싸우겠습니다. 그러고 그만두면 될 것 아니오"라는 소리까지 했을까. 다른 건축가를 마음에 두고 나로 하여금 지쳐 포기하게 하려는 게 아닌가 하는 생각도 들었다. 그동안 별소리를 다 들었으나 이제 다 지났다. 과연 소문대로 이진희 장관은 불칼이었다. 장관은 그 후 단 한 번도 설계에 대해 말한 적이 없었다. 설계에 관한 한 모든 것은 내 책임이었다. 그제야 설계 계약을 맺었다. 4개월의 현상설계 기간과 1개월의 심사 기간 그리고 3개월의 유예 기간 등 거의 8개월에 걸친 피 말리는 시간이 지났다. 그러나 막상 어려운 일은 이때부터였다.

비슷한 시기에 시작한 바스티유 오페라하우스에 비해 우리 안은 오페라하우스 이외에 콘서트홀, 미술관, 자료관, 교육관 등이 포함되어 거의 3배가 넘는 규모였는데, 설계비는 그들의 5퍼센트도 되지 않는 9억 9천만 원이었다. 함께 현상에 참여했던 CPB가 단순한 컨설턴트 비용으로 우리에게 요구한 돈이 13억 원이었다. 런던에서 만난 CPB의 대표 건축가인 우즈가 어떻게 그 일을 해내겠느냐, 자기가 바비칸 센터를 설계해 봐서 아는데 무대 기계, 조명 등은 물론 음향 설계 비용도 되지 않는 비용으로 어떻게 세계적인 아트 센터를 짓느냐며 다음과 같이 말했다. "바비칸 센터 일대의 대규모 주거 단지를 설계해서 번 돈을 다 아트 센터에 넣고 일했는데도 아직 여기저기서 비난을 받습니다. 게다가 바비칸 센터 아트 홀의 음향 설계자는 비관하여 죽고 내 사무실도 경제적으로 힘들게 되었지요. 건축가로서는 평생의 도전이지만 위험 부담이 너무 크고 내가 보기에는 불가능한 예산입니다." 그러나 당시 규정으로는 오페라하우스가 아파트보다 요율이 낮았다. 오페라하우스와 음악 전용 홀이 중고등학교 강당 공사비나 설계비밖에 인정되지 않을 때였다. 그래도 좋았다.

최종안을 만들어 대통령 결재를 받아야 했다. 다시 한 달 동안 마지막 안을 정리했다. 토목 설계는 현상설계 과정에서 이미 선진엔지니어링에서 진행하고 있었으므로, 마스터플랜 최종안이 완성되면 우선 토목 기공식을 하고 1년 뒤에 건축을 시작하기로 하고 설계 기간은 1년 반으로 하기로 했다. 일을 벌여 놓고 보는 식이었으나 아시안 게임과 올림픽 게임을 앞두고 모든 일을 목표에 맞추던 시기였으므로 시간을 더 얻기는 어려웠다. 다시 밤을 새우는 작업이 시작되었다. 기본적인 방향은 잡혔으나 세부 계획의 어려움이 컸다. 특히 사각의 오페라하우스를 원형으로 하다 보니 무대 부분에서 어려운 일이 한두 가지가 아니었다. 마스터플랜의 기본은 유지하더라도 건축 형상이 바뀜에 따라 전면적인 재조정이 뒤따라야 했다.

주 건물인 오페라하우스는 경복궁에서 이어지는 서울 문화상징 가로의 축 위에 있으므로 원형 공간을 시도했다. 또한 햇빛을 종일 정면에 비치게 하기 위해 하늘로 띄운 원형 지붕과, 유리와 돌로 된 실린더를 산기슭에 자리하게 했다. 동쪽 음악당이 높은 곳에 있어 내부 가로에서 본 비례는 좋으나 길에서 본 비례가 불안했지만, 미술관, 자료관을 기단 형식으로 처리하여 조정했다. 드디어 마스터플랜이 완성되고 기본 계획이 확정되었다. 국립국악원은 별문제 없이 따라왔다. 장관과 함께 가서 대통령에게 보고하게 되었다. 처음으로 건축가가 사전에 대통령에게 건축을 설명하는 것이었다. 장관, 교육문화 수석, 본부장, 국립국악원 설계자, 그리고 내가 청와대로 갔다. 큰 모형을 청와대까지 운반시키고 가로 90센티미터에 세로 180센티미터인 주요 도면과 투시도, 조감도는 직

예술의전당 미술관과 자료관 단면도.

접 가져갔다. 서슬이 퍼렇던 전 대통령은 의외로 소탈한 모습이었다. 편한 마음으로 열심히 설명했다. 대통령이 다 듣고 돌아서서 집무실로 가다가 다시 오더니 "당신은 역사에 남을 거요, 수고했소"라고 했다. 평소 그분을 싫어했지만 그 말에 감동했다. 그리고 보름 뒤 기공식을 가졌다.

말은 기공식이지만 토목 공사가 시작되었을 뿐 이제 본 설계를 막 시작하는 것이었다. 앞으로 2년의 장정이 남았다. 2년 동안 아무것도 하지 않고 이 일만 하기로 했다. 설계 기간 내내 거의 자지 못하고 전 세계를 다니며 일했다. 그 기간의 작업을 「예술의전당 설계를 위한 자료 기행」으로 정리했다. 원고지 2천 장이 넘는 분량이다. 한 건축가가 현실의 어려움을 뚫고 우리 시대의 문화 인프라를 만들고자 한 집념의 시간을 기록한 것이다. 비록 좌절하여 쓰러지더라도 뒤에 오는 사람이 이어 갈 수 있게 해야 할 것이다. 먼 길을 떠나는 나그네 같은 마음으로 2년간 일했다. 아트 센터를 설계한 건축가들, 관여한 컨설턴트들, 아트 센터의 운영자들, 그리고 출연자와 관객들을 찾아 전 세계를 다녔다. 60명의 인원이 만 2년 동안 오직 이 일만을 했다. 1986년 가을, 드디어 설계가 끝났다. 현상설계에서 최종 마스터플랜 확정을 거쳐 착공까지 이르렀으나, 가야 할 길이 너무 멀어 보였다.

제주 영화박물관

"김석철 선생이시지요? 나 신영균입니다. 한 번 만나서 상의하고 싶습니다." 자다가 난데없는 전화를 받았다. 물론 영화배우 신영균을 모를 리 없다. 웬일일까? 나를 공적으로 찾는 전화라면 건축가로서 나를 보자는 것인데 무슨 일일까? 하얏트 호텔에서 만날 때까지 궁금했다. 처음 만났는데도 그는 익숙한 사람 같았다. 그는 남이 자기를 익숙하게 느끼게 하는 데 능숙했다. "제주도에서 가장 아름다운 땅을 한 2만 평 가지고 있는데 그곳에 영화박물관을 짓고 싶습니다. 예술의전당에 가 보았는데 감명을 받았습니다. 함께 제주도에 내려가서 둘러보고 상의하면 어떨까요?" 건축가를 꼼짝 못하게 하는 것이 아름다운 땅과 환상적인 프로젝트인데, 은막에서 보던 당대의 대스타가 둘 다를 직접 가져왔다.

일주일 뒤 함께 제주도로 가기로 하고 그간 영화박물관에 대해 더 공부하기로 했다. 예술의전당 첫 프로그램에서 시네마테크를 두기로 하여 바비칸 센터의 시네마테크, 워털루 다리 근처의 국립극장을 여러 번 살펴보았고, 레슬리 하드캐슬Leslie Hardcastle이 3년에 걸쳐 만든 영상박물관MoMI, Museum of the Moving Image을 옆에서 지켜보던 중이어서 그간의 자료를 정리하여 가져갔다.

유명한 사람과 함께 다니니 사람들이 다 쳐다보았다. 거북하지만 힘든 일만은 아니었다. 제주도에서도 한라산을 지나 서귀포 방향의 남쪽 바다에 면한 남원이었다. 길에서는 별것 같지 않았으나 안으로 들어서자 놀라운 정경이 펼쳐졌다. 노태우 전 대통령이 여름휴가를 여기서 보냈다 한다. 수백 년 된 동백이 가득하고 이국적인 아열대 수목이 숲을 이루고 있었다. 짙은 숲 사이를 지나자 문득 바다가 나타났다. 아무것도 없이 바다뿐이었다. 하늘과 바다가 하나가 되어 인간의 땅에 닿는 천공天空의 장소였다. 그 외에는 아무것도 보이지 않았다. 용암이 바다로 흐르다 굳어진 해안의 암벽은 태초의 시간과 공간을 암시하는 듯했다. 바다가 들판에 가득 넘쳐 왔다. 바로 이곳에 인간의 환상을 담은 영화박물관을 짓자는 것이었다. 예술의전당 이후 갈피를 잡지 못하고 있었는데 할 일이 생긴 것이다. 숲 너머로 멀리 한라산이 보였다. 보이는 것이라고는 한라산과 바다뿐이었다.

서울로 돌아와서도 흥분이 가시지 않았다. 이런 일은 처음이었다. 예술의전당 일을 10년간 열심히 한 덕을 보았다. 이럴 때일수록 차분히 한

제주도 남단의 아름다운 해안에 자리한 제주 영화박물관.

걸음 물러서서 토지와 주제에 대한 연구를 객관화시킬 필요가 있었다. 옛 제주도 지도와 땅에 얽힌 설화들을 모아 놓았다. 제주도는 한라산 하나로 이루어진 섬이다. 그런 사실이 옛 지도에 사실적으로 그려져 있었다. 이 땅은 하늘과 땅이 만나는 자리라는 전설이 있는 땅이었다. 내가 처음 보고 느낀 감상이 수백 년 전부터 있어 온 설화였다. 그러고 보니 제주도에 대해 아는 것이 별로 없었다. 고려 때 삼별초가 주축이 되어 몽고군에 대항해 마지막 항전을 펼친 땅이고, 해방 이후 좌우로 갈린 동족상잔의 4·3사건 이후 수많은 사람들이 육지와 일본으로 떠나고 나서 말없는 사람들의 섬이 된 땅이었다. 이 땅에 영화박물관을 지으려는 것이다. 사우스뱅크의 영화박물관과 프랑크푸르트의 미술관 거리에 있는 영화박물관, 뉴욕 퀸즈의 미국 영화박물관 이외에는 외국에도 특별한 영화박물관이 없다.

박물관이라는 주제와 영화라는 명제가 하나가 된 영화박물관의 그림을 생각하기가 어려웠다. 영화박물관에서 무엇을 보여 줄 수 있을까? 영화의 모든 것을 보여 준다는 것이 무엇인가? 영화의 역사, 영화가 만들어지는 과정, 위대한 영화들, 배우들을 보여 주자면 어떻게 해야 할 것인가? 박물관이라는 것은 실물을 통해 주제를 전달하는 곳인데 무엇이 영화의 실물이 될 수 있는가?

이런 생각들을 메모로 정리하면서 다시 땅 공부를 했다. 10년 목표로 이 아름다운 2만 평을 제주도의 보물로 만들어 보자. 이런 땅이 다시 있을 수 없으므로 우리 시대의 천 년 건축을 짓는 마음으로 일하려 했다. 2만 평 전체에 대한 마스터플랜을 마련하고 그 속에 영화박물관을 세우는 것으로 제안하기로 했다. 한 달 안에 제주 영상단지라는 이름으로 예술가들의 작업 공간인 스튜디오 호텔과 콘도미니엄이 영화박물관과 함께 있는 마스터플랜을 만들었다. 스케치와 사업 기획서를 가지고 신영균 회장을 만났다. "다 알아보고 김 선생에게 맡긴 것이니 마음껏 안을 만들어 주시오. 이 땅을 20년간 가꾸어 왔지만 내 땅이라고 생각하기보다 제주도에 영화와 관련된 명소를 만들려고 한 것이오. 예술의전당 같은 우리 시대의 명작을 기대하오." 더 이상 안에 대한 언급이 없었다. 영화박물관 내부가 자유 곡선으로 이루어진 둥근 형상이어서 놀랄 줄 알았는데 의외였다.

영화박물관을 자리 잡게 하기 위한 기초 마스터플랜 드로잉이 끝나자마자, 바로 영화박물관 일에 매달렸다. 트인 공간과 닫힌 공간, 흐름의 공간과 정지의 공간, 인공조명의 공간과 태양 광선의 공간, 자연의 공간

제주 영화박물관에서 로버트 벤츄리 선생과 함께.

과 인공의 공간 등등을 끊임없이 대비시켜 나가는 이중 나선의 구성 원리를 영화박물관의 공간 형식으로 했다. 이미지가 끊임없이 변화하며 이어지는 내부 공간의 흐름을 2층 테라스에 가서는 바다로 열리게 했다. 토지가 원초적인 형상이면서 바다와 한라산 이외에는 아무것도 보이지 않는, 하늘과 땅 사이의 유아독존적인 장소여서, 건축에서도 용암 같은 원초적인 형상을 시도했다. 도시의 어느 공간과도 다르고 자연과 사람의 움직임에 따라 끊임없이 다른 모습을 하는 유기적 형상을 시도한 것이다.

모형을 만들면서 건축이 차츰 구체화되어 갔다. 연속적으로 이어지는 벽면과 이에 대응하는 공간의 깊이가 하나가 되는 내부 공간을 시도했다. 도면이 다 되었을 때 영화인들을 초대하여 설명회를 가졌다. 예상 외로 다들 좋아했다. 어디에도 없는 특이한 내용, 독특한 형상의 집인데 다들 쉽게 이해했다. 신영균 회장도 "그 땅에 보통 집을 지을 수 없지 않나요? 이상하고 신비로운 집이지만 제주도 그 땅에는 잘 어울릴 것 같고 영화라는 것이 원래 비현실적인 꿈을 만드는 일이므로 둥근 내부 공간도 영화박물관으로 잘 맞을 듯합니다"라고 했다. 직선이 없고 전체가 곡선인 자연의 집이다. 자를 대지 않는 도면을 오랜만에 그렸다. 정릉에서 3년 동안 일할 때 그리던 그런 집을 25년 만에 드디어 땅 위에서 실현하게 되었다.

의왕시의 '축제의 계곡'

지방자치단체장 선거가 끝나고 얼마 지나지 않은 어느 날, 난데없이 의왕 시장에게서 전화를 받았다. 『조선일보』에 연재한 「꿈꾸는 한강」을 잘 읽었으며 자기는 시장 출마 때 당선 공약으로 꿈꾸는 한강과 같은 도시를 만들어 보겠다고 했다면서, 찾아와서 의왕 도시 설계에 대해 의논하고 싶다 했다. 의왕이라는 도시가 있다는 것은 알았으나, 새로운 도시라는 것이 기존 도시 구역과 농촌 구역을 행정 단위로 재편성한 것에 불과해 어디가 어딘지 모를 경우가 많았고 의왕도 그중 하나였다. 시장은 도시 전체의 비전부터 구체적 사업에 이르기까지 모든 것을 상의하고 싶다 했다. 그래서 내가 의왕을 잘 모르고 있으므로 공부를 먼저 하고 그곳을 방문하는 것이 서로 좋겠다고 말하고 일주일 후 연락하기로 했다.

신도시에 관해서는 오랫동안 조창걸 선배와 논의해 왔으므로 선배에게 당장 연락했다. "시장의 의욕은 훌륭하나 의왕은 도시의 꿈을 실현하기에는 문제가 많은 도시예요. 우리가 오래 준비해 온 것을 실현하기에는 이미 너무 많은 것이 이루어져 있고, 대부분의 주민이 지나는 사람들이라 정책 실현이 지역 이기주의에 밀릴 수밖에 없을 것이고 재정 자립도가 낮아요"라는 것이 조 선배의 의견이었다.

우선 자료를 정리해 보았다. 이럴 때마다 느끼는 점이지만 우리의 도시 자료는 너무 빈약하다. 정도 600년을 기해 '서울 기획, 2000년'을 생각하고 3년간 일하면서 600년 도시 서울의 자료가 한 번도 제대로 정리된 게 없는 것을 보고 놀랐다. 서울 자료를 2년 동안 정리하다가 더 이상 진전시키지 못했다. 도시 설계를 하려면 기본으로 있어야 하는 도시 자료가 너무 부족했다. 의왕의 시군을 분할 조정할 때 만들어진 자료가 제대로 있을 리 없었다. 어느 도시를 알자면 현재의 자료를 모으고 역사적 사실을 찾고 지리적 사실을 조사하여 모두 종합해야 하는데 도시 자료가 별로 없었다. 그런데도 내 나름으로 자료를 모아 어느 정도 공부를 끝낸 다음 2번에 걸쳐 현장을 둘러보았다.

의왕은 성 라자로 마을과 옛 안양교도소가 있던 옛 시흥과 안양 땅이다. 한 도시로 만들어지기 위한 역사적 사실도 지리적 당위도 없이, 과천과 안양을 만들다 남은 땅이 모인 도시다. 모락산 길 건너의 평촌은 안양이다. 행정 편의의 구획에 의해 나누어져서 어느 누구도 어디가 어디인지 알기 어려운 도시로서 자기 정체성의 공간 형식도, 시간 형식도 없는 땅이다. 관악산 자락에서 이어지는 산과 모락산 사이로 이어지는 산과 들이 사방에 있다. 계원학교(현재 계원예술대학교)와 대우중공업(현재 현대 로템연구소), 고려합섬 등이 있었으나 주민의 90퍼센트 이상은 외지인으로 곧 또 이동할 사람들이었다. 흔한 서울 변두리 도시였으나, 내가 주목한 한 가지는 변두리 도시를 집합시키는 도시적 입지였다. 이미 대도시 주변의 주거 도시가 되어 버린 평촌, 안양, 분당, 과천의 중심에 위치하고, 수도권 순환도로가 닿는 교통의 접점 지역이며, 대부분의 토지가 그린벨트로 보호되어 있어 독특한 자기 역할을 가진 도시가 될 가능성이 있어 보였다. 항공사진을 얻어 분석하고 현재의 수도권 기능의 분포와 미래의 여러 가능성을 검토해 본 결과 '자연과 친화하는 축제의 도시'를 생각할 수 있을 것 같았다. 개발 잠재성이 큰 모락산 일대에 수도권 주변의 이상적인 주거 단지를 만들고 이를 계원학교를 지나 백운호수까지 이르는 가로로 이어 이 일대를 세계적인 축제의 계곡으로 만들 수 있다면, 이름 없는 지방 도시를 의미 있는 세계적 도시로 만들 수도 있을 듯했다.

의왕 시장을 만나기 전에 평소 이런 문제를 상의하던 5분을 모시고 우리 복안을 이야기했다. 『조선일보』의 윤호미 편집부 국장은 대찬성이었다. "우리에게 도시 만들기는 쓰레기통에서 장미를 가꾸는 일이지만 어쨌든 우리 시대의 도시를 만들어야 합니다. 의왕은 서울에서 멀지 않은 수도권 지역이고 행정 도시인 과천과 한 선거 구역이고 또 앞으로의 도시화 구역인 서해안 간척지와 바로 이어져 있어 '자연과 친화하는 축제의 도시'라는 화두는 좋은 생각입니다."

그러나 서울대학교의 유병림 교수는 다른 의견이었다. "도시는 공무원과 지역 주민의 합동 작품이어야 하는데 우리에게 주어진 도시 만들기에서 그것은 불가능하고 그들은 모두 관객일 뿐입니다. 그러니 작은 디테일에서나 도시 만들기가 가능하지, 도시의 이미지와 개념을 새로 만들어 가는 본격적인 도시 만들기는 좌절할 수밖에 없어요. 현실론이기도 하지만 부딪쳐 보면 더 한심한 생각이 들 거예요. 현실적 목표를 세워야지, 딴생각만 하고 있는 사람들과 이상론을 말해 봐야 시간 낭비입니다. 한두 번 겪는 일이 아니잖아요. 더구나 의왕에는 지나는 주민뿐이고 설치는 사람은 소수의 원주민인데 그들과는 말할 것이 없어요. 그리고 도시 만들기를 하기에는 지방 공무원은 아직 아무 생각이 없고 더구나 지방의회는 생각할 것도 없습니다." 항상 사실의 핵심을 잘 말하는 그는, 그래도 꿈을 갖고 이런 일을 하겠다는 사람이 아직 있다니 돕겠다고 했다.

벡텔 회사의 고문이기도 한 신현주 변호사도 같은 생각이었다. "앞으로 환경 문제가 도시 만들기의 가장 중요한 요소가 될 터인데, '자연과 친화하는 축제의 도시'라는 말이 내포하는 수많은 어려움을 과연 주민들이 감당하려 할지 의문입니다. 자기 마을에는 쓰레기 소각장을 만들지 않겠다면서 환경을 말하는 사람들과 일해야 할 판이고, 독단적인 환경주의자들과도 일하려면 쉬운 일이 아니에요. 결국 그들은 아무것도 하지 않는 길을 주장하게 될 것입니다. 개발 반대론에 근거한 환경주의자들과는 일하기 어렵습니다. 역사가 언제나 그렇듯 지금은 시기상조예요. 그러나 이런 때일수록 꿈꾸는 자들이 나서야 한다는 것에는 동의하고 기꺼이 동참할 의사가 있습니다"라며 반대이지만 참여는 하겠다는 그분 특유의 말씀을 덧붙였다.

축제의 도시를 위해서 한국연극협회의 정진수 이사장도 함께 모였다. 정 이사장은 다음과 같이 말하며 열렬히 지지했다. "연극과 무용과 음악 등 공연예술을 위한 축제의 도시가 수도권 주변에 만들어져 서울의 주 흐름과 연계될 수 있다면 세계적인 축제 도시가 될 수 있습니다. 수도권의 공연 대상 인구가 엄청나지만 자리를 못 잡아 헤매고 있는 게 현실입니다. 의왕에 예술인을 위한 주거 단지가 들어서고 축제의 계곡이 만들어진다면 성공할 것입니다. 필요하다면 세계적인 연극제를 유치하거나 창설하여 아비뇽 세계연극제나 에든버러 축제 같은 세계적 이벤트를 만들 수도 있겠지요. 무대예술인 모두가 꿈꾸는 것을 만들려면 오히려 덜 만들어진 도시, 자연이 주변에 가득한 도시 의왕이 가장 적지일지 모르겠습니다." 조창걸 선배가 "결국 일은 사람이 하는 것이고 일은 땅 위에서 이루어지는 것이므로 다들 아직은 잘 모르는 의왕시를 먼저 방문해 봅시다. 그때 가서 다시 논의하지요"라고 하여 일주일 후 다 같이 가기로 하고 다음날 나 혼자 먼저 의왕시를 방문했다.

시장 이하 시청 간부들이 시청 현관까지 나와 있었다. 처음 받는 대접이기도 하고 쉽게 흥분하는 나인지라 잠시 감격했다. 시장실에 들어서니 부시장, 국·과장 전원이 기다리고 있었다. 그동안 내 나름대로 공부한 것을 말하고 그들의 이야기를 들었다. 의왕은 다른 서울 변두리 도시들처럼 서울의 베드 타운인 주거 단지를 개발한 이익으로 시의 인프라를 구축하고 있는 초기 단계의 도시였다. 시정은 도시 개발과 일반 행정으로 크게 2가지 일로 나뉘었는데, 도시 개발은 아직 남의 뒤를 따르는 단계였다. 이분들과 함께 과연 새로운 도시를 만들 수 있을까 하는 의구심은 있었으나 시장이 워낙 적극적이고 의욕적이었다. 함께 이 일을 하기로 한 조창걸 선배, 정진수 이사장, 유병림 교수, 윤호미 국장 등과 다시 한 번 이곳을 방문하기로 하고, 우리는 우리대로 여러 가지를 다시 생각해 보기로 했다. 이미 시 측에서 갈뫼지구 개발 계획과 백운호수 주변 개발 계획을 수립해 놓고 2단계 작업으로 들어가려는 참이었다. 일단 모든 것을 중단하고 더 생각해 보기로 하고 우리의 제안을 정리하기로 했다.

이틀에 한 번은 의왕시를 거쳐 출근했다. 자동차의 접근성이 좋아 3시간 정도면 둘러보고 사무실로 갈 수 있었다. 백운호수에서 걸어 계원학교 산을 가 보기도 하고, 일요일에는 호숫가 매운탕집에 가서 손님이 되어 보기도 했다. 백운산, 모락산 안의 절에도 가고 아파트 단지에도 가 보았다. 가구 단지도 살펴보고 성 라자로 마을도 다녀보았다. 고려합섬, 대우중공업 공장도 보고 계원학교는 학교 내부에서부터 향후 비전까지 알아보았다. 인접한 평촌 신도시에 대한 도시 분석도 진행했다.

보름 뒤 도시 설계팀의 고문 네 분과 함께 의왕을 방문했다. 우리가 그동안 해 온 일은 다음 주에 동숭동 우리 사무실에서 의왕시 사람들과 함께 보기로 하고 이번에는 인사차 방문하는 날로 정했다. 초면이지만 새로운 도시에 대한 의견들을 서로 교환했다. 땅 93퍼센트가 그린벨트이고 인구가 10만 명인 도시가 가질 수 있는 이상형은 무엇인가를 토론했다. 그리고 의왕시를 함께 둘러보았다. "뜻은 좋으나 가능성이 없어 보인다. 큰 꿈을 갖기보다 작은 도시 설계에서 시작하여 긴 시간을 기대하는 것이 좋을 듯하다"는 게 대다수의 의견이었다. 정진수 이사장만은 "서울 주변에 이만한 가능성을 가진 도시가 달리 없습니다. 세계연극제를 유치해 볼 터이니 축제 도시의 프로그램을 더 진전시켜 봅시다"라고 했다. 시장의 의욕은 다들 높이 사지만 지방자치의 첫해를 맞은 지방 공무원들과 새로운 도시 만들기를 한다는 것은 현실성이 없는 욕심이라는 지적이 많았다. 지방 공무원의 수준은 동 직원 정도이고 지방의회라는 것도 아직은 정치 지망생들의 예비 무대인데, 너무 과다한 것을 시도하면 그들의 '무소위無所爲'한 태도로 인해서 아무 일도 되지 않을 것이라 했다. 그러나 나는 생각이 달랐다. 아무도 할 수 없을 때일수록 일해야 하는 것 아닌가. 그리고 지방자치제가 되어 모두가 새로 시작할 때일수록 일하기가 더 쉬울 수 있다. 얼결에 큰일을 치르고 나면 그때가 새로운 기반이 되는 것을 우리 스스로가 얼마나 많이 보았는가.

동숭동 사무실에서 일주일 후 다시 만나기로 하고 돌아와 20년 만에 다시 하게 된 도시 설계에 빠져들었다. 도시 설계는 건축 설계와 다르다. 모든 것에 있어서 다른 일이다. 108장의 토막 난 항공사진을 구해 컴퓨터로 이어 붙이고 그 위에 갈뫼마을, 축제의 계곡, 백운호수로 이어지는 도시 설계도를 그려 나갔다. 의왕과 과천 간 고속도로를 뚫고 계곡과 호수를 연결하고, 계원학교와 축제의 계곡 사이의 산허리에는 에코터널을 만들어 갈뫼마을과 백운호수가 이어지는 8킬로미터의 의왕 세계연극제 거리를 그렸다. 갈뫼마을은 단순한 주거 단지가 아닌 예술 중심의 도시 기능이 함께 있는 작은 소도시로 구상했고, 축제의 계곡에 있는 세계연극제 공간은 연극제 외의 기간에는 어린이를 위한 예술교육 단지가 되도록 하여 주변 주거 도시의 어린이 교육, 특히 유치원과 초등학교의 어린이를 위한 예술의 전당이 되게 했다. 세계 최고의 교육열을 감당할 예술교육의 공간이 없다는 것은 우스운 일이 아닌가. 부모들의 엄청난 교육열에 걸맞은 예술교육의 공간은 주말에는 가족을 위한 가장 훌륭한 공간이 될 수 있다. 가족이 가서 먹고 놀기만 하는 가든이나 랜드보다 예술체험의 공간이 상업적으로도 성공할 수 있다.

백운호수 주변은 호수의 규모로 보아서 최소한의 개발에 그쳐야 하므로, 수도권의 명소가 될 뮤지컬 전용 극장을 호반에 띄우고 주요한 날은

의왕 세계연극제를 열기 위한 '축제의 계곡' 마스터플랜의 부분 확대도. 자연 지형을 따라 축제의 계곡을 조성하고 호숫가에 문예회관과 청소년수련원을 위치시켰다.

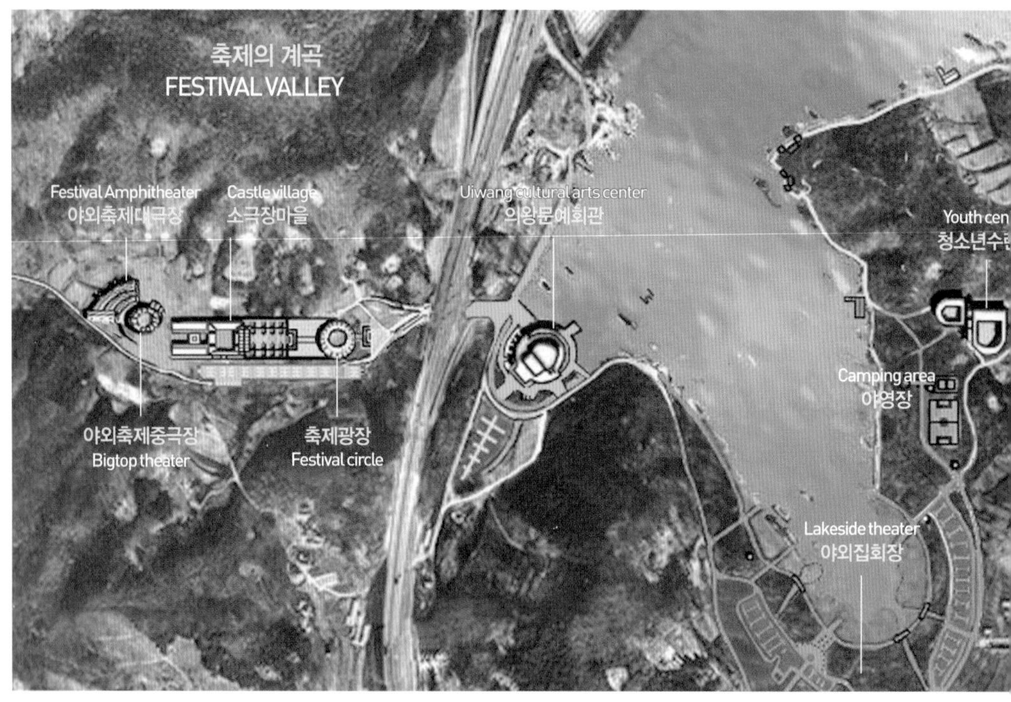

의왕문예회관으로 쓰도록 계획했다. 뮤지컬 전용 극장은 호수에 무대를 띄우는 야외극장 형식으로 하여 호수가 바로 무대와 객석이 되는 만인萬人 극장을 시도했다. 아무런 공간 장치도 없는 만인극장이어야 호수가 영원히 호수일 수 있는 것이다. 호수 건너의 산속에는 청소년수련원을 두어 호수 속의 문예회관과 대응하게 하되 숲 속에 완전히 가려지게 했다.

안을 정리했다. 의왕시청 관계자들이 다 동숭동 사무실로 왔다. 우리 고문들도 모두 왔다. 2시간에 걸친 설명과 토론이 이어졌다. 시장이 선언했다. "이제 주사위는 던져졌습니다. 최선을 다해 어느 누구도 꿈꾸지 못하던 세계연극제의 거리를 만듭시다." 일단 세계연극제의 유치가 가능한지를 먼저 시험하기로 했다. 한국연극협회는 1997년 세계연극총회가 서울에서 열리는 것을 계기로 아비뇽 세계연극제 같은 세계 공연 예술제를 창립하고 후보 도시로 수원, 과천, 가평, 인천 등의 신청을 받고 있었다. 의왕시도 우리가 준비한 '자연과 친화하는 축제의 계곡'에서 세계연극제를 열겠다는 신청서를 제출했다. 문예진흥원 대강당에서 하루 종일 세계연극제 도시 선정 회의가 열렸다. 수원이 가장 유력한 것으로 알려졌으나 막판에 가서 지나치게 도시화된 수원보다 자연이 어우러진 의왕 쪽으로 의견이 몰렸다. 오전에 시작한 회의가 밤까지 이어지고 수원, 가평에서는 버스로 유치단들이 대거 몰려오기도 했다. 밤에 드디어 '의왕'이 세계연극제 장소로 결정되었다.

그날부터 우리는 더 바빠졌다. 막연한 프로그램이 수십 년간 계속된 세계연극제의 모델 시티 프로그램으로 확대 조정되어야 했다. 연극 관계 인사들과 끊임없는 토론과 협의가 이루어졌다. 늦가을 계원학교의 한옥 영빈관에서 '세계연극제 개최 기념의 밤' 행사가 열렸다. 연극하는 분들이 대부분 다 모였다. 연극인들과 대화하는 가운데 안의 내용이 차츰 구체화되었다. 대상 부지가 그린벨트이므로 마스터플랜을 조정하기로 했다. 의왕 시민을 상대로 한 세계연극제 실명회가 경기 도지사가 참석한 가운데 열렸다. 백운호수에 이르는 3만 평의 대상 부지가 선정되고 구체적인 토지 보상 및 수용 계획이 시작되었다. 십수 차례에 걸친 발표와 협의를 거치면서 축제의 계곡과 백운호수 음악극장, 만인극장, 청소년수련원의 구체적 내용이 확정되었다. 축제의 계곡은 처음 의도대로 평상시에는 어린이 예술교육의 장으로 하는 프로그램을 발전시켜 가족 예술 단지가 될 수 있도록 하는 안을 만들었다. 12명이 계속 의왕 세계연극제 일에 매달렸다. 1년만 더 여유가 있었어도 세계적인 것을 확실하게 만들 수 있겠는데, 세계연극총회가 다음해라 시간과의 싸움이 되고 말았으나 다들 열심히 했다.

기본 설계가 확정될 즈음에 총리와 서울 시장, 문화체육부 장관, 경기 도지사가 참석한 가운데 롯데호텔에서 의왕 세계연극제 선포식이 열렸다. 연극제 실무 책임자로 손진택 씨와 이윤택 씨가 선정되었다. 초대할 극단과의 협의를 위해 이윤택 씨가 외국으로 떠나기로 해 그간의 설계 내용을 담은 팸플릿을 만들었다. 아비뇽 세계연극제의 집행위원장과 관계 인사들이 한국연극협회 초청으로 서울에 왔다. 그들과 함께 갈뫼마을에서 백운호수까지의 부지를 살펴보고 의왕시청에서 설계안 설명회를 가졌다. 경기도청을 방문하여 이인제 도지사를 만나고 늦게 예술의전당을 둘러보았다. 저녁에는 프랑스문화원장 집에서 리셉션이 있었다. 집행위원장이 "나에게는 불가능해 보이는 시간이지만 예술의전당을 해낸 사람이 한다니 믿습니다. 세계연극제는 시작 이후 10년이 지나야 제 길을 갑니다. 한 해 한 해 스스로의 역사를 만드는 것이므로 서둘러 일부만 지어도 충분히 시작할 수 있습니다. 아비뇽같이 역사 도시의 유적에서 이루어지는 연극제와 다른, 자연 속에서 이루어지는 새로운 연극제에 거는 기대가 큽니다"라며 이번 아비뇽 세계연극제에서 다시 보자 했다. 그로부터 배울 것이 많을 것 같았다. 처음에는 의왕이라는 서울 변두리 도시의 마스터플랜으로 시작한 일이 갈뫼마을의 예술 단지와 갈뫼마을에서 백운호수로 이어지는 세계연극제 거리, 축제의 계곡 설계로 실현되게 되었다.

설계를 끝내기로 한 시한을 세 달 연기했다. 한국연극협회 측의 요청에 의해 스페이스 프로그램이 수차례 변경되고 새로운 요구가 많이 추가되어 9월에 설계를 끝내기로 했다. 공사 기간이 가장 긴 음악극장인 의왕문예회관은 첫 연극제 때는 골조 상태에서 하기로 하여 공정에 큰 무리는 없어 보였다. 축제의 계곡에 있는 8개 극장은 모두 가변 형식인 저층 구조이고 공공 홀인 입구의 원형 광장 건물도 2층이어서 공사 기간은 문제되지 않았다.

그런데 문제는 엉뚱한 곳에 있었다. 한국연극협회가 일정이 염려되어 건설교통부의 그린벨트 내 행위허가를 서둘렀던 것이다. 총선 후 하기로 원칙적 동의가 있었고 그 일로 갈등을 빚고 있을 때여서 가부를 당장 내놓으라면 '가하다'라고 할 분위기가 아닌데 엉뚱한 자충수를 두고 말았다. 그렇지 않아도 그린벨트 문제로 신경이 날카롭고 고속전철 문제로 부처 간에 총리실까지 개입하여 건설교통부가 3년 넘게 해 온 일을 백지화시킨 판에, 이번에는 스스로 판을 부순 꼴이 되었다. 기다려야 할 판이었다. 일을 일으키려면 수천의 힘이 쌓여야 하지만 무너뜨리려면 성질 급한 사람 하나면 충분하다. 어이없는 일이 일어나고 있었다. 총리까지 나서서 세계연극제 선포식을 했고 외교 사절들을 다 불러 놓고서 협조까지 당부하고 세계 도처에 초청장도 다 보내 놓았는데, 건설교통부 국장의 말 한마디에 그만 무너지고 말았다. 서류로 공문화까지 하고 말았다. 마음이 급한 것은 이해하지만 덜컥 찾아가 일을 깨트린 것은 도저히 납득할 수 없었다. 그러나 더 한심하고 분통 터지는 일은 모두가 그것 봐라는 식이었다는 것이다. 당연히 될 일을 사소한 명분으로 망쳤는데 그것을 살리려 하기보다 한밤에 불자동차 소리를 듣는 듯한 태도였다.

예술의전당도 그런 고비가 수도 없이 있었다. 그럴 때는 기다려야 한다. 설계가 다 끝나 가는데 난데없이 설계를 중지하라는 공문 1장이 날아왔다. 지난 1년 동안 이룬 숱한 시간의 쌓음이 이삼 일 사이에 다 무너졌다. 고베 지진 때 인간이 쌓은 일이 얼마나 덧없는가를 보았다. 인간의 의지가 자연 앞에 단번에 쓰러져 내렸다. 수백, 수천의 생명의 시간이 이룬 것이 부스러지고 있었다. 지난 1년의 시간은 그만 잊어도 좋으나 앞으로 있을 수 있었던 한없는 축제의 시간들은 어디 가서 찾아야 하나.

한샘 시화공장과 한샘 DBEW 디자인 센터

미술관보다 아름다운 공장

대학 진학 때 수학과가 아닌 건축과를 택했지만 건축과 교수들에게는 배울 것이 없었다. 학교를 그만두어야겠다고 생각하던 중에 김중업 선생에게 뽑혀 실무 현장에 나가게 되었다. 르 코르뷔지에의 제자인 김중업 선생을 통해서라도 르 코르뷔지에의 건축을 배우고자 하는 사람들이 대학 교수조차 줄을 섰을 때라, 대학도 졸업하지 않은 내가 김중업 선생 사무실에 나가게 된 것은 놀라운 일이었다. 그러면서 내가 건축계에 알려지기 시작했다.

평생 몇 사람을 알고 가느냐도 삶에서 중요한 부분이다. 내 건축적 삶에서 직접 모신 김중업, 김수근 두 선생 외에 30년 가까이 가장 깊이 알고 지낸 사람이 바로 조창걸 선배다. 그는 내가 정릉에 칩거해 3년 동안 연구할 때 마음의 큰 힘이 되어 주었다. 『건축사』, 『현대건축』 등 두 월간 잡지를 창간하여 일할 때도 "우리 모두가 해야 할 일을 혼자 한다"며 물심양면으로 도와주었다. 다들 자기 일에만 바쁠 때였다.

정릉에서 3년 만에 내려와 여의도 마스터플랜, 서울역 마스터플랜 등을 할 때도 자주 만났다. 서울대학교 졸업생과 교수들로 팀을 구성하여 관악산 서울대학교 마스터플랜을 할 때도 조 선배와 함께였다. 교수 팀과 함께 일할 사람으로 조 선배와 나와 그 외 4명이 모였는데, 김희춘 교수가 대표, 조 선배가 팀장을 맡았다. 네 달 가까이 일주일에 한 번만 옷을 갈아입으러 집에 갔다가 바로 오는 강행군이 시작되었다. 매일 밤 대학과 대학 캠퍼스에 대한 토론이 계속되었다. 넉 달 만에 일이 일단락되어 조 선배는 돌아가고 내가 남아 일들을 매듭지었다. 어느 날 갑자기 조 선배는 건축을 그만두고 사업을 한다고 했다. "석철 씨가 대신 한국 건축계를 책임져 달라"는 것이었다. 그 후 조 선배는 한샘을 설립했고 현재는 한샘 명예회장으로 있다.

1980년 예술의전당 현상설계 도중에 조 선배가 하얏트 호텔에서 만나자 하여 만났다. 조 선배는 "이제 드디어 회사가 궤도에 올랐으므로 하고 싶은 일을 하려 해요. 21세기의 이상 도시를 만드는 작업을 해 봐요. 연간 6억 원 정도의 연구비를 준비할게요"라고 했다. 엄청난 제안이었다. 당시 6억 원이면 무엇이든 할 수 있는 금액이었다. 역사상 없는 일을 할 수 있는 기회였지만 모처럼의 국가적 프로젝트의 국제 현상을 설계 중이어서 끝나고 생각하자 했다. 그런데 의외로 우리가 예술의전당 국제 현상에 당선되었다. 그때 조 선배에게 "10년은 이 일에 몰두해야겠습니다. 도시의 문화 인프라를 만드는 일이므로 21세기 도시 설계에도 큰 공부가 될 것입니다. 10년 뒤에 다시 시작하지요"라고 말했다. 그리고 각자의 길에서 10년을 뛰었다. 물론 매달 목구회에서 만나 건축과 도시와 문명에

한샘 시화공장의 야경. 자동화 시스템을 통해 효율성을 극대화하면서도
시각적인 아름다움을 동시에 추구하여 제1회 한국건축문화대상에서 대상을 받았다.

대한 토론을 끊임없이 이어 나갔다.

드디어 예술의전당이 다 끝난 10년 뒤에 조선배는 "자, 그럼 이제 시작합시다"라고 했다. 이때 또 내가 다른 소리를 했다. "국제 현상을 몇 건 해 보고 싶습니다. 마침 알렉산드리아 도서관 국제 현상이 있고 도쿄 포럼과 나라 컨벤션 센터의 현상도 있어 그간의 건축 연습을 한번 실험해 보고 싶습니다. 그러면서 팀을 만들어 보겠습니다." 조 선배는 항상 내 말을 들어준다. 1년 동안 3건의 현상에 매달렸다. 알렉산드리아 도서관과 나라 컨벤션 센터 안은 표현에서는 차질이 있었으나 내용은 만족할 만했다.

그 후 조 선배와 함께하는 일이 서서히 늘어나기 시작했다. 젊은 건축가들을 모아 전통 건축 기행을 기획하여 7년간 지속했고, 로버트 벤츄리 선생에게 한샘에서 생산할 맞벌이 부부의 부엌을 부탁했고, 조 선배가 20여 년 동안 생각하고 연구한 공업생산주택의 개발을 리처드 로저스에게 의뢰했다. 한샘연구소의 유재현 소장이 담당이었으나 조 선배는 항상 모든 일을 나와 상의해 주었다. 매번 외국도 같이 다니고 외국 건축가들이 한국에 오면 같이 일했다. 서울에서 열린 로버트 벤츄리의 건축전, 서

울대학교에서 진행된 로저스의 강연도 다 같은 시기에 이루어졌다.

이러는 과정에 서해안 매립지인 시화에 한샘 제3공장을 짓기로 하여 우리가 설계를 맡게 되었다. 간척 사업을 통해 조성된 시화공단 지구에 세계 최고의 공장을 짓겠다는 것은 조 선배의 오랜 꿈이었다. 그는 나에게 공장 설계를 맡기며 세계 최고 효율의 자동화 시스템을 갖추고 일하는 사람들이 자부심을 느낄 수 있는 공간이면서 어떠한 미술관보다 아름답게 해 달라는 조건을 달았다. 가장 가까운 사람의 일을 하는 것처럼 어려운 것은 없다. 다행히 새로 지은 한샘 시화공장이 청와대 신관을 제치고 제1회 한국건축문화대상에서 대상을 받게 되어 마음의 빚을 약간 갚은 느낌이다. 하지만 내부 공간의 닥트 설계가 서투르게 되었고, 공장과 사무실 간의 소음 처리와, 주 현관과 후문 사이의 행잉 가든hanging garden의 세부가 모호하게 된 것은 지금 생각해도 마음이 답답하다. 현장에 좀 더 집요한 관심이 있어야 했는데 현장이 멀다 보니 소홀했다. 어쨌든 모형을 본 로버트 벤츄리 선생이 "가장 아름다운 공간이 될 것"이라고 했다.

'하늘의 마을', 방배동 한샘 타워

공장이 완성된 뒤로 한샘이 지금의 방배동 사옥을 사서 이사하면서 5년 동안 쓰기로 한 뒤, 한시적 보수 계획을 우리에게 맡겼다. 그러면서 조 선배와는 시간 나는 대로 5년 후의 설계를 함께하자 했다. 이러는 가운데 로저스 팀과의 공업생산주택 일이 계속되었다. 중간에 아예 방배동 사옥 설계를 로저스에게 맡길까 하는 생각도 했다. 로저스와 함께 공업생산주택 일을 하던 도중에 그가 우리를 베니스 비엔날레에 초대했다. 거기서 만쿠조 교수를 만났고, 또 일이 진전되어 베네치아 대학교 초청으로 전시회도 열게 되었다. 그 일이 연이어 자그레브의 전시회로, 베니스 비엔날레 한국관으로 발전했다.

조 선배가 방배동 사옥을 한번 마음껏 그려 일본 사람들이 보러 올 만한 것을 만들어 보라고 제안했다. 마침 '서울에서의 건축 설계'라는 주제로 AA 스쿨, 베네치아 대학교 등에서 강연을 하면서 '수직 가로, 하늘의 마을'을 주장하던 터라 이 개념을 이곳에서 실현해 보고 싶어졌다. 도시의 길이 지하와 하늘로 연장되어 건축과 도시 공간이 하나가 된, 즉 정릉 시절부터 주장하던 도시와 건축을 통합시키는 새로운 패러다임인 '아키반'을 실현시켜 보려 했다. 베네치아 대학교 전시회 때 많은 사람들이 가장 관심을 가졌던 것은 예술의전당보다 정릉 시절의 개념적 스케치들이었다. 특히 '하늘의 마을'을 의도한 조선호텔 내부, 그리고 금속·고분자화합물·콘크리트·벽돌 등을 소재로 한 4채의 주택이 화제가 되었다. 필립 존슨도 조선호텔 스케치를 보고는 "이 스케치가 정말 1960년대에 그려진 것인가요? 그러면서 그동안 예술의전당 정도밖에 하지 못했습니까?"라고 했다. 좌우간 조선호텔에서 시도했던 도시 공간 형식의 고층 건축에 다시 도전해 보고 싶었다.

마침 조 선배도 한샘의 큰 방향을 30년 전부터 야심을 가졌던 21세기의 이상 도시로 잡고 있었지만, 그 중간 과정으로 주택 산업을 기획하고 있었다. 그러기 위해서는 주택 산업의 핵심인 디자인 센터를 만들고자 했으므로 바로 이곳을 서울 디자인 센터로 하기로 작정했다. 이것이 현재까지 진행되고 있는 방배동 한샘 타워의 시작이었다.

방배동 일대의 아파트 단지는 단순한 베드 타운이므로 만 평 가까이 될 건물을 크게 세 기능군으로 된 복합 건물로 구성했다. 지하에는 뮤지컬 전용 극장을 비롯한 문화 인프라 공간, 지상에는 모든 주택 산업의 디자인 정보와 자료가 모인 디자인 센터, 그리고 옥상에는 19세대로 구성된 하늘의 마을이 들어서도록 했다. 서로 다른 세 기능군은 각자의 어반 프런트urban front를 갖게 하되, 도시 가로 형식의 수직 가로가 세 공간을 잇게 하여 모든 공간군의 기반 공간이 되게 했다.

이 계획은 미마라 박물관 전시회 때 선을 보였다. 미마라 박물관 전시회는 당대 최고 예술가의 한 사람인 백남준 선생과 함께하는 미술 전시의 성격이므로 혼자 하던 베네치아 대학교의 건축전 때와는 다른 프레젠테이션이 필요했다. 도면보다 드로잉과 스케치, 그리고 건축 개념을 시각 형식으로 보일 수 있는 모델이 필요했다. 베네치아 대학교의 전시회 때 모델이 부서져 갖은 고생을 했으므로 이번에는 직접 가져갔다. 미마라 박물관의 전시회에서는 예상대로 서울 디자인 센터가 가장 관심을 끌었다. 자그레브 건축대학장이 자기가 '크리틱Critic(비평글)'을 쓰겠다며 설계가 끝나면 자료를 달라 했다. 설계를 하는 도중에 전시를 하게 되니 여러 관점의 비평을 듣게 되어 좋은 계기가 되었다.

이후 안을 더 발전시켜 나갔다. 지하, 지상, 옥상의 3부분으로 이루어지는 공간 구조를 구조 형식과 결부시키는 작업이 이어졌다. 2개의 수직 가로 사이에 층 간 트러스truss를 만들어 인공 토지를 걸고 한 층은 매달고 한 층은 바로 위에 세우면 그 사이에 빈 공간이 생기게 되는 구조를 생각했다. 1단계로 4층마다 층 간 트러스를 걸고 세 개의 층이 트인 공간에 2단계의 구조를 개입시키는 형식이었다. 수직 가로가 층 간 트러스와 결구하여 건축의 입체 격자를 이루면, 도시 하부 구조를 내장한 수직 가로가 층 간 트러스의 인공 토지로 이어져서 모든 공간이 도시와 만나는, 도시와 건축의 통합을 이룰 수 있게 된다.

이 단계의 안을 AA 스쿨의 초청 강연에서 주요 작품으로 발표했다. 외국에서 전시회나 강연을 할 때는 그간의 나를 전시하기보다 매번 새로운 주제와 건축을 제안하여 전시회와 강연 자체가 바로 일 자체가 되도록 했다. AA 스쿨에서도 질문의 대부분이 서울 디자인 센터에 대한 것이었고, 특히 수직 가로가 인공 토지와 하나가 된 입체 공간의 격자에 대해 깊은 관심을 보였다. 이때까지 주로 김석우가 이 일을 담당했다. 건축가에게 중요한 일 중의 하나는 구체적인 일에서 자기 생각을 함께 가장 잘 실현해 줄 수 있는 담당자를 키우는 일인데, 김석우가 1단계와 2단계의 일을 훌륭히 해 주었다.

여기서 구체적인 설계의 단계로 나아갈 작정이었는데 법규와 시행령의 변화에 따른 사업 계획 변경이 있어 안을 다시 시작해야 했다. 이전에는 19세대 미만이었던 주거 부분이 주택건설촉진법에 의해 준주거 지역으로 완화되어 더 큰 집을 지을 수 있게 되었고, 용적률, 건폐율도 상향 조정되었다. 원래는 '서울 디자인 센터'가 주가 되고 '지하 문화가로'와 '하늘의 마을'은 각각 지하와 옥상에 덧붙여진 공간 구조였으나, 이제는 세 부분이 동일한 규모로 되었다.

그러는 사이에 2년이 지났다. 3년 설계 기간 중 반이 넘게 지나간 것이다. 그 과정에서 개념뿐 아니라 건축 표현에서의 이미지에 대해서도 많이 생각했다. 주변 일대가 모두 아파트 단지인 군 막사 형식의 삭막한 도시 공간이므로 유기적인 부드러움, 즉 도시 공간을 순화시킬 수 있는 미술 형식의 개입을 시도했다.

한국 건축의 특질이 무엇인가에 대해 그동안 많은 논쟁이 있어 왔는데, 조 선배와 나는 한국 건축의 특질을 비동시적인 것의 공존, 유기적 질서와 기하학적 질서의 합일에 있다고 생각했다. 아직 공동의 동의를 얻은 단계는 아니지만 한국 건축의 핵심을 알게 하는 중요한 화두라고 생각한다. 불국사의 석축 기단을 보면 자연 그대로의 돌과 정교한 인공

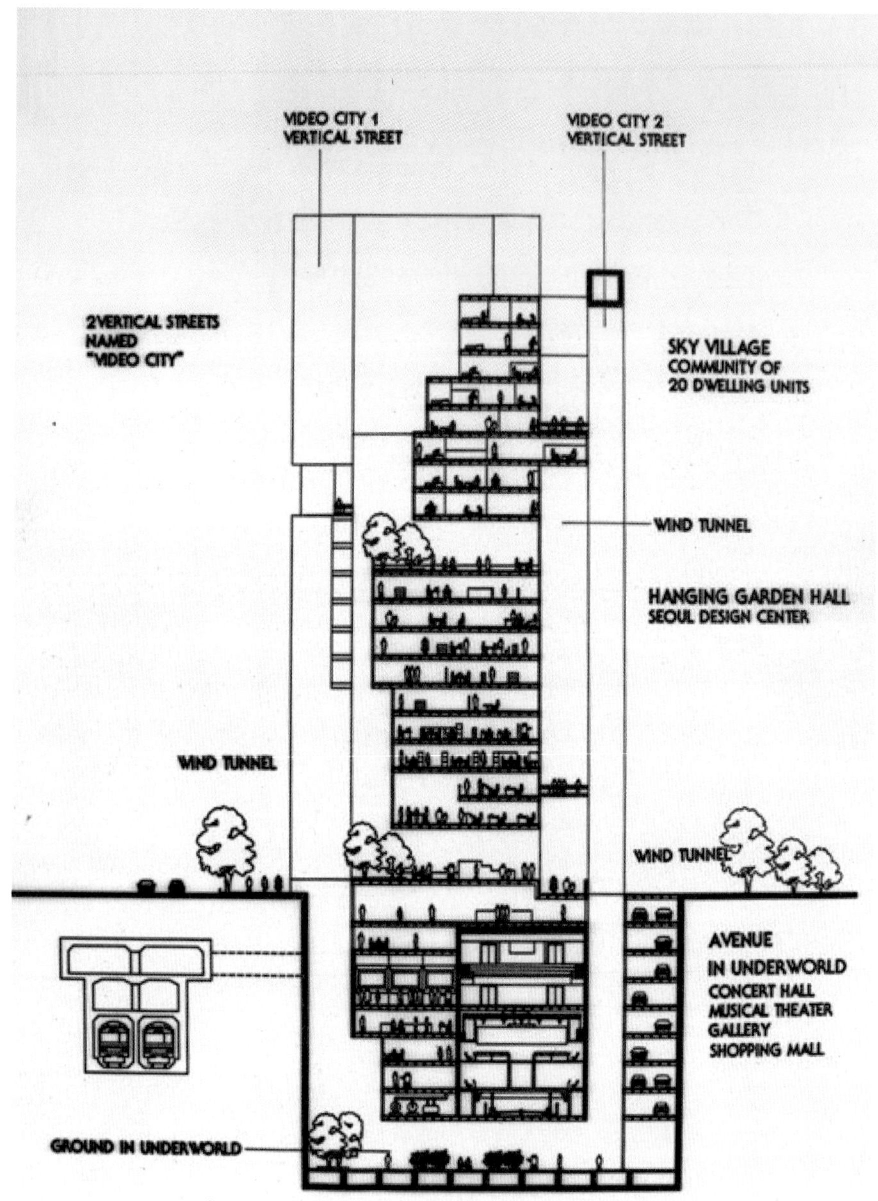

수직 가로를 통해 '하늘의 마을'이라는 개념을 실현한 한샘 타워의 계획안 단면도.

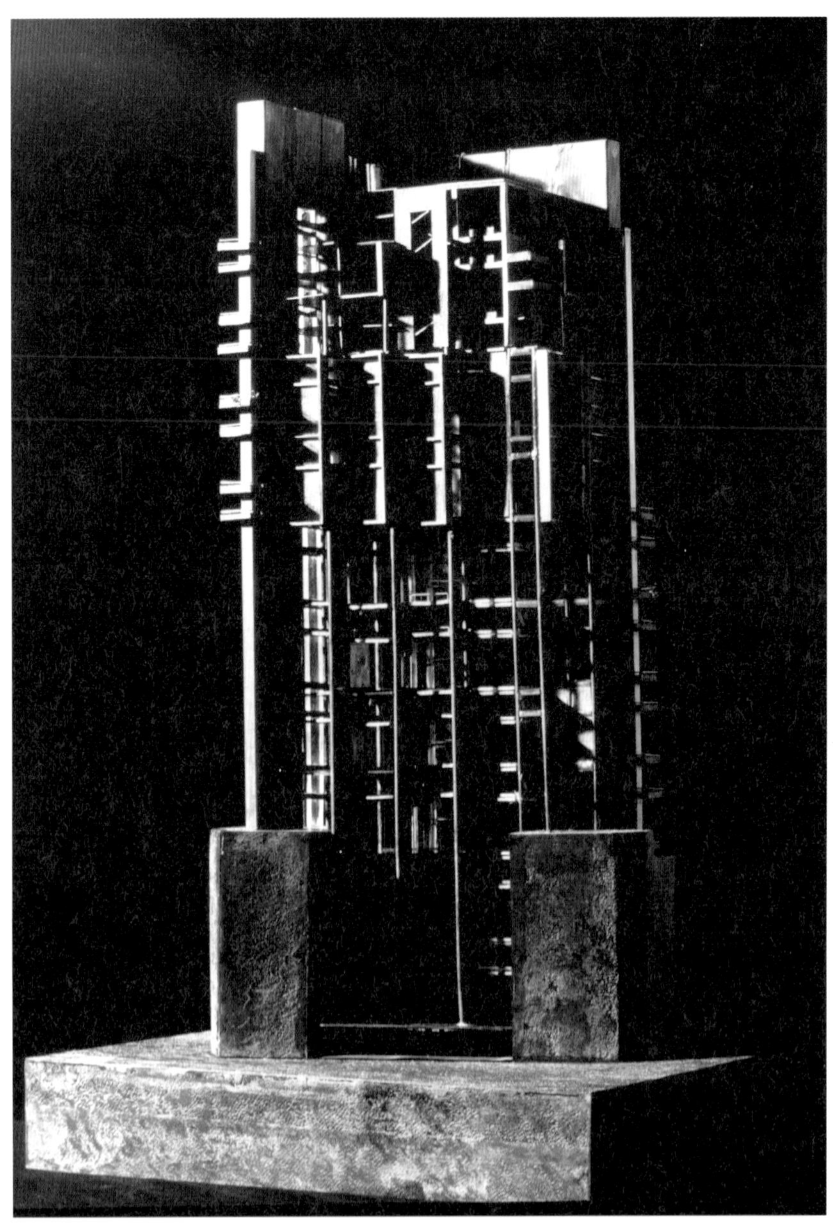

한샘 타워의 계획안 모형.

의 돌이 희한하게 조화를 이루고, 다보탑과 석가탑 모두가 유기적 모습과 기하학적 요소를 함께 가지고 있다. 최고의 공학적 성취인 에밀레종을 보면 기하학적인 문양과 자연의 숨결을 느끼게 하는 부조가 함께 있다. 옛 경주는 물론 조선조의 수도 한양을 보면 『고공기考工記』를 따른 엄격한 도시 형식이 자연의 흐름과 하나가 되어 조화를 이루고 있다. 어느 민족도 이렇게 서로 다른 것을 하나로 만드는 파격의 조화를 이루지 못했다. 조 선배와 나는 방배동 사옥이 이삼 년에 걸쳐 설계할 것이므로 '건축과 도시를 통합시키는 수직 가로'와 '하늘의 마을' 개념에서 더 나아가, 한국 문화의 이미지를 창출할 수 있는 것이 되기를 기대했다.

담당자가 계속 바뀌었다. 한국적 이미지를 고층 건축에 실현한다는 것이 얼마나 무모한 일인가를 뼈저리게 느꼈다. 그러나 조 선배는 한 번도 서두르지 않았다. 오히려 내가 마음이 바빴다. 특히 수직 가로를 어떻게 실제의 건축 공간으로 만드느냐가 우선적 과제였다. 두 번째 안에서 수직 가로를 통해 인공 토지와 입체 공간 격자를 만드는 데까지는 도달했으나, 수직 가로가 어떤 공간 형식인지에 대해서는 관념의 단계에 머물러 있을 뿐이었다. 수직 가로가 사유의 영역을 넘어서서 하늘로 이어진 도시의 길이 되려면 단순한 수직 동선만으로는 가능하지 않다. 상하수도, 전기, 가스 등 도시 하부 구조를 내장시키고 수평의 흐름을 수직으로 하는 일은 쉬우나, 수직의 흐름이 실제 도시 공간으로 되게 하는 일은 어렵다.

베네치아에서 어느 날 밤에 술을 잔뜩 마시고 걷다가 문득 길은 결국 광장에 와서야 길일 수 있다는 생각이 들었다. 길에서도 건축의 문이 열리지만, 그리스도의 도시나 로마의 도시, 중세의 도시에서는 길이 광장에 닿고 거기서 건축의 문이 열리는 것이 흐름의 문법이었다. 시칠리아의 에리체에서는 길가에 문이 있고 문을 열면 우물을 중심으로 한 12채의 집이 열린다. 화산으로 화석이 된 에르콜라노에서 길은 도시 공간이면서 가장 중요한 건축 공간이다. 중세의 도시 산 지미냐노에서 길은 광장으로 향하는 노선이다.

수직 가로가 도시 공간의 길이 되기 위해서는 공중 정원과 광장과 수직 가로를 잇는 작업이 우선되어야 할 것이고, 방배동 부지에서 공중 정원이 가능하려면 한강으로 트인 북쪽 코너를 부각시켜야 할 것 같았다. 현장에 여러 번 다녀오고 강 건너의 동부이촌동 고수부지에서 사진을 찍으며 다시 보았다. 붉은 저녁 해가 서해 바다로 떨어지던 어느 날, 세 번째 안의 스케치를 그렸다. 한강변의 입체적인 곡면을 따라 하늘의 정원도 휘어 올라가는 이미지를 생각했다. 첫 번째나 두 번째 안처럼 논리적 접근에 의해 안이 되는 경우도 있지만 세 번째 안처럼 순간적으로 섬광같이 안이 만들어지는 경우도 많다. 예술의전당 마스터플랜은 오랜 논리의 결실이지만 건축 공간의 이미지는 대부분 순간적 발상의 결과다. 도시의 흐름을 내포한 새로운 길을 만들고 그에 따라 모든 건물을 시작하면서 내부 가로의 흐름을 지하철의 도시적 흐름과 산으로 향하는 자연적 흐름으로 연결시켰다.

이렇게 마스터플랜의 논리를 건축적 이미지로 전환하는 과정은 내가 가진 조형 의지에서 시작된 것이다. 세 번째 안에 담긴 '수직 가로'와 '하늘의 마을'에 대한 논리는 오랜 시간의 것이나, '수직 가로'와 '하늘의 마을'의 구체적인 이미지는 동부이촌동의 고수부지에서 순간적으로 그려진 것이다. 그려진 이미지를 도면화하고 바로 모형을 만들었다. 당장 조 선배에게 보였다. "오래 하니까 무엇인가가 만들어지는군요. 무언가 될 것 같아요"라고 했다. 내 생각도 마찬가지였다.

마침 그때 일본에서 연락이 왔다. '초아시아의 건축'이라는 주제로 서양 현대 건축의 추종이 아닌 아시아인의 건축전을 일본에서 열려 한다면서, 각 나라에서 한두 명을 선정하는데 내가 선정되었다고 했다. 조직위원회의 두 건축가가 좋은 시간에 방문하겠다고 했다. 이들은 처음에는 당연히 예술의전당을 지목했으나, 당시 내가 만들고 있던 한샘 타워의 3가지 모형을 보고는 예술의전당과 제주 영화박물관과 한샘 타워, 이 3점을 조직위원회에 보내자고 했다. 두 달 후에 각 작가가 모두 하나의 작품을 내는 전시회이므로 여러 이유에서 한샘 타워를 선정했다고 알려왔다. 실제 건물을 대상으로 하는 전시회이지만 '수직 가로'와 '하늘의 마을'이라는 주제가 아시아의 현대 도시에 예언적 제안이 될 수 있을 것 같아 그리했다고 했다. 전시회가 세 달 안에 열리고 사전에 팸플릿이 필요하니 일을 서둘러 정리해야 했다. 그러고 보니 한샘 타워는 1단계 안은 미마라 박물관, 2단계 안은 AA 스쿨, 3단계 안은 후지라 홀 등 외국에서 선보인 셈이었다.

일본 조직위원회에서는 내 작업에 깊은 관심을 가져 나에게 개막 연설을 부탁했으나, 마침 『동아일보』 팀과의 유럽 여행이 겹쳐 유감스럽게 가지는 못했다. 그해에 UIA(세계건축가협회) 총회에서 '미래의 건축'이라는 주제를 맡은 일본건축가협회 회장이 《초아시아 건축》전에 전시된 작품 19점 중 9점을 선정하여 바르셀로나에서 전시하기로 했다. 이때 내 작품이 또 다시 선정되었다. 안은 기본 계획 단계였지만 여러 곳에서 좋은 이야기를 많이 들었다.

1안, 2안, 3안이 정리되어 가는 도중에 사업 계획이 근본적으로 달라졌다. 방배동 사옥의 서쪽 길 건너의 부지를 추가로 매입했다. 그곳에서 디자인 센터를 부분적으로 실험하기로 하고 주택 사업을 본격적으로 하기로 했다. 주택 사업의 방향은 쉬운 사업인 대형 주상 복합보다 미래 한국인의 도시형 주택의 모델이 될 '맞벌이 부부를 위한 주거'로 했다. 맞벌이 부부의 라이프 스타일에 대한 연구와 그들의 주거 형식에 대한 연구가 선행되어야 하는 일이었다. 건축 설계 이전에 이 일이 먼저 진행되어야 했다.

맞벌이 부부의 주거 형식에 대해서는 이미 지난 5년 동안 로버트 벤츄리, 리처드 로저스 팀과 충분한 연습을 했고, 별도로 가정 대학 등을 외부에 용역을 준 일도 있었으며, 맞벌이 부부의 주거 공간에서 가장 핵심인 부엌, 식당, 거실에 대한 연구를 일본, 이탈리아 등의 디자이너에게 의뢰한 안도 있었다. 이 전부를 하나로 종합하는 일이 문제였다. 한샘 타워의 일이 처음에는 디자인 센터 중심의 건물이었다가, 하늘의 마을이 중심이 된 복합 건물로, 마지막에는 맞벌이 부부의 고층 집합 주거 건물로 바뀐 것이다.

바르셀로나에서 전시 중인 세 번째 안은 사업 계획과 맞지 않으므로 새로운 안을 준비해야 했다. 맞벌이 부부의 집합 주거에서 가장 중요한 것은 어반 프런트에서 어떻게 그들의 필요 공간을 만드느냐와 각 사람의 공간을 어떻게 조직하느냐였다. 물론 수직 가로의 개념은 여전히 남아 있었다. 19세대가 40세대로, 다시 100세대로 늘면서 근본적인 방향이 문제가 되기 시작했다. 모든 것을 일거에 해결할 수 있는 기하학적 묘수가 필요했다. 대기의 경사면을 따른 타원의 안이 그려졌다. 지하를 필로티pilotis로 하여 주차 문제를 해결하고, 지하층에서 5층까지를 독자의 아트리움을 갖는 도시 기능군으로 하고, 6층부터 30층까지를 맞벌이 부부의 주택으로 하는 안이었다. 1, 2, 3안과는 근본적으로 다른 접근 방식이 되었으나, 수직 가로의 개념은 여전히 가장 중요한 요소였다. 타원의 안은 좋은 아이디어였으나 대형보다 소형이 오히려 분양가가 낮아 상업성이 없고 앞 아파트의 민원으로 허가 전망이 불투명하여 일단 4안은 기본계획에 머물렀다.

3년을 계획해 왔으므로 거기에 2년을 더해 5년간의 작업으로 5안을 마저 만들면 괄목할 만한 것이 나오지 않을까 기대했다. 벤츄리 하우스의 경우를 보면 3년이 지난 뒤에야 비로소 오늘의 안이 나오기 시작했다. 진행된 1, 2, 3, 4안의 사업 기획과 건축 계획을 요약 정리해 두면 5안을 만들 때 최고의 지침이 될 것이라 생각했다. 1, 2, 3, 4안의 어느 것으로도 되돌아가지 않고 모든 안을 더해 전혀 다른 안이 만들어질지도 몰랐다. 그러나 확실한 것은 3년의 시간이 다 쌓인 결과물이 나올 것이고, 그 안은 고층 집합 주거에 대한 21세기의 예언적 제안이 될 것이라는 점이었다. 조창걸 선배와 나는 항상 그렇게 살아왔다.

한샘 DBEW 디자인 센터

시화공장이 완공된 후 조창걸 선배에게는 동양과 서양의 융합에서 더 나아가 동서양의 디자인을 넘어서는 디자인Design Beyond East & West을 만들어 내는 디자인 센터를 짓겠다는 새로운 꿈이 생겼다. 조 선배는 부지 선정과 설계 모두를 나에게 맡겼다. 창덕궁에 면한 원서동 500평 부지가 가장 좋았다.

여러 개의 안을 만들었다. 1안은 구릉을 따라 올라가는 한국의 도자기와 같은 안이었다. 자유 곡선으로 만들어진 건축물인 것이다. 단이 올라감에 따라 조개껍질 같은 지붕이 어우러져 올라가는 형태였다. 그러나 조 선배가 마음에 들어 하는 것 같지 않았다.

2안은 글라스 하우스였다. 투명유리를 통해 건물 자체를 드러나지 않

눈 덮인 한샘 DBEW 디자인 센터.

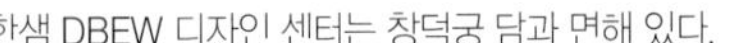

한샘 DBEW 디자인 센터는 창덕궁 담과 면해 있다.

한샘 DBEW 디자인 센터로 들어가는 진입로

게 하겠다는 의도였다. 한병삼 위원장의 적극적 추천으로 문화재심의위원회까지 통과하고 조 선배도 만족했다. 그러나 "이 안이 서면 역대 임금의 초상을 모셔 둔 창덕궁의 선원전이 죽습니다. 한국사를 공부하는 사람으로서 재고를 부탁드립니다"는 한영수 문화재위원장의 간곡한 청으로 3안을 만들었다.

3안은 한옥과 글라스 하우스를 융합한 것으로 현재 원서동에 있는 건물이 이 안이다. 창덕궁 담과 짝을 이루는 한옥은 계단, 테라스, 화장실 등이 있는 움직이는 공간이고, 글라스 하우스는 머무는 공간이다.

한샘과 계약하기 위해 방문한 몰테니 그룹의 몰테니 회장이 시화공장을 본 뒤 "이 공장을 만든 회사라면 당장에 사인하겠습니다"라고 말했다고 한다. 또한 한샘 DBEW 디자인 센터를 본 알레산드로 멘디니Alessandro

누각에서 창덕궁이 보인다.

한샘 DBEW 디자인 센터는 글라스 하우스와 한옥을 결합하여 현대적인 건축의 기능성과 전통의 멋을 조화시켰다.

Mendini는 "내가 본 가장 아름다운 현대 건축"이라고 했고, 세지마 가즈요妹島和世는 "이 공간의 아름다움을 담는 것은 사진으로는 불가능하고 기억으로만 가능합니다"라고 했다.

밀라노 디자인 시티와 트리엔날레 전시관

중국으로 들어가려면 관문이 필요하다. 세계 최고의 디자인 메카인 밀라노와 어깨를 나란히 할 아시아의 밀라노 디자인 시티를 인천에 만들고 이곳을 중국으로 통하는 관문이 되게 하자는 제안을 했다. 콜럼버스의 의지가 이사벨 여왕의 보석 후원을 이끌어 내어 신대륙을 발견하는 원동력으로 삼은 것처럼, 잠자고 있는 세계 미술의 원류인 중국을 깨울 수 있는 역할을 한국이 할 수 있다고 생각했다. 디자인은 제품의 부가가치를 몇 배로 키우는 것이다. 제조업이 경쟁력을 가지려면 디자인이 절대적으로 필요한데, 중국에는 세계적인 제조업 공장은 있지만 디자인이 없다. 전 세계에서 통하는 밀라노 디자인을 중국으로 끌어오는 교두보적 가능성이 한국에 있다고 생각했다.

인천공항의 접근로로는 인천대교를 지나 공항으로 들어가는 길과 서울에서 강변북로를 따라서 공항으로 들어가는 길이 있는데, 그 사이 갯벌에 100만 평의 삼각지가 있다. 여의도의 1.5배만 한 크기를 가진 독립된 섬이다. 이곳에 밀라노를 세계 최고의 디자인 시티로 만든 8개의 기관을 유치하고 21세기형 신도시인 밀라노 디자인 시티를 세우기로 계획하고, 트리엔날레 전시관을 건설하기로 했다.

트리엔날레란 3년에 1번 열리는 미술전으로 이탈리아 디자인계의 핵심적인 행사다. 밀

밀라노 디자인 시티의 시발인 트리엔날레 전시관.

라노 디자인 시티의 마스터플랜을 트리엔날레에서 발표하는 것은 최고의 무역이자 외교라고 생각했다. 밀라노 디자인 시티 마스터플랜을 만들고 트리엔날레 팀과 함께 트리엔날레 전시관을 설계하고 외부 디자인은 멘디니 선생에게 부탁했다. 개관식에 조르조 나폴리타노 이탈리아 대통령까지 참석했으나 우리나라 대통령은 일정이 겹친다는 이유로 참석하지 않았다. 곧이어 벌어진 밀라노와 인천 시장 선거에서 이 프로젝트를 지원하던 전 밀라노 시장과 전 인천 시장이 모두 낙선하여 일이 정체된 상태다. 하지만 콜럼버스는 21세기의 이사벨 여왕을 기다리고 있다.

인천에 들어서서 미래의 한국을 바꿀 밀라노 디자인 시티, 아직은 좀 생경할 것이다. 한마디로 이것은 밀라노의 디자인과 한국의 IT산업이 함께 만들어 낼 창조적 산업 도시다. 여기에 세계의 자본을 유치해 동북아 허브 마켓 시티Hub Market City로 손색없는 인프라를 갖출 예정이다. 인천은 세계 10대 메트로폴리스인 베이징, 상하이, 도쿄, 오사카, 서울의 한복판이라는 점에서 허브 도시로 만드는 데 적합한 입지를 가지고 있다.

2009년 9월 15일 오후 5시. 인천의 밀라노 디자인 시티 홍보전시관의 기공식 겸 트리엔날레 아시아관의 개막식에는 조르조 나폴리타노 이탈리아 대통령과 프랑코 프라티니 외무부 장관, 모라티 밀라노 시장과 밀

라노 디자인 시티에 참여한 피에라 밀라노 SpA의 페리니 회장, 레오나르도 다 빈치 국립과학기술관의 갈리 관장, 밀라노 트리엔날레의 람펠로 위원장 등 주요 인사 30명과 기자단 20명이 참석했다. 전날인 14일에는 이탈리아 대통령과 이명박 대통령의 정상회담이 개최되었다.

이로써 130만 평 규모의 밀라노 디자인 시티의 중심인 50만 평 원형의 스마트형 '블루 어반 매트릭스Blue Urban Matrix'가 그 실체를 처음 드러냈다.

2009년 밀라노 디자인 시티 기공식 겸 트리엔날레 개막식. 개막식을 찾은 이탈리아 대통령에게 계획안에 대해 설명하고 있다.

항공모함 같은 도시 형상에 도시 기반 시설과 건축군이 함께 설계되었다. '블루 어반 매트릭스'는 기존 도시가 소비하는 에너지의 반만으로 움직이며, 이산화탄소 배출량을 반으로 줄이면서도 2배 가까운 도시 경쟁력을 갖춘 21세기 도시 모델이다. 2009년 10월 1일부터 2010년 7월까지 거의 10개월간 밀라노 디자인 시티 홍보전시관에서 전시회를 열어 새 개념의 신도시의 진면모를 만날 수 있게 했다. 비록 자금 확보 문제 등으로 현재는 밀라노 디자인 시티 프로젝트가 난항을 겪고 있지만 언젠가는 정상화가 되기를 기다리고 있다.

요즘 메가시티megacity(인구 1천만 명이 넘는 도시)란 단어가 난무한다. 그것은 오래전에 서양이 도입 · 시행했던 메트로폴리스metropolis(인구 1백만 명이 넘고, 전국적인 기반 위에 정치 · 경제 · 정보 등의 기능을 통합한 대도시)와 메갈로폴리스megalopolis(메트로폴리스가 서로 연결되어 있는 거대한 도시 집중지) 등의 변형된 말일 뿐 전혀 새로운 개념이 아니다.

우리의 역사를 돌아보면, 중앙 집권 국가였던 조선시대 500년 동안 한반도는 8도와 350여 개의 군현으로 지방 분권이 이루어져 수도 한양의 인구는 20만 명을 넘지 않았다. 19세기 말에 개항한 5개 항만과 서울을 잇는 철도가 만들어진 후 서울의 도시 집중이 시작되었으며, 남북 분단으로 북한 인구가 서울로 몰리기 시작했다. 그러다 산업화가 급진전되면서 지방 인구가 서울로 대거 이동해, 수도권에 남한 인구의 반에 가까운 2천4백만 명이 집중하여 남한 전체와 수도권의 인구수가 1 대 1이 되는 비정상적 구조가 이루어진 것이다.

수도권과 지방권의 대립 구조를 말하는 것은 수도권 문제를 혼란에 빠트리고 지방권 몰락의 탓을 수도권에 돌리는 정치적 수사일 뿐이다. 결론부터 말하면 우리의 국토 발전 전략은 수도권과 지방권이 함께 성장할 수 있는, 다시 말해 해안과 내륙의 통합 발전 모델을 지향해야 한다. 우리의 수도권 과밀과 비효율은 북쪽이 차단되고 동쪽은 산으로 막히고 서쪽의 경우 바다가 하는 역할이 없어서, 결국 남쪽만 통로로 하다 보니 기형적 과밀이 불가피한 데에서 비롯되었다. 따라서 이제는 수도권을 백두대간과 해안 사이의 내륙과 중국 대륙으로 이어지는 황해 등과 연결시켜 원래 구조로 재조직해야 한다. 뉴욕이 내륙과 바다 사이의 맨해튼을 중심으로 세계 도시로 부상하고, 상하이가 양쯔 강 하류에 있는 푸둥浦東의 국제화 도시 구역을 핵으로 세계 도시가 된 것과 같은 이치다.

내륙의 서울과 해안의 인천도 별개의 도시가 아닌 하나의 경제권역으로 통합시켜 메트로폴리스로 만들어야 한다. 세계 제2의 경제 대국인 일본과 세계 최대의 성장 잠재력을 보유한 중국 사이에서 한반도의 역할을 조직화하기 위해서는, 백두대간과 황해를 양 날개로 하여 서울 · 인천을 하나의 메트로폴리스로 묶는 대수도권 전략이 필요하다.

유럽과 미국의 도시화는 이미 끝났다. 미래 인류의 역사에서 전개될 가장 큰 도시 건설 시장은 중국, 인도, 중동이다. 20년 안에 베네치아만 한 도시를 중국에 3천 개, 인도에 2천 개, 중동에 1천 개를 지어야 한다. 미래 도시의 건설은 기존 도시의 재개발이 아니라 신도시의 건설 방식으로 갈 수밖에 없다. 또 그것은 탄소 에너지 과소비 방식이 아닌 21세기 도시 모델이어야 한다.

여기서 한국의 역할을 떠올리지 않을 수 없다. 21세기 도시 산업의 핵심인 전자, 철강, 조선, 석유화학, 건설의 최고 기술을 골고루 가진 나라가 한국이다. 일본과 독일이 세계 최고 제조 국가이고 영국과 미국이 세계 금융 제국이지만, 한국은 21세기 신도시를 건설하는 데 있어 그들보다 많은 중요 산업 요소를 골고루 갖추고 있는 것이다. 이 지점에서 내가

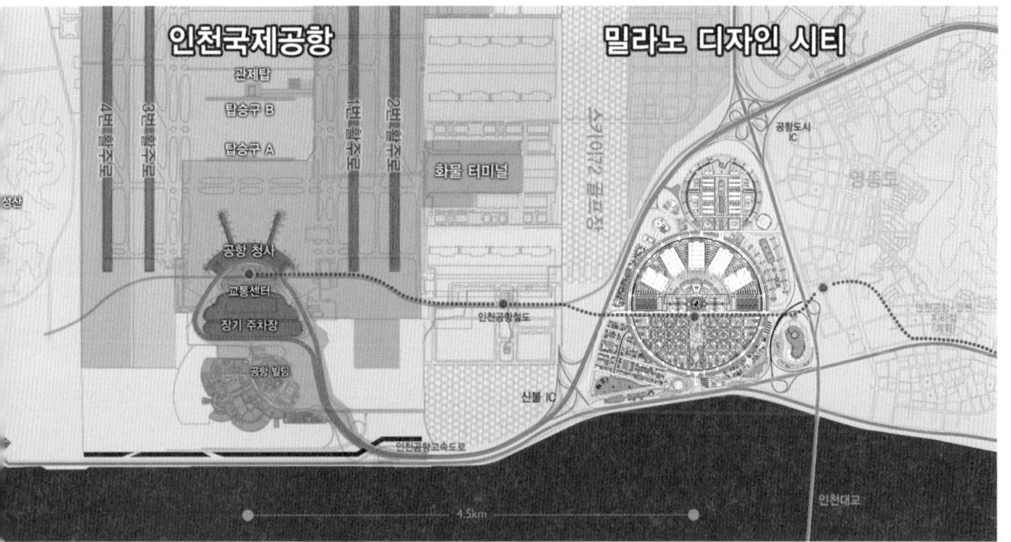

밀라노 디자인 시티의 마스터플랜. 밀라노 디자인 시티를 세계의 관문인 인천공항과 연결시켜 베이징, 상하이, 오사카, 도쿄, 서울을 모두 시장으로 끌어들이는 전략을 세웠다.

직접 주도했던 여의도 건설, 쿠웨이트 신도시 설계, 중국의 형이상학적 수도인 취푸 신도시 설계 등을 떠올린다. 이제 한국은 21세기 도시를 만들어 세계에 수출하는 일에 몰두할 필요가 있다. 한국의 도시 건설과 경영 능력은 새로운 성장 동력이 될 것으로 확신한다.

19세기, 20세기 세계 도시들이 항만도시라면 21세기 신도시는 공항도시다. 종래 공항은 도시화에 부적합했지만 우주공학이 항공 산업의 신천지를 이루면서 공항 도시가 가능해졌다. 이제는 공항으로 세계가 연결되고 공항 도시가 게이트웨이 시티gateway city(관문 도시)가 되는 것이다. 인천공항에서 4.5킬로미터 이내의 갯벌 위에 바다 도시를 만들면 그런 소망을 이룰 수 있다고 생각했다. 인천은 정말 멋진 곳이다. 세계의 메트로폴리스 중 가장 강력한 힘을 갖게 된 5개의 도시가 동북아시아에 몰려 있다. 베이징, 상하이, 오사카, 도쿄, 서울의 한복판에 자리한 인천공항이야말로 동북아시아의 단순한 교통 허브를 넘어서서 시장 허브가 될 수 있다.

앞으로 세계 경제에서 공장보다 금융, 금융보다 시장이 더 큰 힘을 가지게 되어 있다. 세계 최대의 견본 시장인 피에라 밀라노와 하노버 메세가 통합해 러시아, 중국, 인도, 브라질에 그들의 시장 도시를 만들려 하고 있다. 10년 안에 세계 최대 시장이 될 동북아시아 요충지에 시장 도시를 짓는다면 얼마나 경쟁력이 있겠는가. 따라서 세계적 박람회인 피에라 밀라노와 하노버 메세를 인천 도시 안에 다시 유치해야 한다. 지금까지의 도시 건설은 어반 인프라를 건설한 후 건축물을 짓는 방식이었다. 21세기 도시는 혁신적 방식으로 설계되고 건설되고 경영되어야 한다. 항공모함처럼 도시의 설계·건설·경영이 일관된 철학과 기술에 의해 만들어지면, 에너지와 건설 원가를 반으로 줄일 수 있고 도시 경영 효율은 2배가 되어 생산력과 삶의 질을 함께 높일 수 있다. 공항에서 4.5킬로미터 떨어진 바닷가 근처에, 또한 수도권과 북을 잇는 선 위에 항공모함을 만들듯 도시와 건축의 모든 도시 요소가 하나로 집합된 블루 어반 매트릭스를 만드는 일은 그래서 의미를 더한다. 세계 시장과 디자인의 메카를 이룬 밀라노와 협력하는 것은, 디자인의 결합이 전제되지 않는 기술은 더 이상 인정받지 못함을 감안한 시도다. 그 첫걸음이 밀라노 디자인 시티 홍보전시관이었다. 세계 자본가들의 참여를 위해 밀라노 디자인의 정수인 트리엔날레 건물을 짓고, 메인 홀에서 2천 년에 걸친 이탈리아 디자인과 세계 최고의 천재 레오나르도 다 빈치의 발명품들을 전시했던 것이다.

인천에 들어선 신도시 밀라노 디자인 시티의 마스터플랜에서 추구했던 목표는 크게 4가지로 정리될 수 있다.

우선 도시 경쟁력이다. 밀라노 디자인 시티가 정상화되면 기술과 디자인 사업에 중심을 둔 허브 마켓으로 거듭날 수 있을 것이다. 현재 이 지역 인근에는 서울과 인천에 이르는 광대한 영역의 산업과 디지털 단지가 들어서 있다. 이러한 기반 시설을 적절히 활용할 경우에 이 도시는 기존의 산업과 시장을 아우르는 디자인 시티가 될 수 있다. 산업과 시장이라는 두 요소 간 상호작용의 힘은 결국 인근 지역에 대한 이 도시의 영향력을 높여 줄 것이다.

둘째, 보행 중심의 도시 유동성이다. 도시의 주 형상은 삼각형과 원형의 조화를 통해 이루어졌다. 가운데 삼각형은 도시 전체의 기본 형상을 이루며 도시의 안과 밖을 잇는 도시고속도로 체계를 수용했다. 이에 반해 원형은 도시 내부의 축을 이루며 전시 시설 및 갤러리아 같은 주요 기능과 연계되었다. 또한 이 원형을 통해 형성되는 도시 중심에는 넓은 주차 시설과 대중교통을 위한 환승 센터가 들어섰다. 이 두 시설이 함께 배치됨으로써 도시를 방문한 사람들은 주차 후 손쉽게 트램이나 버스 등 대중교통 또는 도보로 이동할 수 있다. 애초 계획은 도심 원형을 따라 운하를 흐르게 하여 수상 교통까지 활용할 예정이었다.

셋째, 통합된 에너지 제어 시스템이다. 도시 에너지 계획에서 주요 관점은 도시 전체를 아우르는 통합된 제어 시스템을 갖추는 것이다. 계획으로는 천연가스와 풍력, 태양력, 수력 같은 대체 에너지를 바탕으로 한 통합 발전소를 설립하여 도시 전체의 에너지 공급과 제어 기능을 담당하게 할 예정이었다. 이러한 시스템이 실현되었더라면 도시 내에 단일화된 에너지 네트워크가 가능했을 것이다.

넷째, 가격 경쟁력이다. 도시 내 전체 에너지를 하나의 시스템으로 제어하는 것은 결국 에너지 소비 자체를 최소화하는 것을 의미한다. 이와 함께 도시 건설에서도 최소한의 비용을 사용하고자 했다. 이와 같은 목표를 달성하기 위해서는 도시 계획 단계부터 도시 전체에 적용할 수 있는 효율적인 네트워크 시스템을 형성해야 하는데, 당시 계획의 방사형 및 그리드 패턴은 이런 목적을 염두에 둔 것이었다.

부산 세계 도시화

2012년 11월 22일, 부산시와 『한겨레』에서 공동 주최한 '2012 한겨레-부산 국제심포지엄'에서 동영상을 통한 강연이 있었다. 아래는 그 내용을 정리한 글이다.

오늘의 강연 주제는 통일 과정에서 부산의 역할과 통일 이후 부산의 위상을 중심으로 한 부산의 세계 도시화 계획이다. 먼저 통일 과정과 통일 이후에 부여될 부산의 역할과 위상에 대해 이야기하고, 다음으로 『한반도 그랜드 디자인』에서 부산과 관련된 부분을 요약해서 말하고자 한다.

1968년에 사대문 안의 여의도·한강 마스터플랜의 책임자로 일하고 1994년 서울 정도 600년을 맞아 '역사 도시 사대문 안 서울'의 구조 개혁안을 입안하고, 2000년 베니스 비엔날레에서 '서울비전플랜 2000' 등을 발표하는 동안, 부산 세계 도시화 계획은 머릿속에서만 머물러 있었다. 2000년 베니스 비엔날레에서 발표한 '서울비전플랜 2000' 이후 김영삼 부산발전연구원장이 5번이나 가회동 연구소로 찾아왔다. 부산에서 20년이나 사신 분이 왜 서울만 계획하고 부산에 대한 계획을 안 하셨나 하기에, 내가 부산을 잊은 것이 아니고 여러분들이 나를 잊은 것이라고 했다. 김 원장은 이제부터 부산시와 부산발전연구원에서 계속해서 찾아와서 부탁을 드리겠다고 했다. 2년 동안 부산 세계 도시화 전략의 틀을 만들고 3차례 부산시와 부산발전연구원을 찾았고 공개 강연도 했다. 서서히 부산 세계 도시화 계획이 무르익어 가던 중에 《희망의 한반도 프로젝트: 건축 도시 40년》 전시회가 예술의전당에서 열렸다. 이때 김형오 당시 한나라당 대표가 사상 처음으로 한나라당 당무회의를 당 밖, 바로 우리 전시장에서 열었다. 중학교 4년 후배이기도 한 김형오 대표는 전시장 벽면에 걸린 높이 7미터, 폭 14미터의 서울 마스터플랜을 가리키며 김 선배가 언젠가는 부산 마스터플랜을 이만한 규모로 바로 이곳에서 발표해 주셔야 한다 해서 그러겠다고 했다. 2006년의 일이다. 그 후 서울에 대한 계획만큼 부산에 대한 도시 설계에도 몰두했다. 부산이 서울 못지않은 가능성이 있는 도시라고 생각한 데다 나에게는 서울보다 더 가까운 나의 도시이기도 하기 때문이다. 그러나 지난 7년 사이 3번째, 4번째 암 수술을 받아 일의 진행이 더뎠다.

2012년 10월 명동 YWCA에서 '한반도 그랜드 디자인' 심포지엄을 열었을 때 토론자로 나온 『한겨레』의 권태선 편집인이 나의 부산 세계 도시화 전략을 읽었다며 완성되지 않은 초안이라도 좋으니 부산에서 발표해 주기를 부탁했다. 나는 몸이 좋지 않더라도 해야겠다고 생각했지만, 아직 부산을 다녀올 정도로 건강을 회복하지 못하여 유튜브 동영상을 통해 30분 정도의 부산 구상을 발표하기로 했다. 그렇게 지금 이 강연이 이루어졌다.

북한이 개방 개혁을 하게 되면 당연히 수출 비중이 커질 것이다. 남한은 수출 비중을 낮추고 내수와 수출의 균형을 이루면서 서비스 산업과 창조적 신산업을 육성해야 하지만, 북한은 우리의 지난날같이 전 세계를 상대로 한 수출입국의 길을 가게 될 것이다. 자원이 부족한 북한의 수출은 원자재를 들여와 가공하여 수출하는 방식일 것이므로 수출입 항만의 역할이 중요하다. 특히 원자재의 경우 거대 물량을 허브 항만을 통해서 공동 관리하게 되면 세계 어느 나라보다 경쟁력이 클 것이다. 한반도의 수출입은 대개 중국 동부 해안과 미 대륙과 유럽을 대상으로 한다. 결국 10만 톤 이상의 선박이라야 경쟁력이 있다. 서쪽의 신의주와 남포, 동쪽의 나진과 선봉 모두 일단 부산으로 와서 세계로 가는 길이 가장 유리하다. 남과 북이 합의한다면 선박만이라도 부산항에 와서 세계로 갈 수 있다. 부산의 신항에 북한 특별구역(특구)을 만들면 엄청난 비용이 드는 대형 항만을 굳이 만들 필요가 없다. 북한은 동서로 나누어져 있기 때문에 해남 특구, 신의주, 나진 · 선봉 특구, 원산의 물류가 부산항으로 와서 세계로 나가면 이보다 더 좋을 수 없다. 바로 이 지섬에 통일 과정 중 부산

원부산, 동부산, 서부산으로 재편한 부산 세계 도시화에 대한 다이어그램.

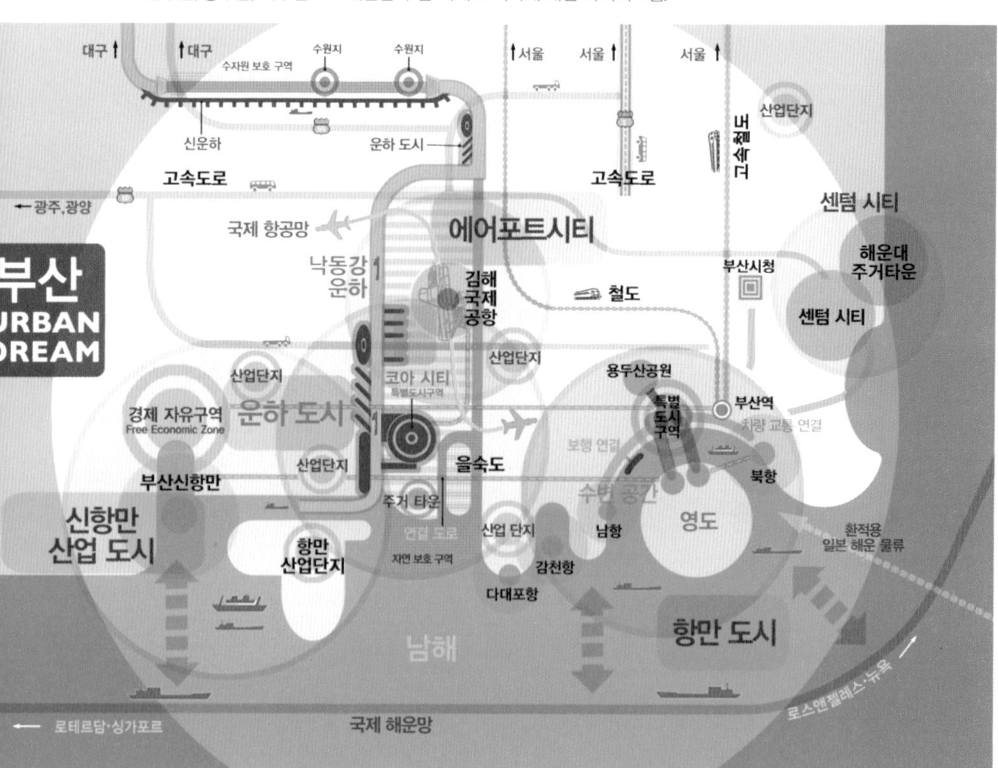

의 역할이 있다.

북한이 이제부터라도 본격적인 개방 개혁에 나서면 세계와의 교류가 시작될 것이다. 세계화의 시작은 수출이고 세계를 향한 수출은 10만 톤 이상의 배를 통하는 것이 가장 유리하다. 그리고 무엇보다 수입 물류를 가공, 수출할 수 있는 배후 공단이 있는 세계적인 항만이 필요하다. 그렇다면 부산만 한 곳이 없다. 부산 신항에 북한 특구를 만들어 북한 전용의 수출입 공단을 만들면 나진 · 선봉 특구, 해남 특구와 공동 경제 구역이 되게 할 수 있다. 북한이 지금 10만 톤급 배를 만든다 해도 경제성이 없다. 북한 항만에서는 1만 톤급만 운행하면 된다. 그것이 북한의 고용을 확대하는 길이다. 수출입의 주요 부가가치는 물류보다 물류의 재가공에 있다. 재가공이 이루어지려면 항만 공단과 허브 항만의 연계가 필요하다. 북한이 부산 신항만 한 대형 항만 시설과 시스템을 만들려면 30년 이상 걸린다. 부산항이 대신할 수 있다. 부산항을 북한이 이용하면 나진, 선봉이나 해남, 신의주 항만이 적은 투자로도 많은 발전을 이룰 수 있다. 여기에 통일 과정에서 부산의 역할이 있다. 그 과정에서 부산은 부산대로 세계화에 더 다가서는 것이다. 이미 부산은 후쿠오카의 모항 같은 역할 분담을 하고 있다. 그리고 동남아시아까지 자신의 역할을 확대하고 있다. 동아시아의 허브 항만이 될 수 있는 곳은 싱가포르와 상하이의 양산항洋山港과 부산항이다. 그중 물류가 최종적으로 닿을 유럽이나 미 대륙에 가장 유리한 코스가 부산이다.

통일이 되면 북한 전역의 물류만이 아니라 동북삼성東北三省(둥베이 3성)의 물류도 육로로 부산까지 가지고 올 수 있다. 그러면 부산 신항이 역사상 유례없는 세계 최대의 항만이 될 수 있다. 통일 이후 부산은 싱가포르, 양산항뿐 아니라 세계 최대 항만인 로테르담을 압도하는 동아시아의 관문이 될 수 있다. 부산항은 북한이 세계화를 시작하려고 할 때 결정적인 도움이 될 수 있고, 통일 이후에는 북한과 동북삼성을 잇는 물류 이동을 통해 세계 무역의 황금 시장이 될 수 있다.

나는 부산에서 17년 동안 살았다. 초등학교 2학년 때 밀양에서 부산으로 이사 와서 결혼한 다음 해까지 동대신동 3가 100번지와 수정동 449번지에 살았다. 고등학교와 대학교는 서울에서 다녔으나 17년 동안 원부산에 본가가, 동부산에 작은 별장이, 서부산인 사하에 작은 집이 있어 해운대, 광복동, 사하 구석구석을 아마추어 사진 작가인 아버지와 함께 다녔다. 부산시와 부산발전연구원이 부산 비전 플랜을 부탁할 때 김영삼 원장과 함께 2시간 동안 헬기를 타고 기억의 장소를 하늘에서 내려다보았다. 17년 동안 걸어 다니면서 보던 부산을 하늘에서 내려다보면서 도시계획을 하는 사람은 땅에서도 하늘에서와 마찬가지로 볼 수 있는 사람이어야 한다는 생각을 했다. 그 후 서울로 돌아와 1년 동안 쓰고 그린 결과가 『한반도 그랜드 디자인』에 실린 부산 세계화 계획이다.

지난 45년 동안 여의도와 한강 마스터플랜을 시작으로 사대문 안 서울 600년 개혁, 그리고 천만 도시 서울의 비전 플랜을 마지막으로 하여 서울 도시 설계의 대국을 마무리했다. '이제부터는 부산'이라는 작심으로 거의 하루 종일 3차례 헬기를 타고 17년 동안 가 본 부산 곳곳을 하늘에서 돌아보았다. 과거와 현재 지도를 함께 가지고 내가 다니던 모든 장소와 하늘에서 찍은 사진을 연관시켜 가며 대국을 구상했다. 그러면서 내 머릿속에 떠오른 것은 동쪽 후쿠오카와 울산을 아우르는 오른쪽 날개와, 마산과 창원·여수와 광양을 아우르는 왼쪽 날개를 가진 알바트로스로서, 태평양 바다를 통해 만주 대륙을 넘어 유라시아 전체로 나가는 거대한 몸통을 가진, 이 세상 어디에도 없는 위대한 부산의 모습이었다. 하루 종일 헬기를 타고 떨어질 듯한 자세로 부산을 내려다보며 이러한 구상을 했다. 옛 부산역과 부산항 일대부터, 철교를 따라서 한없이 북상하는 한반도 종단철도(TKR)와 만주 횡단철도(TMR), 시베리아 횡단철도(TSR)를 머릿속에서 그려 가면서 북상해 보기도 했다. 이제 어느 정도 스케치와 구상은 나왔다.

하지만 3번째, 4번째 암의 덫에 걸려 더 이상 진전하지 못하고 1년 동안 누워 있었다. 그러다 다시 일어나서 『한반도 그랜드 디자인』을 막 끝내고 이제 부산 세계화 도시 전략을 본격적으로 다시 하고자 한다. 45년 동안 서울에서 충분히 일하고 연습했다. 서울의 기본 틀을 만들고 과거 서울의 원형을 찾았고, 새로운 산업의 도래를 계기로 한 거대 도시의 창조적 신산업, 수도권의 제조업, 외곽 신도시와 산업, 대학의 창조적 신산업이 얽힌 서울 그랜드 디자인은 어느 정도 완성했다. 이제는 네덜란드를 세계 강국으로 만든 로테르담과 암스테르담같이, 서울과 두 축을 이루고 있는 부산의 세계 도시화 계획을 다시 시작하고 있다.

부산 강서운하 도시 특구 마스터플랜. 서낙동강에 운하 도시와 항만 · 공항 복합단지, 배후 산업단지를 두었다.

교수 시절 15년간의 작품

카트롱에서 한국 건축가를 초청해 한국 현대 건축 특별전을 열고자 한다는 소식을 들었다. 베네치아 대학교의 프랑코 만쿠조 교수가 특강차 교토에 왔다가 한국 건축가들의 작품을 보기 위해 한국에 들렀다. 나에게도 연락이 와서 예술의전당, 제주 영화박물관, 한샘 시화공장 등의 도면과 현장을 보여 주었다. 그러고 나서 잊고 있었는데 내 작품만 전시하기로 했다는 연락을 받았다. 1993년 2월 25일부터 한 달 동안 카트롱에서 《서울, 도시와 건축, 김석철전》을 열었다.

교수와 학생들의 많은 관심을 받아 전시를 두 달 더 연장하고 이를 계기로 베네치아 대학교에 출강하게 되었다. 만쿠조, 브루토메소, 돌체타 교수 등과 친해지고 가족끼리도 가까이 지내게 되었다. 베니스 비엔날레의 마지막 국가관을 두고 중국, 아르헨티나, 한국 등 17개국이 경쟁할 때 돌체타 교수는 학장으로서 교수 사회의 분위기를 우리에게 우호적으로 만들고, 베네치아 수상도시연구소장이기도 한 브루토메소 교수는 가장 친한 친구인 베네치아 시장을 설득하고, 만쿠조 교수는 한국관의 현지 설계자로서 문화재청과 공무원 등을 친한파로 만들었다. 그 결과 당시 이탈리아 대사가 장관에게 불가능이라고 보고했던 마지막 국가관에 한국관이 들어설 수 있게 되었다. 그때는 한국관 건립이 거의 불가능해 보였고 백남준 선생이 앞장서서 일을 이끌어 나가던 분위기여서 다른 건축가들의 참여를 간접적이라도 유도하지 못했는데, 이는 당시 생각이 좁았던 탓이다.

베네치아 대학교에서 매년 서너 차례 특강을 하는 가운데 총장에게서 전임교수로 일하겠느냐는 제안을 받았다. 교수회의의 인증을 받아 3학년 설계반을 맡게 되었다. 만쿠조 교수와, 당시는 조교였지만 지금은 모두 교수가 된 롱기, 야코포, 로베르토 3명과 학생 24명으로 구성된 도시 설계 스튜디오를 맡다 보니 서울은 뒷전이 되었다. 그때도 종묘-남산 간 재개발 계획과 여의도 · 한강 마스터플랜 실무 책임자로 일하기는 했다. 하지만 5년제 도시대학원에서 도시 설계를 가르치게 되자 밤 12시까지 도서관에 앉아서 건축 설계보다 도시 설계에 대한 공부에 더 많은 시간을 쏟게 되고, 베네치아의 아름다운 건축보다 도시 자체의 질서 형식, 역사와 도시 컨텐츠에 더 큰 관심을 갖게 되었다. 서양 도시와 동양 도시를 비교 연구한 내 성과가 알려져 세계 유수의 대학에서 여러 차례 특강도 하게 되었다.

서양 도시를 공부할수록 동양 도시를 제대로 알아야겠다는 생각이 들어 베이징 칭화 대학교의 우량융 교수에게 연락했다. 우량융 교수와는 이전부터 친분이 있었고 그분이 서울 도시 설계와 관련한 내 논문과 예술의전당에 상당한 호감을 갖고 있던 차라 함께 석박사과정의 학생들을 지도하는 기회를 갖게 되었다. 우량융 교수가 취푸 옛 도시 구역에 설계한 공자연구소가 막 완공되었고 칭화 대학교 경제대학원에서 '신취푸 도시 경영'에 대한 연구를 끝내고 건축대학원에서 이를 이어받은 참이었다. 우리는 중국 3황5제의 도시이자 공자의 본향이고 중국의 정신적 수도인 취푸의 신도시 설계를 담당하게 되었다. 우량융 교수가 역사 도시의 보존과 재개발 계획을 총괄하고 내가 신도시 설계를 담당하기로 역할 분담을 했다. 류지안 교수가 총 조교를 맡고 이상현 박사가 조교가 되어 박사과정 8년차 두 여학생, 석사과정 3년차 12명 학생과 함께 역사 도시 취푸와 신도시 취푸 프로젝트를 진행했다. 우량용 교수는 초대 학장 때 쓰던 방을 그대로 쓰고, 나는 학생 스튜디오에 붙은 30평에 가까운 개인 연구실을 배정받아 큰 벽 가득히 도면을 붙인 채 일할 수 있었다.

1년 동안 취푸를 3차례 다녀왔다. 8년차 박사과정의 두 여학생은 박사 논문 주제가 '취푸 역사 도시의 현대화'여서 많은 시간을 함께했다. 지금은 칭화 대학교 교수가 된 두 여학생의 '3황5제의 본향으로서 취푸의 연구'와 '음양오행으로 본 취푸의 연구'는 취푸의 역사와 지리와 인문을 이해하는 데 큰 도움이 되었고 취푸 신도시를 원형의 도시로 구상하는 데 결정적 계기가 되었다. 저녁 7시면 끝나던 베네치아 스튜디오와는 달리, 매일 새벽 서너 시까지 일하는 그들에게서 뒤늦게 일어서는 대국의 의지와 열기를 보았다. 중국 문명에 대한 그들의 깊은 연구와 자부심은 상상보다 컸으며 현대 도시 문명에 대한 이해도 해가 갈수록 괄목할 만하게 되었다.

천 년 도시인 베네치아와 베이징을 오가다 보니 동서양의 천 년 도시를 비교 연구할 수 있었다. 특히 사합원四合院, 중국 전통의 건축 양식(쓰허위안)의 앞길인 후퉁胡同과 베네치아의 캄포Campo를 다루면서 동서양 시장과 인문학까지 비교 연구하게 되었다.

칭화 대학교에서 2년에 걸친 취푸 신도시 계획을 끝내고 컬럼비아 대학원으로 옮겼다. 이번에는 도시 설계를 하는 최종 목표가 '한반도 그랜드 디자인'이니 20세기 최고의 도시이자 한반도 자료를 가장 많이 가지고 있는 뉴욕에서 세계 각국의 학자들과 함께해 보는 것이 어떠냐는 조창걸 선배의 제안이 있었다. 컬럼비아 대학원에서는 서울대학교에서 박사학위를 받은 윤정현과 중국, 독일, 타이완, 타이 등 5개국의 학생들 12명을 지도하며 '차이나 게이트China Gate'라는 프로젝트를 수행했다. 유럽 학생과 화교들의 관심이 컸다.

그러던 중에 명지대학교 선우중호 총장으로부터 5년제 건축대학을 만들게 되었으니 초대 학장으로 와 달라는 연락이 왔다. 선우 총장은 수문학水文學의 대가로서 그분으로부터 한국의 강과 하천에 대해 많은 것을 배웠고 서울대학교 미스터플랜 당시 나의 고등학교 선배이자 토목과 교수 후보생으로서 가까이 지내던 사이였다. 나는 5년제 건축대학을 최초의 특성화 대학이자 최초의 국제 인증 대학으로 만들겠으니 교수 임명과 근무 시간의 자유를 달라는 무리한 요구를 했다. 3년 만에 최우수 특성화 대학이 되어 50억 원의 연구비를 받고 서울대학교보다 앞선 성적으로 국제 인증을 받았을 뿐 아니라, 졸업생들은 컬럼비아 대학교, 예일 대학교, 하버드 대학교 대학원 등으로 진학하고 건축상을 휩쓸다시피 했다. 말도 안 되는 요구 조건을 들어준 선우 총장의 전폭적인 지원이 있어 가능한 일이었다. 초대 건축대학장직을 정년퇴직할 때까지 7년 반 동안 4번 연임하면서 우수한 젊은 교수를 8명 뽑았다. 그중 3명이 여성 교수였다.

베네치아 대학교 3년, 칭화 대학교 2년, 컬럼비아 대학원 3년, 모두 8년 동안 해외 교수 생활을 하다가 명지대학교 건축대학장으로 돌아와 7년 반을 지냈으니, 15년 동안 건축가라기보다 교수로서 지낸 셈이다. 그러는 동안 2차례의 암 수술을 받은 것을 보면 학생들을 지도하는 일이 힘들었던 모양이다.

해외 교수 생활 8년을 거쳐 학장 생활을 막 시작할 때 예술의전당 재단 이사장이기도 한 신일학원 이세웅 이사장으로부터 서울사이버대학교 본관 설계를 부탁받았다. 최고의 대학 캠퍼스를 꿈꾸고 땅을 샀는데 대학 허가가 나지 않자 1960년대 후반에 그 땅에 신일고등학교를 지은 후 그대로 방치하다시피 한 상태였다. 야구부 연습장이 있는 도봉산 쪽 부지는 얕아 북한산을 끌어들여야 하는 대학 캠퍼스의 땅으로는 좁아 보였다. 대로에서 들어오는 진입로가 좁고 긴 데다가 주변이 아파트와 단독주택으로 둘러싸여 있어 민원에 시달릴 땅이었다. 야구장 부지와 신일고등학교 사이에 있는 만 평 정도가 제대로 된 캠퍼스를 지을 만한 땅이나 길 쪽으로 흉측한 예식장이 들어서 있는 것이 마음에 걸렸다.

한편, 성신여자대학교(성신여대)의 설립자인 이숙종 박사는 미술교육계의 대모이며 나의 할아버지와 소정 변관식 선생과도 가까운 사이였다. 성신여대 돈암동 본관 자리는 고려대학교보다 나은 땅이었으나 북쪽에 미아리 공동묘지가 들어서면서 오그라들었다. 미아동의 운정 그린캠퍼스 부지는 돈암동 부지와 짝을 이루는 최고의 제2캠퍼스 자리라 여겨졌다. 성신여대 심화진 총장과 신일학원 이 이사장과 논의하면서 동쪽에 코어core를 병렬하여 운정 그린캠퍼스를 북한산 일대와 오동근린공원과 하나의 공간이 되게 하고, 3채의 일자 평면 건축물의 운을 맞춰 서울사이버대학교의 본관 2곳과 오행의 조화를 이루게 하면 상생을 이룰 수 있을 것이라고 설명했다. 넉 달 동안 세 사람 사이에 여러 의견이 오가는 중에 이 이사장이 "큰 틀은 김 교수의 영감을 따르되 이 땅을 잘 아는 내가 구체적 사안은 처리하겠습니다. 심 총장은 내부 공간의 질서 체계에 대해서 준비하시오"라고 하여 서로의 역할을 나누었다.

그러면서 안이 서서히 굳어져 갔다. 서너 차례 모형을 만들고 3D 프레젠테이션을 거듭한 끝에 합의에 도달했다. 15년 만에 다시 제도판으로 돌아온 건축가와, 15년 만에 할머니가 세운 대학의 제2캠퍼스를 짓게 된 심 총장과, 선친이 대학을 세우려 마련한 미아동 대학 캠퍼스 땅의 원래

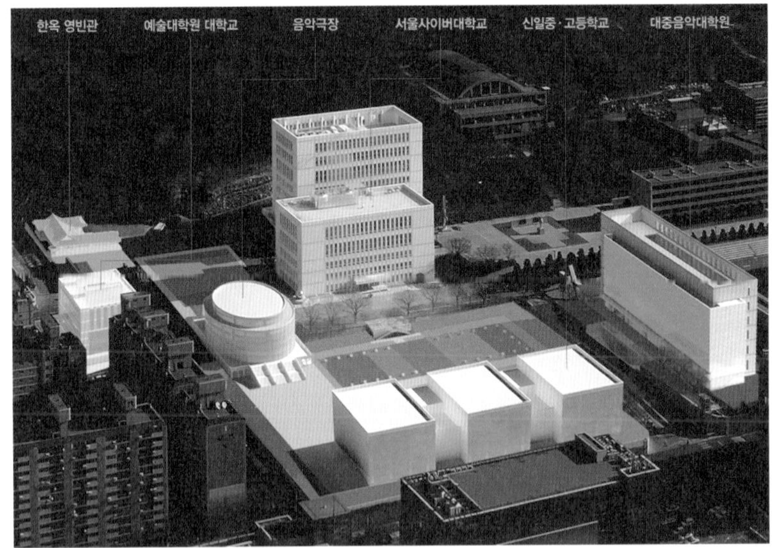

신일학원 · 서울사이버대학교 · 음악대학원 마스터플랜.

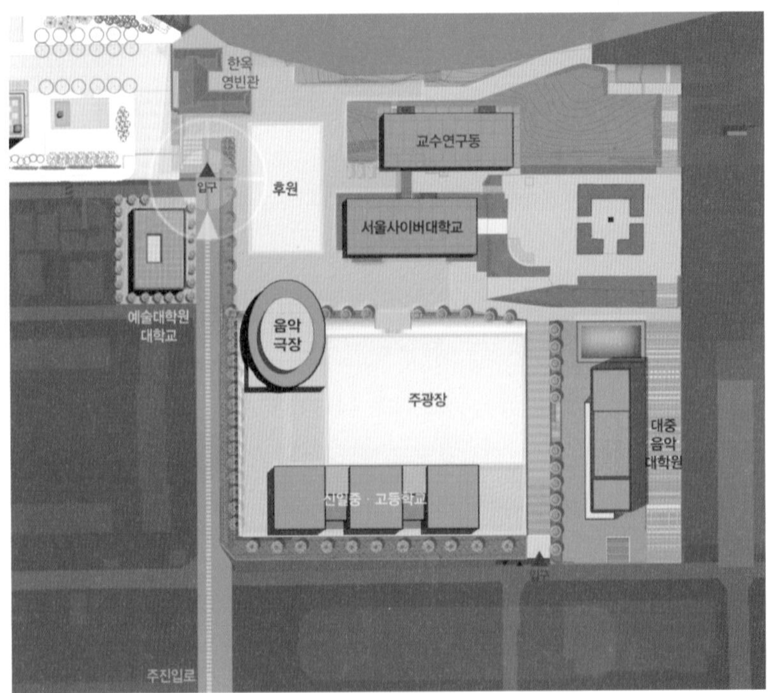

신일학원 · 서울사이버대학교 · 음악대학원 마스터플랜.

주인인 이 이사장의 구상이 맞아떨어진 것이다. 지금 돌이켜 보면 이성적 과정을 천천히 거친 것 같다.

아직은 완성이 아니다. 성신여대 운정 그린캠퍼스와 서울사이버대학교 캠퍼스 사이에 한옥과 교수연구동과 대중음악대학원이 들어서고, 신일고등학교 운동장 쪽에 버클리 음악대학교와 특수목적고등학교인 신일국제고등학교가 들어서고, 성북구 캠퍼스 타운의 전면 도로가 지하 광장으로 연결되어 지상 공원과 하나가 되어야 오행상생의 스페이스 매트릭스space matrix가 완성될 것이다. 아직 멀었다. 2년은 더 걸릴 것이다. 내년 여름이면 대충의 윤곽이 나올 것이다.

학자의 길에서 만든 작품들이 서울사이버대학교와 성신여대 운정 그린캠퍼스, 밀라노 디자인 시티와 트리엔날레 전시관이다. 다시 제도판으로 돌아왔을 때는 행복했으나 3번째, 4번째 암이 또 찾아온 것을 보니 교수 생활과 작가 생활의 겹침으로 인한 후유증인지 업보인지 모르겠다.

발터 그로피우스가 하버드 건축대학교에서 학생들을 가르치면서 TACThe Architects' Collaborative를 설립하여 하버드 GSDGraduate School of Design 신관, 베를린의 바우하우스Bauhaus, 맨해튼 파크 애비뉴의 팬 앰 본사를 설계했듯이, 나 역시 3개 대학의 건축학과 교수와 대학장을 지내면서 서울사이버대학교, 성신여대, 밀라노 디자인 시티와 트리엔날레 전시관 등을 설계했다. 비슷한 길을 걸어온 셈이다. 건축의 길에 들어설 때 프랭크 로이드 라이트와 르 코르뷔지에와 같은 건축가가 되고자 욕심냈는데, 지나고 보니 큰 평가를 하지 않았던 발터 그로피우스와 같은 인문학적 건축가의 길을 걸어온 셈이다.

성신여자대학교 운정 그린캠퍼스의 외부와 내부 모습.

다시 대학로 스튜디오로 돌아와서

어린 시절에, 커서 어떤 일을 하고 싶다는 소원이 생길 때가 있다. 자신의 재능을 알았을 때다. 내가 재능을 처음 느낀 것은 그림이었다. 국민학교 시절에 문교부에서 주최한 '전국 어린이 미술 대회'에 학교 대표로 참가했다. 전국 최고라는 사하국민학교 대표였기에 잘 그릴 자신이 있었다. 오랜 심사 끝에 발표된 수상자 명단에는 내가 없었다. 〈푸른 태양〉이 대상이었다가 탈락했다는 사실이 화제가 되었다. 나중에 『새벗』에 그림을 매우 잘 그리는 한 가난한 학생이 붉은 크레용이 없어 푸른 태양을 그렸다가 낙선했다는 내용의 소설이 실렸다. 그것이 나의 그림이었다. 이후로 그림 그리는 일에는 의도적으로 참여하지 않았다.

한때 발명가가 되어 에디슨의 반만큼 되고 싶었다. 우승을 예상하며 글라이더 대회에 참가했다가 글라이더가 대회장 밖으로 날아가 거리 측정이 불가능하다는 이유로 상을 받지 못했다. 상은 그들 상상력 안의 몫인 모양이었다. 그때부터 만드는 일도 싫었다.

가장 잘할 수 있는 분야인 미술과 공작을 버리고 택한 것이 수학이었다. 수학에는 남들의 평가가 필요 없기 때문이었다. 초등학생 때는 중등학교 과정을 공부하고 고등학생 때는 대학교 교재까지 찾아 공부했다. 수학에 몰두하다 보니 수리철학에 닿게 되었다. 박종홍 교수에게 들은 비트겐슈타인에 빠져 독일어 가정교사를 두었을 정도였다. 그러나 당시는 수학과를 나오면 고등학교 수학 교사의 길뿐이었다.

당시 외국 도서를 파는 곳은 광화문에 있는 과학 기술 도서 책방 한 곳뿐이었다. 그곳에서 프랭크 로이드 라이트라는 긴 이름을 가진 건축가의 책을 보게 되었다. 건축책의 이름이 『A Testament(증언)』였다. 건축가가 철학자와 신학자의 행세를 한다는 느낌이 들었다. 책을 펴고 읽어 나가다가 구겐하임 미술관과 낙수장 등을 보면서 "이게 바로 사유의 형상화구나"라는 생각을 했다. 바로 사 들고 와서 밤을 새워 다 읽었다. 내가 세계를 움직일 수는 없지만 중요한 흔적을 남길 수 있는 분야가 건축이었다. 건축은 인생을 걸 만한 길이라고 생각했다.

서울대학교 건축과를 다니던 중에 당대 최고의 건축가인 김중업 선생에게 뽑혀 그 사무실에서 일했다. 3년 가까이 일하다가 대학을 졸업한 다음 해에 군대에 가기 위해 그만두었다. 그대로 군에서 3년 반을 있었으면 인생이 크게 달라졌을 것이다. 내가 속한 수용연대에서 2명이 탈영하다가 자살하는 사건이 생겨 수용연대 전체가 군번을 몰수당하고 재검사를 받게 되었다. 왼쪽 귀가 들리지 않고 고도 근시에 협심증까지 있었으나 그때는 원하면 누구나 군에 갈 수 있었다. 하지만 군의관에게 받은 재검사로 보충역 판정을 받고 33세까지 제2보충역으로 있었다. 유학도 불가능했다.

선배들의 권유로 특별대우를 받으며 김수근 선생 사무실로 옮기고 나서 마음대로 설계해 볼 기회가 생겼다. 대한제국 환구단이 있던 자리에 세운 조선호텔을 헐고 최고의 호텔을 짓겠다는 정부의 계획에 따라 김수근 선생이 안을 완성했으나, 대통령에게 보고하려면 복수의 안을 만들어야 해서 나에게 기회가 주어졌다. 기회라기보다 버릴 안을 만드는 셈이었지만 청와대 보고 일정이 연기되면서 석 달 반을 밤새우며 안을 만들었다. 폐허에 가까운 서울에 새로운 대한제국을 상징하는 건축물을 세우자는 마음이었다. 수학자의 역량을 마음껏 발휘한 안이었다.

모두들 도면만 보고 실제로 설 수 있느냐고 의아해했다. 나에게는 공간에 대한 매트릭스가 완벽하게 준비되어 있었다. 바로 투시도와 조감도를 그리고 모형을 만들었다. 그때서야 다들 놀랐다. 김수근 선생도 대통령 결재가 나면 지을 자신이 있느냐고 했다. "물론입니다"라고 답했다.

1983년에는 예술의전당 국제 지명 현상이 있었다. 그로피우스가 만든 하버드 건축대학원의 교수 팀인 TAC, 런던의 바비칸 센터 설계팀인 CPB, 그리고 한국 건축의 두 거장인 김중업, 김수근 선생과 젊은 세대 대표로 내가 선정되었다. 3차례에 걸친 심사에서 우리 팀이 모두 1등으로 뽑혀 주 건축가로 선정되고, 첫 작품으로 88년 서울올림픽 때 개관하기로 한 콘서트홀을 설계했다. 콘서트홀은 피아노와 수십 개의 관현악기가 동시에 내는 각양각색의 소리를 새로운 하나의 소리로 만들어야 한다. 파동의 이론을 아는 양자물리학자만이 이해할 수 있는 공간의 세계가 음악 홀이다. 일반 물리학자와 건축 음향가들이 콘서트홀을 설계하기 위해 온갖 노력을 했으나 음향 이론이 계량화 · 체계화된 후 좋은 소리를 내는 콘서트홀은 지어지지 않았다. 오히려 과거의 홀이 더 훌륭했다. 오랜 기간을 거쳐 완성된 공간 형식의 정형에 따랐기 때문이다. 세계에서 가장 좋은 콘서트홀이 되리라는 확신을 가지고 안을 그렸고, 콘서트홀이 완공된 후 세계적인 첼리스트 므스티슬라프 로스트로포비치로부터 "제2차 세계대전 이후에 지어진 가장 훌륭한 콘서트홀"이라는 찬사를 받았다.

콘서트홀 이후에 연이어 미술관, 자료관, 서예관 등을 설계하고 1993년 오페라하우스의 설계를 끝으로 10년 만에 예술의전당 전관이 완성되어 내 건축가로서의 전반기 일이 끝났다.

예술의전당 설계를 마치고 나서는 해외로 나가 8년간 교수 생활을 했

김포 가톨릭문화원 실비아홀.

다. 베네치아에서 3년, 베이징에서 2년, 뉴욕에서 3년간 건축과 도시 설계를 가르치며 그곳의 도시와 건축에 빠져들었다. 위대한 세 도시의 건축과 도시와 예술작품을 한없이 보았다. 도시 문명과 건축, 예술에 취했다. 일주일 중 수업 준비를 하는 2~3일을 제외하고는 늘 도서관, 박물관, 미술관에 있었다. 뉴욕에 있을 때 암 선고를 받고 한국으로 온 뒤로 7년 반을 병원과 학교를 오가며 명지대학교 초대 건축대학장을 지냈다. 병상에서 일어서자 수리철학의 세계를 건축으로 형상화하는 일을 다시 하고 싶다는 생각이 들었다.

최근에 다시 기회가 닿아 조선호텔 안을 새롭게 계획하고 있으나, 직

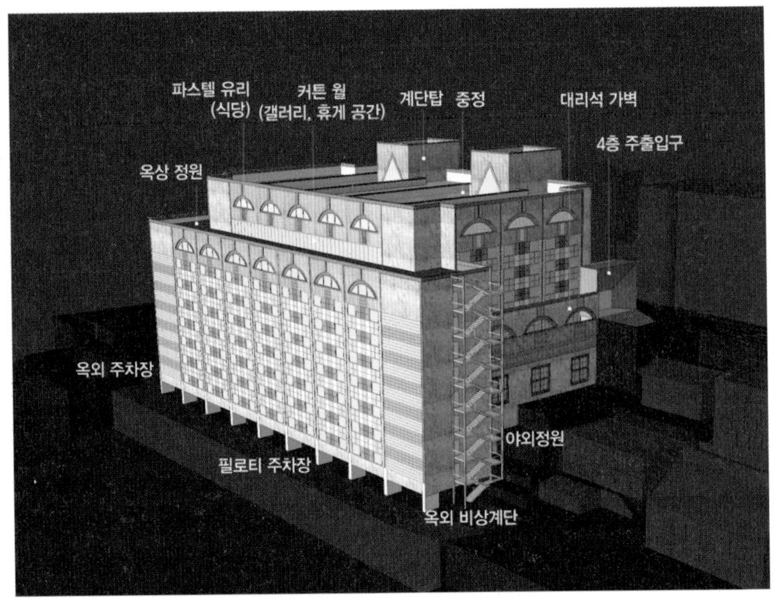

현재 진행하고 있는 성신여자대학교 기숙사 3D 조감도.

접 그리지 않고는 이룰 수 없는 스페이스 매트릭스인 데다가 규모가 커서 4~5년이 걸릴 일인데 끝까지 완성할 수 있을지 자신이 없다. 내가 끝까지 하지 못하면 이 안은 이루어질 수 없는 것이 너무나 분명하다.

김포 가톨릭문화원 실비아홀은 예술의전당 이후 28년 만에 다시 그린 음악 홀이다. 실비아홀은 예술의전당 콘서트홀보다 작지만 많은 사람의 사랑을 받을 것이라 생각한다. 콘서트홀은 무대, 객석, 무대와 객석 사이의 공간이 혼연일체를 이루어야 하고 스페이스 매트릭스를 눈으로 느낄 수 있어야 하는데, 실비아홀이 그러한

현재 춘천 전력IT문화복합산업단지에 계획 중인 만인성채 단면도.

홀이기 때문이다. 결국 시각적으로 가장 아름다운 홀이 음향적으로도 가장 뛰어난 홀인 것이다. 음악 홀은 음악을 어느 순간 공간화시킨 건축 공간이어야 한다. 그만한 것을 이루었다고 생각한다.

나는 1990년 8월 29일에 죽었다 살아났다. 강원도 고성에서 암초가 있는 바다 깊은 곳까지 들어갔는데 어느 순간 조류로 인해 나올 수 없었다. 그해에만 5명이 죽은 장소라는 사실을 나중에 들었다. 모든 것을 포기하고 가라앉으면서 평화로움을 느꼈다. 예술의전당을 제대로 완성하지 못하고 죽는다는 순간적인 안타까움이 있었을 뿐이다. 가라앉는 중에 땅이 느껴져 발로 차서 수면 위로 잠시 올라왔다. 그 순간을 바닷가에 나와 있던 여자아이가 보고 어부 아버지를 불러 겨우 살아날 수 있었다. 수차례 수술의 고비를 넘기다 보니 죽음에 대한 두려움이 더 엷어졌다. 오래 살게 되면 당대가 아니라 역사가 공감하고 사랑할 수 있는 우리 시대의 건축을 하나라도 만들고 싶다.

IV

푸른 태양: 나의 건축, 나의 도시

최근에 와서 건축과 도시에 대한 관심이 많다.
개인의 문제에 몰두하던 문화적 질문이 집단의 문제, 공동체 공간에 대한 문제로 확대되고 있다.
도시와 건축의 안전과 가치와 아름다움에 대한 사회적 관심도 높아지고 있다. 얼마 전까지 공동체의 문제는 계급의 문제, 환경의 문제만이었으나 이제는 삶의 현장인 도시와 건축 공간에 대한 논의로 구체화되고 있다. 삶의 질을 말하면서도 도시 문화 인프라를 말하고, 건축가가 우리 시대의 문명을 공간적으로 담당하는 역사의 적극적 참여자여야 한다는 생각을 하기 시작하고 있다.
건축가로서 나의 지난 이야기가 건축가가 되려는 학생들, 건축과 도시를 더 알고자 하는 지식인들에게 좋은 계기가 되었으면 한다.
이 장은 모든 건축, 모든 도시에 대한 이야기가 아니다. 수천, 수만의 건축가 중 어느 한 건축가의 자기 이야기인 것이다. 자기 이야기 속에 건축과 도시 이야기를 하는 마음으로 지난 시간을 기록했다. 불완전했던 시대를 살아온 건축가의 좌절과 집념의 기록이 더 나은 나의 건축, 나의 도시로 나아가는 데 작은 도움이 되기를 기대한다.

나의 건축, 나의 도시

많이 아프면 어려서 먹던 음식을 찾는다. 나이가 들면서 지나간 시간과 잃어버린 공간을 자주 생각한다. 밀양 내일동의 할아버지 집과 영남루 그리고 남천강변 솔밭은 언제 어디에 서 있어도 다가온다. 나는 한학자이며 의사였던 할아버지 집에서 유년을 보냈다. 오래된 한옥과 전형적인 한국 마을이 나의 세계였다. 동네 아이들과 놀기보다 사랑채에서 더 많은 시간을 보냈다. 『천자문』과 『동몽선습』을 할아버지에게서 배웠다. 한글보다 한문을 먼저 배웠다. 할아버지를 따라 자주 영남루에 올랐다. 남천강의 깊은 푸름과, 먼 하늘과 하나가 된 영남루의 빈 공간이 좋았다. 할아버지 사랑채는 근처의 유학자들이 모이는 사랑방이었다. 격렬한 논쟁이 있기도 하고 시회詩會가 벌어지기도 했다. 2대 대통령 선거 때 함태영 목사가 이승만 대통령과 러닝 메이트가 되었는데, 철기 이범석 장군 대신 함 목사를 선택한 우남 이승만에 대해 논쟁을 벌이던 모습이 선하다. 일상의 편한 사랑채였다.

장날이면 종일 장터에서 지냈다. 장날 장터에는 온갖 것이 다 모인다. 장날에는 비어 있던 저잣거리에 휘장이 쳐지고, 없던 작은 도시가 생겨나는 것이다. 별 희한한 사람과 물건이 다 모인다. 할아버지 사랑채에도 그때면 더 많은 사람들이 모인다. 모두 갓을 쓴 정장 차림이다. 주막에는 국밥과 막걸리가 넘쳐 나고 먼 다른 읍에서도 사람들이 온다. 그야말로 장날이 되는 것이다.

밀양 한가운데를 흐르는 남천강은 예스러운 강이다. 여름에는 격류가 되어 흐르고 봄가을에는 자연의 숨결 같은 안온함으로 흐른다. 영남루

근처는 소용돌이가 일어 매년 물에 빠져 죽는 사람이 있었다. 물에 빠져 죽은 이를 위한 굿판을 본 이후 며칠 동안 무당의 굿거리가 머릿속에서 웅웅거렸다. 할아버지 댁에 간혹 초청되어 오던 악사의 음과는 다른, 가슴 깊은 곳을 휘젓는 소리였다. 이즈음 휴전협정이 이루어졌다. 전쟁 중이었지만 밀양에는 아무 일도 일어나지 않았다. 신문과 방송으로 전쟁이 있는 것을 알았다. 피란민도 없었으므로 휴전협정은 당장은 큰 의미가 없었다.

이즈음 아버지는 간장공장 경영에 실패한 후 새로운 사업을 하기 위해 부산으로 떠났다. 나는 여전히 할아버지와 함께 있었다. 새 큰어머니가 큰집 살림을 맡고 나서 옛날과 다른 새 바람이 불고 살림이 신식으로 서서히 바뀌어 갔다. 조선시대와 별다르지 않았던 할아버지 댁이 근대화되어 간 것이다. 할아버지와 큰아버지 모두 유학을 다녀왔으나 집에서는 도로 옛 사람이 되었는데, 새 큰어머니가 들어오고 나서는 신식 살림을 받아들이기 시작한 것이다. 그래도 생활의 기본은 1년에 12번이 넘는 기제사였다. 1년 내내 제사 음식 만드는 것이 생활의 대부분인 것 같았다.

전쟁이 전국을 휩쓸 때도 별 동요가 없었듯이, 밀양은 근대화의 흐름이 그리 느껴지지 않는 도시였다. 이층집이라고는 할아버지 댁을 포함해서 몇 되지 않았고 읍내에만 기와집이 모여 있었다. 전기도 읍내에만 들어왔다. 그러다가 휴전협정 이후 서서히 외래의 흐름이 밀려오기 시작했다. 부산으로 가는 정기 버스 노선이 생기고 외지로 나가는 사람이 많아졌다. 해방이나 한국전쟁보다 휴전협정이 밀양에서는 더 큰 변화를 낳았다. 삼국시대부터 이어 온 마을에서 처음으로 많은 사람들이 외지로 나갔다. 임시 수도인 부산에 거의 모든 중요한 국가 기관이 있을 때였고 부산이 유일하게 세계로 열린 한국 땅이었다. 밀양이 천 년 넘은 마을인 데

비해 부산은 외래의 문명, 외지 사람의 땅이라는 말을 많이 들었다. 사랑채에서 사람들이 왜정 후의 서울보다 지금 부산에 더 많은 사람이 모이고 더 많은 사건이 일어난다고 말했다. 수많은 사람들이 해방 후에는 서울로, 한국전쟁 후에는 부산으로 모였던 것이다. 부산을 자주 다니던 아버지를 따라 드디어 우리 가족도 부산으로 떠났다. 밀양국민학교에 가서 전학 인사를 하고 나서 교장 선생님과 전 학년의 열렬한 전송을 받았다. 국민학교, 요즘 식으로는 초등학교 3학년 때다. 그 후 1년에 2번, 추석과 설날에 찾는 경우 외에는 밀양은 먼 땅이 되었다.

김천은 증조할아버지 대까지 수백 년 살아온 내 가족의 고향이며, 안변은 내가 태어나고 외가가 있던 곳이다. 어머니가 대대로 안변에서 살았으므로 내게도 석왕사 마을과 삼봉산의 DNA가 있을 것이다. 밀양은 할아버지 때 처음 자리를 잡은 곳이지만 김천이나 안변보다 나에게는 더 마음의 원류다.

유년 시절만 한 때가 인생에 또 있을까. 밀양을 떠나 부산으로 간다는 것은 미지에 대한 설렘보다 두려움이 앞서는 일이었다. 휴전협정이 이루어진 1953년 여름이었다. 지금이라면 2시간 거리를, 새벽에 떠나 노을이 질 때 도착했다. 밀양에서 부산을 가려면 낙동강을 건너야 한다. 남천강만 보고 자란 나에게 낙동강은 참으로 유유하고 장대했다. 그러나 남천강에는 체온이 흐르는데 낙동강에는 물의 흐름뿐이었다. 산과 들의 아름다움은 밀양보다 낙동강이 더 크고 다양했다. 버스가 뗏목을 타고 강을 거슬러 갔다. 버스를 탄 채로 낙동강을 건넌 것이다. 마치 미지의 나라에 온 듯한 감상을 느꼈다.

당시는 부산 외곽이었던 낙동강 하구의 사하에 도착했을 때는 이미 해가 저물었다. 이때부터 마당이 넓고 큰 기와집에서 살기 시작했다. 집은 넓은 데다 허하고 마을은 있어도 빈 동네 같았다. 다음날 아침에 일어나 혼자 동네를 다녀보았다. 밀양보다 큰 집은 많으나 기와집 마당에 옛 가구와 그릇이 없고 나무와 꽃도 없었다. 삭막한 느낌의 마을이었다. 그래도 마을 한가운데에 오래된 나무와 함께 있는, 땅 깊은 곳에서 솟는 물 냄새가 가득한 큰 샘터는 좋았다. 아름드리 느티나무는 그늘까지 자기 것 같고 큰 돌로 마감된 넓은 샘터는 마치 책에서 보던 오아시스 같았다. 그곳에는 바람도 다르게 부는 듯했다. 느티나무 위에 서너 명의 아이들이 올라가 있는 것이 무슨 무대같이 느껴졌다.

사하국민학교로 전학했다. 온통 밀양 사람만이 다니던 밀양국민학교와 달리 이곳은 주로 피란민들인 서울 사람들의 분교 같은 곳이었다. 경상도 말을 쓰는 내가 오히려 외지인 같은 학교였다. 여자애들은 모두 하얗고 예뻤다. 다들 밀양 이야기를 묻고 신기해했다. 사랑채에서 어른들과 많이 지냈으므로 제법 아는 것이 많아 다음 학기에는 서울 아이들만 모인 학교에서 반장을 했다. 구하기도 어렵고 상급 학년들이나 읽는 『새벗』, 『학원』 등을 보아 왔으므로 아는 체도 많이 했다.

이때는 그림을 많이 그렸다. 쉬는 시간이면 칠판에다 만화로 삼국지를 그려 보였다. 학교에는 서울의 대학 교수 자제들이 많았다. 서울대학교 철학과 교수였던 박종홍 선생의 아들딸들도 함께 다녔다. 모두 선생을 존경하고 따랐다. 그때 처음으로 학교 대표로 뽑혀 전국 어린이 미술 대회에 나갔다. 송도의 큰 조선소에서 열렸다. 한 학교에서 1명씩 대표로 나오던 큰 대회였다. 휴전협정은 되었으나 아직 대부분 부산에 남아 시국을 관망하던 때였으므로, 모처럼 열린 문화 행사라 관심이 많았다. 미술을 배워 본 적이 없었으므로 내가 그리는 그림은 아무 격식이 없는 시각적인 자기표현이었다. 그런데 다른 아이들은 '그림이라는 것'을 그리

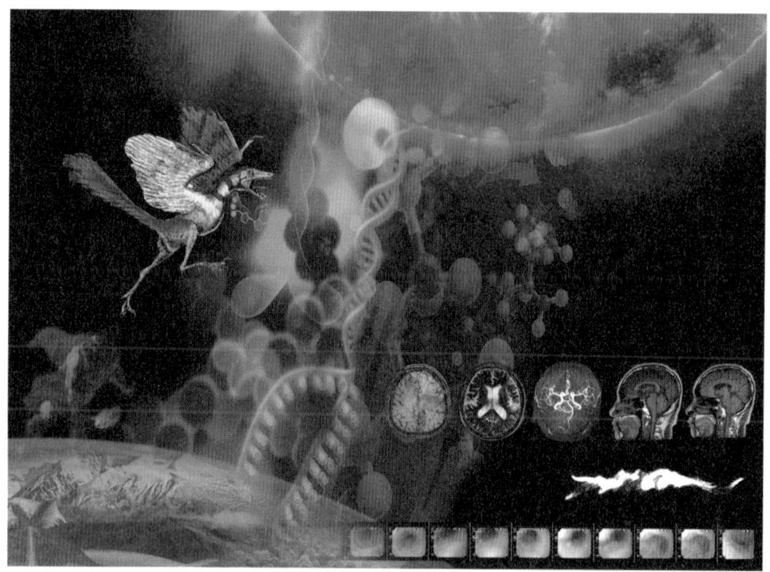

초등학교 시절에 그린 〈푸른 태양〉을 21세기 버전으로 다시 그려 보았다.

고 있었다. 나는 부두에 정박한 쇳덩어리 배와 검푸른 바다와 해를 그렸다. 처음 부산에 와서 보게 된 바다와 배였다.

사하에 와서 한 달쯤 되었을 때 동네 애들과 처음 바닷가를 가 보았다. 사하에서는 아무 데서도 바다가 보이지 않는다. 그날 처음으로 다대포 해안의 바다를 보았다. 산허리를 돌자 바다가 나타났다. 한없이 펼쳐진 푸른 바다와 바다로부터 이어지는 하늘에 압도되었다. 바다를 보면서 가슴 깊은 곳이 한참 울리는 듯했다. 푸른 바다와 하늘과 해에 압도되었다. 그때 처음 해를 정면으로 바라보았다. 모든 것이 다 푸름이었다. 푸른 해를 보았다. 그날 밤은 밤새 자지 못했다. 밀양 남천강과 너무 다른 바다와 백사장과 해를 보았다. 푸르게 달아오른 해와 한없이 펼쳐진 백사장은 푸른 바다의 깊이만큼 가슴을 흔들었다.

송도 대회에서 나는 다대포에서 보았던 바다와 해를 그리려 했다. 거대한 고철 더미 같은 배와 기름띠에 찌든 바다와 이글거리는 푸른 태양을 그렸다. 심사가 끝난 후 전시회가 열렸다. 내가 상을 받지 못한 것을 이해할 수 없었다. 거기에 뽑힌 그림들은 그냥 그림들이었다. 그것은 어른 그림을 흉내 낸 그림들이었다. 뽑히지 않은 실망도 컸으나 뽑힌 그림들이 더 실망스러웠다. 강소천 선생이 그후 『푸른 태양』이란 동화를 썼는데, 붉은 크레용이 없는 가난한 학생이 태양을 푸른색으로 그리는 내용이었다. 그 후 한 번도 그림 대회에 나가지 않았다. 그리는 일이 싫었다. 그 대신 책을 많이 보았다. 책이 귀할 때여서 선생님 집의 책을 다 빌려 보았고, 20리나 되는 거리를 걸어 책방에 가서 종일 책을 보다가 1권 사 와서는 밤새 읽었다. 초등학교 3학년인데 중고등학생들이 읽는 책을 열심히 보았다. 학원 문고는 나오는 대로 다 읽었다. 『새벗』, 『소년세계』보다 『학원』과 『학생계』를 더 열심히 보았다.

사하에서 1년 반을 지냈다. 학교 뒷동산에 혼자 많이 갔다. 그때 산에 가서 부르던 "수천 년 묵묵히 솟아 있는 아름다운 그 봉우리, 소리 높이 불러 보던 그리운 뒷동산아"를 들으면 그때의 정경이 다시 다가온다. 지금은 아파트로 뒤덮인 낙동강 하구의 그 뒷동산을 떠나 바다가 내려다보이는 수정동 축대 위의 집으로 이사 갔다. 눈을 뜨면 바다가 다가서는 언덕 위의 마을이었다. 밤이면 배가 가득한 부두에 불이 밝혀지고 뱃고동 소리가 들려왔다. 피란민들이 서울로 돌아가기 시작할 때다. 부산에 가득하던 이북 사투리와 서울말 소리가 사라지고 투박한 경상도 사투리만 남았다. 방학 때는 밀양에 가서 내내 지냈다. 여전히 할아버지 사랑채에는 정장한 한학자들이 드나들고 있었다.

일찍 상경해서 공부하는 친구들도 있었으나 서울이 뒤숭숭할 때여서 나는 그냥 부산에 남았다. 어려서부터 서울에서 공부했던 아버지의 주장은 어려서는 집에서 자라야 한다는 것이어서 누나도 나도 부산에서 중학교를 다니기로 한 것이다. 운동을 해야 한다 해서 유도 도장인 청도관을 다녔다. 관장이 매우 엄한 분이라 한겨울에도 찬물로 목욕을 한 후 운동을 시작하게 했고 운동보다 정신 수양을 더 중요시했다. 도장에서 밤늦게 대련을 하고 있으면 밖에서 사람들이 많이 구경했다. 청도관은 부산에서 제일 크고 오래된 도장이었는데 3년 넘게 다니다가 이사 가는 바람에 그만두었다.

중학생이 된 후 전교 백일장 대회가 있었는데 내가 쓴 글이 장원으로 뽑혔다. 얼결에 학교 대표로 뽑혀 진주백일장, 밀양백일장 등에 나갔다. 상도 받았으나 글 쓰는 일에는 뜻이 없었고 과학자가 되고 싶었다. 학교보다 학교 바깥에서 더 많이 살았다. 그러나 책은 열심히 보았다. 『달과 6펜스』와 『의사 지바고』를 감동 깊게 보았으나 무엇보다 중국 고전들을 열심히 읽었고, 막 나오기 시작한 한국 문학 전집과 세계 문학 전집을 읽기 시작했다. 사춘기였는데 이성에 대한 느낌보다 삶과 죽음에 대한 관심이 더 많았다. 이때 처음 건축을 대할 기회가 있었다. 미국문화원에서 미국을 대표하는 건축가 6명의 전시회가 있었다. 미국문화원은 책이 많아 더러 가던 터에 전시를 우연히 보게 되었다. I. M. 페이와 미노루 야마사키 Minoru Yamasaki가 인상적이었다. 미국이 세계 최고일 때 미국 최고의 건축가가 동양인이라는 데서 느끼는 점도 있었겠으나 여느 건축가와 다른 독특함이 기억에 남았다. 그리고 무엇보다 건축이라는 것이 무슨 대단한 것일 수 있구나 하는 생각이 들었다. 그러나 잊었다. 의사나 법관이 될 수밖에 없다는 생각 때문이었다.

싸움도 많이 하고 책도 많이 읽었으나 특히 여기저기를 많이 다녔다. 학교가 아닌 모든 곳이 다 좋았다. 한때 가출을 꿈꾸기도 했으나 큰일 없이 중학 시절은 끝이 났다. 그냥 부산에서 계속 학교를 다녔으면 아마도 지금과 매우 다른 삶을 살았을 것이다. 그러나 인생은 순간의 선택이 모여 이루는 스스로의 역사이므로 개인적 삶의 가정은 그야말로 무의미한 것이다.

경기고등학교에 가기로 한 것은 우연이었다. 얼결에 서울로 오게 되었다. 마음의 지주였던 할아버지가 돌아가신 이후 반항적으로만 살아오다가 서울로 오면서 다시 제 궤도에 들어서게 된 것이다. 아는 이 하나 없는 이역의 땅에서 할아버지 없이 혼자 서게 된 것이다. 학교 뒤의 경무대(현재 청와대)가 바로 내려다보이는 삼청동의 이층집 큰 방에서 하숙했다. 아침에 일어나면 바로 경무대가 보이고 인왕산과 경회루가 앞으로 다가섰다. 서울에는 무엇보다 산이 있었다. 오래된 궁성이 있고 산이 있고 그리고 부산 바다와는 다른 한강이 있었다. 궁을 처음 보았을 때의 감격을 아직 잊을 수 없다. 경복궁과 비원과 종묘를 보고 크게 감동했다. 고궁에 서면 먼 시간으로 거슬러 가는 듯했고 특히 오래된 나무들이 좋았다. 그리고 그곳 하늘은 달랐다.

여전히 학교보다 바깥이 더 좋았으나, 개가식으로 아무 책이나 볼 수 있고 어느 도서관보다 책이 많은 학교 도서관이 좋았다. 도서관에 가려고 학교에 가는 것 같았다. 도서관에서 사르트르와 보들레르를 알게 되었다. 서가에서 도스토옙스키와 카프카를 만났고 『추상대수학』과 『금강경』을 볼 수 있었다. 방학 때까지 넉 달 내내 도서관에서 책만 보았다. 일요일에는 고궁에 가서 살았다. 북한산에 오르고 한강까지 걸어서 다녀오기도 했다. 『사상계』를 읽으면서 당대의 많은 지식인들을 알 수 있었다.

우리의 문제에 대한 우리의 발언을 감동적으로 읽었다. 지식인이 현실에 대해서 갖는 자기표현으로부터 많은 것을 배웠다. 특히 장준하 선생의 권두언卷頭言(머리말)은 어떤 논설보다 흥미로웠다. 종로 네 거리의 화신백화점 건너편에 있던 을유문화사에는 학교에 없는 책이 많았다. '양명문고'가 막 나오기 시작한 때이고 세계 문학 전집이 한두 권씩 나오던 때다. 밤에 누우면 다음날 볼 책 생각을 하며 설레곤 했다. 문학평론가 신동욱 선생이 같은 하숙집에 있어 이어령 선생과 함께 이야기할 기회가 많았다. 당시는 두 분 다 경기고등학교의 국어 선생이기도 했다. 책을 읽는 시간은 즐거웠으나 혼자 생각하며 다니는 시간도 많았다.

방학 때 부산 가는 길에 김천과 밀양을 들러야 했다. 김천에서는 6대

내 건축은 늘 자연을 끌어들인다. 성신여자대학교 운정 그린캠퍼스.

조의 산소를 다니고, 밀양에서는 할아버지 산소에 갔다가 집으로 향했다. 짐꾼에게 제사 음식을 지게 하고 이틀간 김천의 지동과 가대곡에 있는 산소를 다니고 일가들을 찾았다. 옛날 경기고등학교와 교토 제국대학교를 나오고 서울대학교 건축과 교수를 하다 북한으로 간 황인영 교수가 가까운 일가인 것을 처음 알았다. 혼자 남은 부인이 나를 보고 감격해했다. 다시 밀양으로 갔다. 할아버지가 계시지 않은 밀양은 빈 도시 같았다. 오토바이를 타고 혼자 산소를 다녀왔다. 아무 느낌이 없었다. 그저 멍하기만 했다. 영남루에 올라 남천강을 바라보며 종일 있었다. 죽음이라는 것을 오래 생각했다. 죽음은 살아 있음의 모든 의미를 앗아 가는 것이다. 그렇게 많던 사연도 아무 뜻이 없다. 그 자리에 그분의 모든 의미는 정지한 것이다.

할머니 혼자 사시는 집에서 며칠 지내다가 부산으로 갔다. 가족과 헤어졌다가 오랜만에 다시 만났다. 그동안 바다가 보이던 수정동에서 동대신동 한가운데로 이사 왔다. 처음 사하에 왔을 때의 집은 일본풍이 밴 한옥이었는데 동대신동 집은 완연한 일본 집이다. 서울 삼청동의 이층 하숙집도 일본 집이다. 오래된 한옥에서만 살다가 일본 집에서만 살게 된 것이다. 한옥에서는 한국식으로 살았으나 일본 집에서의 삶은 엉거주춤한 것이었다. 사랑채 대신 응접실이 있고 대청마루 대신 큰방이 있다. 한옥은 마루를 통해 방과 방이 이어지고 방은 방끼리 서로 열린다. 한옥에는 먼저 마당이 있고 대청이 있다. 안방과 건넌방과 사랑방은 다 다른 방이다. 일본 집에서는 다 같은 방이다. 잘 가꾸어진 정원이 보기는 좋아도 밀양의 안마당과 뒷마당 같은, 마음에 닿는 정취는 없다. 세련된, 그러면서 무언가 꾸민 듯한 부자연스러움이 느껴졌다. 그러면서도 일본적 아름다움에 조금씩 빠져들었다. 국악보다 옛 일본 음악을 더 많이 듣고 일본

텔레비전 프로그램을 보았다.

여름이 사라지듯 지나고 나서 다시 서울로 갔다. 누구나 그렇듯 고등학교 1학년의 첫 방학은 얼결에 지나갔으나 청년의 아픔이 도처에 박힌 여름이었다. 광복동 야시장에서 자갈치시장을 지나 돌아오던 밤길의 허무가 뒤엉켜, 다시 서울로 온 하숙방에서는 한 달 넘게 잠을 잘 이루지 못했다. 이때 불교에 관심이 많았다. 한학자이고 의사이지만 한편 오랜 불교 신자였던 할아버지의 영향인 것이다. 큰집 사돈이 불교신도회 부회장이어서 사돈집에서 청담 스님을 자주 뵐 수 있었고, 수덕사의 일엽 스님도 서울에 오시면 그 집에 기거하여 말씀을 들을 기회가 많았다. 헤르만 헤세에도 몰두하던 때이고 막스 베버를 열심히 공부하려던 때여서 더욱 불교에 관심이 많았다. 불교에 관한 책을 읽고 절을 찾는 동안 어느 사이에 가을이 깊었다. 불교 연구 모임에 나가 여러 스님들의 말씀도 많이 들었다.

불교를 알자면 한문 공부가 필요했는데, 내가 아는 한문은 국민학교 때 할아버지에게 배운 『동몽선습』과 『명심보감』 정도였다. 부산 사하에서부터 집안끼리 왕래하던 박종홍 선생으로부터 퇴계와 율곡에 대해 배운 것을 더 진전시켜 보고 싶었고, 무엇보다 한국의 정신세계를 알고 싶어 한문 공부를 작심했다. 아무 데도 한문 가르치는 곳은 없었고 이가원 선생의 『한문강독』이라는 책만 있었다. 신문 광고를 보고 은퇴한 옛 한학자로부터 매일 3시간씩 고전 문학을 배웠다. 옛 한학자는 반년이 지나자 더 가르칠 게 없다 하며 성균관 교수를 지낸 호정 선생을 소개해 주었다. 호정 선생에게 가서 그동안 배운 것을 말씀드렸더니 잡문만 배웠군, 하신다. 이때부터 학교 공부보다 어려운 공부가 매일 3시간씩 1년 넘게 계속되었다. 꿇어앉아 혼자 읽고 말해야 한다. 선생은 이삼 일에 1번씩 간단한 말씀만 했다. 학교 공부보다 한문 공부에 더 많은 시간을 보냈다.

가을이 깊이 가면서 할아버지의 죽음이 실지의 것으로 다가섰다. 미래는 드디어 현재가 되는 것이고 삶은 결국 죽음으로 이르는 과정이라는 생각이 머리를 떠나지 않았다. 그러면서 나는 결국 아무것도 하지 못한 채 생사의 흐름에 맡겨져 있는 것이 아닌가 싶었다. 유일무이한 시간이 결국 무로 돌아가는 삶이 무의미하게 느껴졌다. 죽음의 그림자가 머리를 떠나지 않았다. 약간의 협심증과 자폐증이 겹쳐 학교를 빠지는 일이 잦았다. 한문 공부를 하러 다니는 일과 책 읽는 일만이 그나마 좋은 시간이었다. 아무 생각 없이 여기저기를 혼자 다녔다.

많은 책을 읽었으나 억지로 읽은 책도 많았다. T. S. 엘리엇의 『황무지』와 보들레르의 『악의 꽃』은 잘 알지도 못하면서 읽었고, 아널드 J. 토인비의 『역사의 연구』는 그 긴 내용을 끝까지 의무감으로 다 읽었다. 그러나 큰 감동을 받은 책은 코 수술 후 읽기 시작한 톨스토이의 『전쟁과 평화』였다. 수술 후 닷새를 쉬면서 5권을 다 읽었다. 오랜만에 마음의 평정을 찾았다. 이어서 도스토옙스키의 『카라마조프의 형제들』과 투르게네프의 『아버지와 아들』, 고리키의 단편소설 등 러시아 문학에 잠시 심취했다. 그러다가 일본 문학 전집을 통해 일본 문학에 몰두하기도 하고, 신구문화사에서 나온 전후 문학 전집을 읽고는 새로운 20세기의 문명적 어휘에 열중하기도 했다.

죽음에 대한 갈등, 그리고 한문 공부와 학과 공부를 미루게 한 책 읽기로 하루하루를 지내다, 우연히 읽게 된 『추상대수학』이 나를 크게 흔들었다. 당시 문교부에서 외국 책을 번역하여 출간한 첫 책들인 『존재와 무』, 『동물 생태학』, 『중국 고대사』 등에 이 책이 포함되어 있었던 것이다. 무엇인가 내가 갈 길을 예시하는 듯했다. R. 카르나프의 글을 찾아 읽었고, 과학, 철학에 관한 책과 러셀의 저작을 통해 비트겐슈타인을 알게 되었다. 논리학과 수리철학을 공부해야겠다는 생각이 들자 그간의 방황이 정리되는 듯했다. 흥미 없던 수학과 독일어 공부를 열심히 했다. 논리학과 수리철학을 제대로 하기 위해서는 한문과 독일어와 수학을 자기 것으로 할 수 있어야 한다고 생각해서 그 과목은 학교 공부도 열심히 들었다. 한문 공부를 하다 보니 국어학과 한국 역사에 대한 관심이 깊어졌고, 독일어를 하면서 문법학을 더 공부하게 되었다. 『주간경기』에 '삼인행필유아사 三人行必有我師'라는 『논어』 구절의 주해를 논한 작은 논문을 싣기도 했다. 수학을 하면서는 기하보다는 대수에 관심이 있었고 특히 해석과 해석기하학이 흥미로웠다. 대학 교과서까지 구해서 읽었다. 수학의 논리적 접근 방식이 마음에 들었다. 당시는 건축에 대해서는 생각을 해 본 적이 없었다.

고 3이 되자 대학은 철학과나 수학과를 갈 작정이었는데 집에서는 완강히 의과대학이어야 한다고 했다. 그러나 뜻을 바꿀 생각이 없어 대학에서 할 것을 미리 한다 하여 이과의 시험 과목에 없는 독일어와 한문 공부와 미분방정식, 함수론 등에 몰두했다. 이과의 수학은 모두 초보 단계의 것이어서 공부할 것도 없었다. 그러다 보니 영어, 화학, 사회 등 대부분의 과목은 제쳐 둔 셈이었으나 걱정하지 않았다. 그러다가 또 한 번 방황의 시간이 다가왔다. 여름방학 때 대학을 포기한 친구들과 부산 송정해수욕장에서 보름 동안 다 잊고 쉬다 왔다. 집에서는 의과대학을 말하지만 의사와 법관은 전혀 생각이 없었으므로 내 생각대로 가고 있었다.

그러다가 어느 날 다시 죽음의 그림자가 문턱에 다가섰다. 아무것도 할 수 없었다. 며칠 하숙집에 혼자 있다가 짧은 여행을 다녀왔다. 지각과 결석이 반복되었다. 아무 뜻 없는 일을 하는 것이 싫었다. 이러면서 겨울이 다가왔다. 이제 대학 시험을 두 달 남기고 원서를 써야 할 때가 되었다. 집에서는 계속 완강하게 나왔다. 될 대로 되어라 싶은 생각도 들었다. 난데없이 찾아오는 불청객 같은 죽음을 두고 평생 씨름하기가 겁나기도 했다. 의과대학만 가면 뭐든지 해 주겠다는 말도 있었고, 그냥 세상의 흐름에 몸을 맡기고자 하는 자포자기의 심정도 있었다.

이때 누나가 난데없이 건축과를 말했다. 중학교 때 부산 미국문화원에서 현대 미국 건축가 6인전을 본 이후로 건축을 의식에 떠올려 본 적은 한 번도 없었다. 국민학교 때부터 사숙하던 박종홍 선생에게 상의를 했다. '삼인행필유아사'에 대해 쓴 나의 논문을 높이 평가하던 박종홍 선생은 의학보다 인류의 문명을 다루는 건축을 통해 큰 철학을 하는 것이 어떠냐고 말씀하셨다. 더구나 건축을 제대로 하려면 결국 한국의 옛 도시와 건축을 알아야 하고, 건축은 수학과 논리학과 미학의 연장선상에 있으니 그동안 해 온 여러 공부가 하나의 길이 될 수 있을 것이라며 건축과를 권했다. 의사는 한 생명에 관한 일을 하고 건축가는 집단의 삶에 대한 일을 하므로 더 맞을 것이라 하니, 우선 의사 안 하는 일에 동지를 얻은 셈이었다. 박종홍 선생이라면 집에서도 오래전부터 존경하는 터이라 선생의 중재안을 받아들였다. 그 대신 지금까지 하던 수리철학을 하려면 대학에서도 여러 공부를 계속해야 된다는 말씀이 있었다.

입시가 두 달 남았으므로 매일 다니던 한문 공부와 독일어 공부를 밀어 둘 수밖에 없었다. 호정 선생에게 말씀을 드렸더니 아무 말씀 없이 내일 다시 오라 하신다. 다음날에 갔더니 성균관에서 하는 정장을 입고 계신다. "말년에 좋은 제자를 보나 했더니 결국 뜻을 이루지 못했다. 사서삼경을 마치기를 바랐는데 아쉽다. 같은 길이 아니므로 다시 한학을 하기는 어려울 것이다. 언제든지 다시 공부할 생각이 있으면 기다리고 있겠다"고 하신다. 사모님도 맑게 옷을 입고 계신다. "두 달 후면 다시 옵니다. 잠시 마지막 공부를 정리하는 것뿐입니다"라고 했으나 호정 선생은 그냥 웃으면서 가지고 계시던 책을 몇 권 주신다. 그러고는 다시 뵙지 못했다.

건축과에 가는 쪽으로 일단 마음을 열어 두고 건축가들과 건축에 대한 것을 알아보려고 과학 서적 센터에 가서 프랭크 로이드 라이트가 쓴 『젊은 건축가에게』와 『증언』을 사서 며칠 사전을 찾아가며 읽었다. 지크프리트 기디온Sigfried Giedion의 『공간·시간·건축』은 대충 보았다. 이때 김태수 선배가 주재하던 『현대건축』을 통해 라이트에 대해 더 많이 알 수 있었다. 라이트의 책을 읽으면서 건축에 대한 공감이 생기기 시작했다. 그러나 미술반에 주로 속해 있던 건축과 지원자들과는 어울리지 않았다. 학교 다닐 때는 공부를 잘하든지 학생다운 자기스러움이 있든지 힘이 있어야 인정받는다. 특별히 하는 일 없이 학생으로 세월을 사는 학생은 나중에 무엇이 되어도 삼류인 것이다. 철학의 길을 벗어나면서 느끼는 미묘한 해방감과 나태의 시간으로 남은 두 달의 고등학교 생활을 지냈다.

여러 헤맴 사이를 지나 건축의 길로 들어섰다. 오랜 방황 끝에 어느 열린 마당으로 들어선 곳이 건축과 도시의 세계다. 이곳이 설혹 아무것도 없는 막막한 허공으로 이어지게 되더라도, 유일무이한 나의 삶의 근거가 될 것이다. 아무 준비한 것도 없이 얼결에 빛이 새어 나오는 곳으로 간 것이다. 입학시험은 별일이 아니었으므로 대학 입학식에도 가지 않고 대신 밀양의 영남루를 찾았다. 이런 정도는 할 수 있지 않을까 하는 생각보다 무엇인지 모를 불안감이 더 많았다. 다시 한문 공부로 돌아가고 정식으로 수학 공부를 다시 해야겠다는 생각이 먼저 들었다. 건축에 대해서는 신랑 얼굴도 못 보고 결혼한 신부 같은 느낌이었다. 신랑이면 어쩔 수도 있을 것이나, 신부는 정말 답답한 노릇이다.

그러나 기숙사에 들어간 날부터 사정은 엉뚱하게 흘러갔다. 잘 모르던 고등학교 동기가 함께 있자 하기도 했고, 선배들이 나를 찾아오기도 했다. 공부하는 애들만 오는 학교에 물건이 하나 왔다는 게 그들의 말이었다. 아마 내가 학교를 수시로 조퇴하고 무단결석했으면서도 어려운 대학에 들어온 것이 무슨 힘이 있어서라고 생각했나 싶다. 첫날부터 대접이 달랐다. 첫날 들은 말이 서울대학교 총학생회장 선거에 나가라는 말이었다. 어려서부터 집에서 술을 마셔 온 데다 집안이 술이 센 편이라 좀 마셨더니 다들 존경스러운 눈빛이었다. 술과 여자는 멀리 두면 일을 저지르지 못하지만 곁에 두면 누구나 지족선사가 되게 하는 것이다. 정신적 긴장이 풀린 데다가 고등학교 때부터 나를 집단 폭행하기로 작심했던 친구들과 한바탕 격투한 끝에 친구가 된 후로는 그들과 자주 어울렸다. 도서관에 함께 가는 일보다는 술집에 함께 가는 일이 더 자주 있었고, 한번 그 길로 들어서자 소주 한 병은 술 시작하기 전의 통과의례같이 되었으며 좌중에 쓰러지는 사람이 있을 때까지 마시곤 했다. 한문 공부를 다시 해야지 하면서 매일 비뚤어지고 있었다.

그러면서 자주 싸웠다. 싸우다 보니 도처가 싸울 일이었다. 기숙사에서 퇴사한 기간에 북창동의 깡패들과 싸우다 수갑까지 차고 즉결재판을 받고 구류도 살았다. 구치소로 면회 온 누나가 "세계적인 학자가 될 줄 알았더니 이제 갈 데까지 가는구나" 하며 울어서 미안했으나, 1년 가까이 열병처럼 삶을 탕진하며 살았다. 한강에서 배를 빌려 타고 상류의 율도(밤섬)에 가서 갈대숲을 태우기도 하고 집단 패싸움을 한 달이 멀다 하고 했다. 고량주 17병을 먹고 사흘 혼수상태에 빠지기도 했다. 그래서인지 지금도 고량주를 마시면 힘들다. 소주 1병 정도는 단숨에 마셨다. 호정 선생 말씀대로 다른 길로 나서서 다시 못 돌아가게 된 것이 아니라 아예 외길로 빠져 버린 것이다. 정신적 방황이 컸던 이후라 집에서는 오히려 이해하는 분위기였다. 이러면 안 되겠다 싶어 군대에 가기로 했다. 그때 기분으로 장교 따위는 싫었으므로 지원이 가능한 공군 사병으로 입대하기로 했다. 김해공군학교에 가서 시험까지 보았는데 왼쪽 귀가 전혀 들리지 않아 떨어지고 말았다. 함께 갔다 합격했던 친구도 따라 나왔다.

교양 과정인 1년이 끝나고 2학년이 되어 전공을 공부하게 되면서 광풍 같았던 1년이 수그러지기 시작했다. 한문 공부는 워낙 집중력과 시간을 요하는 일이어서 포기했으나, 수학은 선택으로 듣게 된 양자역학에 빠져 그 북새 속에서도 공부의 진전이 있었다. 술 마시고 싸움질만 하던 친구들도 『데미안』을 읽고 『역사의 연구』에 대해 토론하고 『추상대수학』과 『논어』에 대해 서로 말하게 되었다. 이제 각자 자기의 자리로 돌아가기로 하면서 그간 1년의 방황을 기념하는 공동 작업을 제안했다. 여름방학 때까지 넉 달 동안 모두 담배와 술을 끊고 배를 만들어 서해로 가자는 것이었다. 설계 디자인과 선체 제작과 해운 공부를 서로 분담하기로 하고 자금을 모았다. 공작 기계가 있는 5호관에서 살다시피 했다. 베니어판을 자르고 잇고 덧대는 선체 만드는 일에서부터 트럭 엔진의 축을 배 엔진으로 바꾸는 작업과, 인천에서 대천까지의 운항 연구에 이르기까지, 5월의 대학 축제 기간에도 공작실에 틀어박혀 모두 열심히 일했다. 정말 열심히 일했으나 미묘한 마음의 마찰로 막판에 가서 갈라서고 말았다. 둘은 계속 배를 만들어 바다로 가기로 하고, 둘은 그때 처음 개방된 설악산에서부터 동해안을 따라 부산까지 가기로 했다. 함께 노는 것은 쉬웠으나 함께 일하는 것은 도처가 마음의 지뢰밭이었다.

막 건축에 몰두하기 시작한 터여서 오히려 홀가분하게 대부분의 시간을 도서관에서 보냈다. 『공간·시간·건축』을 혼자 번역해 보았다. 워낙 영어를 제쳐 두었던 터라 힘들었으나 건축을 정식으로 찾는 길이어서 많은 것을 느낄 수 있었다. 그러나 정작 설계 시간에는 많은 갈등을 느꼈다. 다들 건축을 하고자 해서 온 친구들이었으므로 잘들 그렸다. 나는 건축을 얼결에 시작한 데다가 미술 훈련이 전혀 되어 있지 않았고 동료의식도 없어 어려웠다. 권진규 선생이 조각 수업을 맡았는데 한 번도 뵌 적이 없을 정도로 학교에 무관심했고, 오히려 양자역학이나 함수론, 미분방정식에 몰두했다. 벽이 사방을 가로막고 있고 그 뒤로는 천 길 낭떠러지인 그런 꿈을 많이 꾸었다. 그냥 서 있을 수도 없고 움직일 수도 없어 망연자실하던 시간들이 꿈에 그대로 나왔다. 잠이 깨면 안도했다.

친구와 단둘이 설악산으로 떠났다. 물들인 군복에 군화를 신고 야전배낭을 메고 그해 처음으로 일반에 공개된 설악산으로 향했다. 오지를 향해서 아무 기약도 없이 떠나는 마음이었다. 둘이 다니다 보면 어느 순간 아무 말도 하지 않게 된다. 무슨 말이 필요 없는 것이다. 말이 생각을 전하는 것이 아니라 말이 생각이기도 한 것이므로, 아무 말이 없으면 어느 순간 아무 생각도 없을 수 있는 것이다. 아무것도 아닌 시간이 얼마나 필요한가. 설악산 속을 둘이서 말없이 며칠 밤을 걷고 또 걸었다. 아무 말 없이 서로의 숨소리를 느끼며 걸었다. 힘들고 어려울 때는 죽어 가는 사람이 세상에 대해 갖는 처절한 사랑을 생각했다. 더 무엇을 바라는가. 살아 있다는 사실이 은총이 아닌가. 그런 생각을 하면서 걸었다.

보름간 조선시대의 사람들같이 걸어서 동해안을 따라 영천까지 갔다. 석탄 가루가 바닷바람과 뒤섞인 기묘한 동해안 탄광촌을 지나 기차가 가지 못하는 오지를 지나왔다. 중간에 환선굴을 처음 발견하기도 했다. 몇 달 뒤에 신문에서 환선굴이 발견되었다는 요란한 기사를 보고 웃었다.

천연동굴이었는데 입구만 돌아보고 지쳐서 더 깊이 들어가지 못했다. 소문만 믿고 3박 4일을 산중에서 헤맬 때는 중간에 먹을 것이 없어 나무뿌리를 먹기도 했다. 굶어 보아야 한다더니, 며칠 산중을 걸으며 물만 마시니 별 환상이 다 보였다. 아무것도 아닌 일에도 허겁지겁해 온 인생을 보는 듯했다. 마지막에는 지쳐서 부산까지 걷는 일을 포기하고 영천에서 부산까지 20시간을 넘게 가는 동해 남부선을 탔다. 중간에 왕시에서 내려 10리를 산을 타고 가다 다른 기차로 바꿔 타고, 영주에서는 기차도 승객도 역 앞에서 다 함께 잤다. 반은 거지가 되어 부산 집에 도착했다. 생각보다 짙은 시간들을 지나왔으나 마음 한구석의 빈자리는 여전했다.

건축에 대한 열망과 좌절 사이를 오갔던 여름 내내 『공간·시간·건축』을 번역하면서 보냈다. 계속해야 할지, 늦기 전에 원래의 자리로 가야 할지를 심각하게 생각했다. 그해 여름 한 달이 마음 닿는 대로 갈 수 있었던 마지막 시간이었다. 그 후 단 한 번도 여름에 쉬지 못했다. 얼결에 여름은 바다 멀리 스러져 가고 다시 지루한 학교 생활이 시작되었다. 건축과 교실은 싫었다. 아무 감응이 없는 시간을 앉아 있기도 싫어 아침에 잠시 학교에 갔다가 기숙사로 돌아와 다른 책을 보았다. 특히 제도 시간과 도학 시간은 짜증스럽기까지 했다. 설계 연습 시간도 유치한 논리 연습 같았고 구조 역학은 초보 수학 같아 보였다. 도서관에는 외국 건축 잡지 3종이 매달 들어오고 있었고 다른 좋은 책들도 많아 대부분의 시간을 도서관에서 보냈다. 도서관에서 본 건축은 도전할 만한 것이었으나 학교에서 경험한 건축은 기능공 교육 같았다. 학교를 그만두고 유학을 갈까 하는 생각도 했으나 유학 간다는 일이 무언가 현실 도피 같아 싫었다. 군대 가는 일도 뜻대로 되지 않았다.

그때 누나가 『한국일보』 특파원 자격으로 미국에 갔다. 서울에 혼자 있게 되면서 더 혼란스럽게 되었다. 진지하게 전과轉科를 생각하게 되었다. 건축과는 관심도 없고 능력도 없는 것 같았다. 수학과나 철학과로 전과할 생각이었는데, 전과하려면 학생지도연구소의 추천이 필요했다. 막 미국에서 교육학을 공부하고 돌아온 젊은 교수들에게서 사흘 동안 테스트를 받았다. 내가 그들에게 흥미 있는 대상이었던 모양이다. 처음 보는 스타일의 지능 검사도 받았고 서너 시간에 걸쳐 별것을 다 묻는 인터뷰도 했다. 조각난 코끼리 모형을 맞추는 일에서부터 숫자를 잔뜩 부르고 거꾸로 답하게 하는 등 사흘 동안 갖가지로 나를 실험하는 것 같았다. 드디어 나흘째 그들은 나에게 이렇게 말했다. "건축을 계속하는 것이 좋겠어요. 단 학생은 제도권 교육에 맞는 성격이 아니므로 실제 현장에 직접 나가 보는 것이 어떻겠어요? 1년 해 보고 안 되겠으면 어느 과이든지 추천해 줄게요. 그러니 자퇴나 휴학을 하지 말고 그냥 설계 사무실에 다녀 보는 것이 좋겠어요."

알고 있던 건축가라면 프랑스 대사관의 설계자인 김중업 선생과 고등학교 때 국회의사당 설계안 당선 인사차 학교에 들렀던 김수근 선생이었으므로, 두 분 중 한 분에게 가기로 작정했다. 곧 다가올 방학이면 기숙사도 문을 닫을 것이므로 서둘러 두 분을 찾았다. 김수근 선생은 일본에 있어 뵙지 못하고 윤승중 선생만 뵈었다. 기다릴 마음이 아니었으므로 김중업 선생을 찾아뵈었다. 집 밖에서 밤늦게까지 기다렸다. 사모님과 어느 파티에 다녀오시는 모양이었다. 내 정황을 설명하고 다음날 사무실로 가 뵙기로 했다. 실습생으로서가 아니라 학교를 그만둔 정식 직원으로 일하고 싶다고 말했다. 그때 몰두하던 오스카 니마이어Oscar Niemeyer에 대한 말을 하자 선생은 "그자는 삼류다"라고 잘라 말하신다. "학교에 적은 두어야 한다. 정식 직원 대우를 하겠다. 며칠 전에 올해 서울대 졸업생 둘이 왔지만 사무실 형편이 안 좋아서 돌려보냈는데 자네는 특별한 것 같으니 시작해 보자"라고 하신다. 부산 집에 가서 상황을 이야기하고, 1월부터 근무하기로 했다.

이때부터 지금까지 제도판에서의 인생을 이어 오고 있다.

건축 단상

단상 1

한밤에 문득 잠이 깨었다. 창밖으로 멀리 서울의 밤이 보인다. 강변도로를 질주하는 차 소리가 밤 깊은 도시답다. 수십 년 전의 예스러운 꿈을 꾸었다. 낡은 기와집, 축축한 장판지, 누런 한지의 문틈 사이로 닳은 마당이 보인다. 퇴화한 문지방, 고색스러운 기둥, 걸을 때마다 소리를 내는 회갈색 마룻장, 노년기가 된 섬돌 아래로 나서면 담 가장자리의 잡초 속에 들꽃들이 피어 있다. 언제였던가? 좋은 글과 그림과 음악을 배웠고 아름다운 정경을 즐기면서도 사람 사이의 일로 많은 갈등을 경험했고 하고자 하는 일들의 좌절도 여러 번 맛보았으나, 무의미한 일상의 성공들을 거두면서 이럭저럭 중년의 나이가 되었다. 세파의 유혹을 이기지 못하면서 사는 일의 정체에 대해서 고통스러워하고, 환상의 늪에서 헤어나지 못하면서 영원의 구원을 기도했으나, 이렇듯 허망한 느낌의 밤을 또 맞이한다.

사는 일의 허무함을 수없이 경험하면서도 아직 종교를 갖지 못했다. 초월적인 세계를 인지하기는 하나 믿음에 귀의하기보다 정처 없는 이상의 소리에 귀를 기울인다. 생각한다는 일의 엄청난 한계와 오류를 알면서도 생각으로 사물의 모습을 알고자 한다. 허무한 것은 사는 일 자체가 아니라 생각 그 자체다. 삼라만상은 의미 저편에 있는 것이 아닐까. 나의 느낌, 나의 생각, 나의 추론 속에 세상은 그 모습을 가지는 것이다. 언제일지 모르나 우리는 확실히 다 죽는다. 살아 있음으로 해서 비롯되는 모든 의미의 원점이 소멸하는 것이다. 역사의 세계는 살아 있는 개인들의 의식 속에 존재하는 것이다. 존재한다는 것은 역사와 세계의 그물 속에 있다는 말이 아닌가. 죽음은 그물의 화해를 가져온다.

빗소리가 야밤을 질주하는 차 소리에 얽혀 어둠의 여운을 덮는다. 서재에 밤늦게 앉아 있다. 저 많은 책들, 저 수많은 사고의 궤적은 지금 어디에 있는 것일까? 좋은 글을 읽고, 아름다운 그림을 보고, 마음을 청정하게 하는 음악을 듣고, 삶에서 빛이 비치는 면을 바라보면서 등 뒤에 서리는 검은 그림자를 본다. 그것은 인식의 문제, 존재의 정체에 관한 언어의 미망 아닌가? 모리스 마테를링크의 '파랑새'만이 아니라 허무의 그림자도 결국 나의 이 방, 나의 이 사고 자체가 아닐까? 지난 여름 호텔에서 우연히 보게 된 불경을 자세히 다시 보고 싶고, 보들레르의 시를 프랑스말로 읽고 싶고, 『추상대수학』을 다시 배우고 싶다.

우리나라에 아직 남아 있는 시골길을 다녀 보겠고 남미의 마을에서 두어 달 쉬겠다. 쉽게 할 수 있는 모든 소원을 비켜 버리고도 내 앞에 매일 나서는 연상의 잔재들은 무엇들일까? 용기를 잃은 사고의 책임자는 바로 패자가 되어 버린 나 자신이 아닌가. 어느 틈에 동쪽 하늘이 희뿌옇게 밝아 온다. 또 오늘이 되었다.

단상 2

자다가 자주 깬다. 깊은 잠을 자지 못한다. 두세 시에 잠들면 서너 시쯤 꿈결에 잠을 깬다. 무섭기도 하고, 외롭기도 하다. 두려운, 보이지 않는 심연으로 찾아가는 듯하다. 일에 밀려 지쳐서인지 생활의 갈피를 잡지 못한다. 2년 가까이 해 온 일에 보람을 느끼는가 하면 큰 좌절을 느끼기도 한다. 몸이 여기저기 피폐해 가는 것 같다. 산에 가면 좋다. 사무실에서의 일도 이제 역할이 달라지고 있다. 제도판에 앉아 직접 그리는 일 대신, 40개의 제도판에서 일하는 사람들에게 자신의 일을 하게 하는 게 내 역할이다. 일 자체보다 일의 흐름에 신경을 써야 한다. 퇴근하면 그저 쉬운 소설이나 본다. 어느 틈에 체계적인 공부는 남의 일이 되었다. 산도 정상까지 오르면 삼사 일은 근육에 통증이 쌓인다. 오후가 되면 나른하다. 밀양의 남천강을 생각한다. 부산에서 처음 당도했던 사하의 샘터에 드리워진 나무 그늘의 청정한 흥분을 생각한다. 벌써 30년 전의 일이다.

좋은 음악을 듣고 아름다운 그림을 보면서 항상 사는 일의 신선함을 잃지 않으려고 했는데 어느 틈에 중년의 흔한 모습이 되고 말았다. 그동안의 작은 세속적 성취는 잃어버린 시간의 진실에 비해 초라하기만 하다. 바로 오늘부터라도 자연의 소리에 귀를 기울이고 수많은 인간들의 자취에 관심을 갖고 삶의 진실한 국면에 성실하자. 잠깐 빈 시간이면 뜰을 걷자. 같이 있는 사람들과 가슴을 트고 도서관에도 자주 가자. 바로 옆인 박물관에도 자주 가고 하루 두어 시간이라도 걸어 보자. 사는 일의 환희를 잊은 지가 얼마나 되었는가. 억지로라도 글을 쓰고 열흘씩이라도 계획을 세우자. 매일 답답하던 가슴을 펴자.

단상 3

큰일 곁에는 그 나름의 어렵고 힘든 일이 있는 법이다. 자리에 주저앉지 말고 최선을 다하자. 앞으로의 10년을 생각하자. 어려울 때는 쉬자. 잠시 비키는 것이 일을 쉽게 하기도 하고 사실의 복잡함을 정리해 주기도 한다. 술집을 멀리하자. 버릇이 된 술집은 정신의 나태를 조장한다. 유곽을 거니는 건달과 다를 바가 없다. 정신을 좀먹기만 한다. 좋은 식사, 풍미로운 술잔에 헛걸음을 딛지 말자. 매일 반성해야 한다. 항상 다시 생각하며 살자. 정식으로 독서해야 한다. 신문, 잡지나 오늘의 책들만 보다 보면 교양 있는 일반인에 머물고 만다. 옛 글을 정식으로 읽고 새롭게 보기 시작해야 한다. 읽었던 고전을 다시 보는 일도 중요하다. 그것은 자기 자신의 어떤 축도가 되기도 한다. 『전쟁과 평화』를 다시 읽자. 자주 시를 읽도록 하자. 일주일에 1번 이상은 산에 가고 시간이 닿으면 이틀 산행을 하는 것도 좋겠다. 작년에 안동을 다녀왔듯 나라 각 곳을 다녀 보자. 이기적인 인간에게 관심을 갖기보다 자기 자신에게, 자연에게, 인간의 한없는 정취들에 관심을 갖자. 매일 매일을 새롭게 시작하는 마음 없이 일의 아름다운 성취를 바라는 망상을 버리자. 인간을 사랑하되 그들에게 탐닉하지 말자. 남을 도울 수 있을 때 기꺼이 돕되, 쉬운 일을 통해서가 아니라 자신의 희생을 감내해야 한다. 아름다운 마음을 잃어서는 안 된다. 매일 운동하기보다 식사에 신경을 쓰고 마음의 평정을 잃지 말자.

건축 일은 나 혼자 하는 일이 아니다. 예술의전당 일도 마찬가지다. 더 많은 사람의 적극적인 참여를 유도해야 한다. 한두 사람의, 일에 대한 과다한 욕심이 오히려 일을 그르친다. 오전에 많은 일을 끝내고 점심을 먹도록 하자. 아침 식사도 충분한 시간을 가지고 즐겁게 들도록 해야 한다. 오전의 많은 일과 훌륭한 점심 후에 오후가 되면 여러 사람이 일할 수 있도록 돕고 일에 관련된 사람들을 만나고 현장을 다녀 보도록 하자. 저녁에는 가능한 한 일찍 집에 들어와 서재의 책상 앞에서 독서를 하자. 소파에 앉아, 혹은 침대에 누워 책을 읽는다면 그것은 글을 쓴 사람에 대한 예의가 아니다.

자주 화랑에 가 보도록 하자. 국립중앙박물관이나 국립현대미술관은 이제 볼만하다. 여태까지 가지고 있던 안목을 고집하지 말고 마음을 열고 전체를 보자. 모차르트나 바그너처럼 더 많은 삶의 환희를 알게 될 기회가 얼마든지 있는 것이다. 스스로 몰두하는 자의 선량한 욕심을 모든 예술에 가져 보자. 내가 하는 일에 대한 이해와 애정도 중요하다. 항상 남의 말에 귀를 기울이고 역사의 가르침에 겸허하자. 아침에 사무실로 가기 전에 30분만이라도 글을 쓰거나 책을 보거나 그리거나 하자. 일할 마음을 가지고, 여러 사람들을 맞을 마음을 가지고 집을 떠나자.

내 마음의 장소

1950년대 말, 내가 서울에 왔을 때 서울 인구는 200만 명이었다. 1천만 도시가 된 서울에서 나는 꽤 오래 살아온 사람 중 한 명인데도 아직 서울을 객지로 생각한다. '나의 건축, 나의 도시'라는 글을 쓰면서 서울이 나의 도시인 것을 새삼스레 깨닫는다. 여기서 사춘기와 성년을 체험하고 네 아이를 낳았다. 서울은 어느 곳보다 내가 사랑하고 아껴야 하는 곳이다. 40여 년 전에 '여의도 마스터플랜'과 '한강 연안 마스터플랜'을 하면서 시작한 서울 연구를 내 나름대로 본격화하고 있다. 1967년 신문회관에서 있었던 두 번째 건축 전시회가 서울 구조의 개혁에 대한 것이었고 외국 대학에서 한 초청 강연도 대부분 서울에 대한 것이었다. 이스탄불의 해비타트 II에서 있었던 연설의 주제도 '21세기 도시 선언과 서울 도시 구조 개혁'이었다.

선사시대부터 역사시대를 거쳐 오늘에 이르는 서울의 궤적을 한 캔버스 위에 겹쳐 그려 보았다. 아직 결론에 이르지는 못했으나 자료 수집과 연구의 틀은 마련되었고, 서울의 과거 · 현재 · 미래에 대한 개념과 이미지를 담은 그림 몇 점을 그릴 수 있었다. 최초의 토지 형국에서부터 고고학적 연구와 발굴을 통한 선사의 유적, 역사시대인 백제와 고려의 유적, 그리고 『조선왕조실록』의 기록을 겹쳐 보았다. 문헌과 자료를 통해 서울을 '시간 공동체'로 연구하는 한편, 인공위성 사진과 항공사진을 통해 '공간 공동체'로 연구하면서 서울을 다녔다. 이미 서울은 자연과 차단되고 역사를 소외시키는 진부한 현대 도시로 전락했으나, 찾아보면 아직 아름다운 장소들이 많이 남아 있다.

역사시대에서 오늘에 이르는 서울의 궤적을 지도 하나에 겹쳐 그렸다. 서울의 역사적 흔적과 현재의 문화 인프라를 결합하여 한강을 중심으로 개발하려는 계획의 일부다.

아직 한국전쟁의 탄흔이 남아 있던 1950년대 말, 부산에서 처음 서울로 왔을 때 '아! 서울이구나' 하게 만든 한강과 옛 도성의 아름다운 정경이 여전히 마음 한가운데 남아 있다. 당시 한강은 서울의 바깥이었다. 한강을 넘어야 서울로 들어서는 것이었으나 나에게는 한강이 서울의 중심 같은 느낌이었다. 부산에서는 바다가 도시 바깥에 위치하지만 도시 중심 역할을 하는 것처럼, 한강도 서울 중심을 차지하는 것 같았다. 서울로 올라올 때 가장 인상적인 것이 한강철교였다. 한강의 다리를 지나면 드디어 서울로 온 것이었다. 한강철교와 한강인도교(현재 한강대교)만이 있던 때였다. 그때 사돈댁에 계시던 청담 스님이 "한강에 한강이 없다"는 말씀을 하신 것을 지금도 자주 다시 생각한다. 한강의 다리를 다시 지나면 서울 바깥으로 가는 것이었다. 한강을 건널 때마다 산과 강이 이루는 자연의 장대한 규모에 가슴이 트여 오는 듯했다.

요즈음에도 한강에 자주 간다. 천 년 도시 서울의 시간과 공간의 흐름이 아직 거기에 있다. 한강대교와 한강철교에 서면 백제와 조선시대를 거쳐 일제강점기를 지나 어느덧 광복 70년이 되어 가는 서울의 시간과 공간이 겹친다. 자식을 낳으면 다 서울로 보내던 그 길이다. 한강철교를 건너면 서울이다. 분단 이후 한강을 분계로 한 서울과 지방의 이원 구조를 상징하는 장소가 한강철교였다. 한강철교는 지방에서 서울로 유례없는 인구 대이동이 이루어진 관문적 장소이기도 하지만, 북한산과 관악산 사이를 흐르는 한강의 흐름을 가장 잘 느낄 수 있는 곳이기도 하다.

대개 서울을 북악산, 남산, 인왕산, 낙산의 네 산 사이에서 청계천을 중심으로 한 도시로 알고 있으나, 그것은 서울의 한시적 모습이다. 서울의 토지 형국은 북한산과 관악산 사이의 동쪽 내륙부터 서해로 흐르는 한강을 중심으로 한 것이다. 한강에 다리를 놓은 것은 100년도 채 되지 않는다. 한밤 수면에 비친 교각과 강 깊은 곳으로 침전하는 도시의 불빛은 참으로 아름답다. 보름이면 강이 바다로 흐르지 않고 상류로 역류한다. 그믐이면 먼 산으로부터 바다로 향하는 거센 물살이 교각 사이를 소리 내며 흐른다. 반포 앞 고수부지에서 바라보는 석양은 어느 도시도 갖지 못하는 일몰의 장관을 연출한다.

석양 무렵의 붉은 해가 어둠이 깃들기 시작하는 빌딩들 사이의 강 한가운데로 가라앉으면, 강의 흐름이 밤하늘을 싣고 태초의 길로 거슬러 온다. 태초의 길은 물의 길이다. 물길이 물길과 하나가 되면서 다리가 생긴 것이다. 한강에 처음 다리가 생기면서 우리 국토는 큰 변화를 겪는다. 한강에 철교와 인도교가 세워지면서 우리 국토는 큰 변화를 겪는 것이다. 그러면서 서울은 전 국토의 실질적 중심이 되었다. 중심과 변방, 남과 북의 상징인 한강이 된 것이다. 지금 한강에는 31개의 다리가 세워져 있다. 600년 동안 인구 20만 명의 성곽 도시였던 서울이 한강을 넘어서면서 엄청난 규모의 도시로 확대되었다. 지금 서울은 한강을 분계로 두 도시가 서로 마주한 도시다. 강북과 강남의 두 도시는 각각 인구 500만 명의 거대 도시이면서 자립하지 못한다. 서울 대중교통의 상당수가 한강을 지난다. 철도 교통의 대부분도 한강을 지나야 가능하다. 한강에서 서울의 실마리를 풀어야 한다. 한강에 서면 서울이 1천만 인구의 도시인 것을 실제 공간의 규모로 느낄 수 있다. 특히 한강의 첫 번째 다리인 한강대교와 한강철교에는 서울의 심장이 담겨 있다. 베네치아에서 리알토 다리를 지나지 않으면 일상이 성립하지 않는다.

마음이 흐트러지면 술을 마신다. 그런 날 밤에는 한강철교와 고수부지에 간다. 거기서 막걸리를 마신다. 내가 알 수 있는 것은 무엇이고 내가 할 수 있는 일은 무엇인가를 생각한다. 밀양과 부산에서 나의 삶은 무엇이었고 오늘 서울에서 나의 삶은 무엇인가를 한강철교 교각 아래서 쉰 막걸리를 마시면서 생각한다. 삶은 다 우주의 정처 없는 정거장이다.

무엇보다 한강철교의 무의미한 교각의 반복이 감동스럽다. 이 다리에서 마주 보이는 자리에 '하늘의 마을'이라는 이름의 초고층 집합 주거를 설계하던 일이 떠오른다. 내 마음의 장소에 나를 그리는 일이었다. 이 시대를 말해야 하는 건축가로서 60년 전에 건너던 한강철교 밑을 아직 나는 헤매고 있다.

아키반 선언

환멸로 끝난 혁명, 양식의 해체, 몰락한 이데올로기의 폐허 위에서 도시 문명의 쇠퇴는 메커니즘의 해일에 휩쓸려 빠른 속도로 진행되고 있다. 오늘 우리가 당면한 사태는 각 시대의 강한 의욕들이 성취한 것들이 누적되어 포화된 결과다. 신의 창조는 완전하고 절대적인 것이나 인간의 창조는 그 현실 상태에 준해서 완전성을 가지는 것이어서, 과거의 누적들은 필연이었으나 그 누적들의 포화 속에는 혼돈과 파멸이 있다. 인간은 인간의 창조 앞에 침몰하고 있다. 개별적 표현인 건축과, 그 자체에만 몰두하는 형식 체계로서의 도시 계획은 맹목적인 사유의 체계로서 도시의 유예를 낳을 뿐이었다. 미래 속에 과거를 다시 가지려는 도시의 안이함 속에서 현대 도시의 파탄은 이미 명백하다. 오늘 우리는 각 순간의 유일무이한 새로움을 모색해야 한다.

우리는 정신을 가둔 채 닫혀 있는 밀실 건축과 도시에서 탈출하여, 개별적인 영역에 몰두하던 역사를 이제는 포기하고, 건축과 도시 전체를 포괄하는 새로운 체계와 논리에 집념할 것이다.

CIAM(근대건축국제회의)에서 메타볼리즘Metabolism에 이르는 수많은 노력들은 모두 건축과 도시의 양자택일에 관한 진술에 불과한 것이다. 우리는 이 미명의 현실 앞에서 건축과 도시를 구성하던 기존 질서의 모든 것을 포기하고 건축과 도시의 발전적 해체를 통한 새로운 이즘, 아키반ARCHIBAN을 선언한다. 이것은 과거의 방법론인 건축이나 도시 계획의 공허한 노력 대신에 상황의 바로 그 근거에서 또 다른 자연이 되어 버린 현대 도시의 창세기를 기도하려는 시도이며, 건축과 도시를 몰락으로부터 구제하려는 새로운 방법론이다.

'문명은 진보한다'는 통속적인 명제는 건축사에서는 허위이고 도시 계획에서는 왜곡된 것이며 이상으로서는 공허한 것이다. 아키반은 새로운 현실을 규명하고 창작하여 결과적으로 이를 새로운 차원의 합리로 회귀시키는 것이며, 역사의 경험을 종합하여 동일의 현상에 관한 동일의 현실 의식을 추가하는 것이다. 아키반은 건축과 도시의 가치를 포함하여 그것을 새로운 차원의 논리로 표현하는 것이며, 과거에 건축과 도시들이 모두 해 온 것을 오늘의 상황에서 대행하는 것이다. 아키반의 새로운 관념들이 충분히 진술될 때 그것들은 하나의 문화적 배경으로 흡수되어 들어갈 것이고, 또 관념 및 신념들은 그 자체가 심화되어 무의식적으로 전달되고 보존되어 갈 것이다.

아키반의 출현은 도시의 불가피한 힘이 우리의 생활과 행위를 강박해 온 일상을 다시 복권시킬 것이며 도시와 인간, 건축과 자연은 새로운 지평을 갖게 될 것이다.

아키반은 현대 도시가 갖는 사태의 의미를 명확히 파악하고 그 파탄난 벡터의 근원에서 이끌어진 것이며, 도시의 형상을 그것이 만들어지는 형식과 체계를 통하여 추구한 결론으로, 역사적 도시 계획의 방법론이 갖는 허구를 추방한 원도시preurban인 것이다.

전통 재론再論, 자연과 집

왜 전통을 문제 삼는가?

무엇이, 어떤 집이 좋은 집인가? 건축가의 경우, 제작이라는 것이 뜻하는 범주는 무엇인가? 이제 우리는 잡지적 질문에서 탈피할 때가 되었다. 좋은 건축이 가져야 할 속성은 무엇인가? 한국 현대 건축은 박길룡의 계몽기적 추구 이전으로 퇴화하고 있다. 건축공학은 도태되고 뿌리 없는 사춘기적 창작 욕심만이 팽배해 있다. 새롭다는 말은 지나치게 선전되었고, 기술은 의미를 잃고 의미는 표상을 잃었다.

전통을 문제 삼는 것은 전통이 우리의 이러한 혼돈에 빛을 던져 줄 것이라고 확신하기 때문이다. 건축은 문화의 표상이다. 개인의 창작에 속하는 것이 아니다. 건축가의 창조는 문화의 해독, 증언에서 출발하는 것이다. 시각은 건축의 한 부분이다. 상황, 인간이 차지하는 공간, 여백. 건축은 이 모든 것을 포함한 조화를 의도한다.

전통은 건축의 본질에 속하는 것이다. 한 국가, 한 민족, 한 방언은 고유의 표현 양식을 가지고 조우한다. 보잘것없는 시대의 양식에 열중하는 삼류 국가적 자아에서 벗어나야 한다. 한국 현대 건축은 과거의 한국 건축이 가졌던 형식을, 참다운 의미의 변신을 통해 오늘의 언어로 말할 수 있을 때 비로소 본래의 건축일 수 있을 것이다.

무엇이 전통인가?

상황……. 각 민족은 모두 고유한 방식을 가지고 있다. 건축은 말하자면 식물적 유기체다. 현대 건축은 21세기라는 특수한 상황의 산물이다. 우리는 과도적 양식으로서 그것을 이해해야 한다. 지금은 새로운 시대, 새로운 문화의 형성기다. 우리는 선조들이 가졌던 조형 의지와 형이상학 속에서 오늘의 명제를 이해할 수 있는 열쇠를 찾아야 한다. 고건축적 관심이 아니라 그곳에 내재하는 조형 의지와 형이상학을 배워야 한다. 그럴 때 우리는 참다운, 혹은 식물적 유기체 같은 건축을 가질 수 있을 것이다. 인간과 환경에 대응하는 한국인의 방식은 독특한 것이다. 그것은 현대 건축의 방식보다는 실제적이며, 추상적인 생활의 내용과 깊은 가락이 닿는 것이다. 우리 선조들은 여러 모티프의 조합과 순열順列을 통해서 인간이 자연과 사회에 대해서 가지는 수많은 의식의 가락을 이해하고 이를 표현해 왔다. 이는 적어도 지금까지 내가 알아 온 어느 현대 건축가들의 건축보다 위대한 것이다.

이것은 어떤 이들도 감히 말할 수 없는 건축의 참다운 모습이다. 한국 건축의 본질적인 깊이를 경험할 때 한국 현대 건축은 일본 건축이 현대 건축에 끼친 것보다 더 많은 것을 이룰 수 있을 것이다. 조선시대는 삼국시대와 고려시대를 경험하지 않은 사람은 이해할 수 없다. 참다운 창조는 어제에 있는 것이다. 전통은 과거의 방식을 말하는 것이다. 과거의 방식으로 오늘을 말하다가 새롭게 오늘의 방식을 더하는 것, 그것이 창조의 양식이다. 상징이라는 것, 언어라는 것, 상황이라는 것, 건축이라는 것, 이런 단어들을 이해하는 사람에게 그것은 긴 군더더기 말을 필요로 하는 언명이 아니다. 우리는 우리의 길을 가야 할 것이고 그들은 그들의 길을 가는 것이다.

전통이라는 말은 건축에서는 가장 본질적인 명제다. 건축은 시간 혹은 공간 속에 있는 것이다. 그것은 항상 성장하고 변천하고 진전하는 연관 속에 자리 잡고 있는 것이다. 모든 시대와 모든 장소는 당대의 사회적 ·

경제적 세력과 함께 그 시대 사조의 양상과 방식을 가지고 있어서 그것이 건축의 주제와 방식을 결정하는 본질적인 요소가 된다. 그러므로 우리가 건축의 전체적 의미를 파악하려면 모든 각도에서 얻은 이해를 종합해야 한다. 전통이라는 말은 이 종합적 이해의 열쇠다.

몇 해 전에 민속제에서 굿을 볼 기회가 있었다. 처음에는 낯선 음들에 당황했다. 그러나 곧 그것이 나의 마음을 울리는 것을 느끼기 시작했다. 그것은 말하자면 몸의 가락이 펼쳐지는 것 같은 느낌이었다. 나는 아름답다는 것의 의미를 알 것 같았다. 그 후 나는 경주 최 부잣집을 볼 기회가 있었다. 거기서 민속제의 굿에서 내가 느끼던, 막연하지만 절실했던 가락 같은 것이 보이는 듯했다. 그것은 내가 그처럼 경도해 있던 르 코르뷔지에나 라이트의 집들보다 더 본질적인 깨달음을 주고 있었다. 나는 가치라는 말, 문화라는 것, 아름다움이라는 단어, 질서라는 이름의 어떤 것을 알 것 같았다. 거기서 모든 암기는 맥을 세우고 모든 경험은 하나의 목소리를 가지기 시작하는 것이다. 민족이라는 것, 문화라는 것, 건축이라는 것, 언어라는 것, 아름답다는 것, 산다는 것, 이런 별도의 개념들이 모두 제자리를 가진다.

우리는 그러한 앎 다음에 그리기 시작해야 할 것이다. 마음의 가락을 따라 그려야 한다. 물론 앎의 자취는 또한 세월을 겪어야 하는 것이지만 그러한 자취의 시작을 서둘러 시작해야 한다.

한국 건축의 특징

한국 건축은 몇 개의 강하고 중심적인 주제를 가지고 있는 것과 마찬가지로, 몇 개의 강하고 중심적인 상징을 가지고 있다. 한국 건축은 쾌감을 주는 표현적인 패턴 이상의 것, 3차원의 창조적 상상력이 내재한 형이상학의 각인이다. 한국의 건축은 자연과 조화하려고 한다. 꽃나무가 자라듯이 삶의 생명력을 표현한다. 한국 건축은 직선에서 일탈해 가려는 표현이 기조를 이루고 있다. 직선을 표현하더라도 조심스럽게 표현한다. 여기에는 위압적인 것이 없다. 우아하게 덮인 지붕들, 담장들. 지붕의 선은 파괴되고 이어지고 그러다가 풍경 속으로 사라진다. 한국의 건축에서 가장 아름다운 문묘나 민가의 예를 보면, 지붕이 벽이나 기둥보다 주요한 시각적 기조를 이루고 있다. 경주의 석탑들은 지붕 선이 하늘로 향하는 연속에 의해서 파괴되었다가 이어진다. 한국 건축의 비례 감각은 균형적 조화, 자연적 정감에서 시작한다. 이러한 비례 감각이 난데없는 의외와 놀라움을 만든다. 부분적인 황홀, 제어된 운동감, 환상적이며 음악적인 가운데 생활감을 표현한다. 한국 건축은 고유의 비례 감각을 통해서 '소小에서는 대大를, 대에서는 소를, 비현실에서는 현실을, 현실에서는 비현실'을 창조한다.

다음과 같은 글은 한국 건축을 이해하는 데 좋은 길잡이가 되어 준다.

크고 넓은 빈터가 있으면 대나무나 매화를 심는다. 대나무나 매화는 가지나 잎을 번창시켜 이윽고 빈터를 덮는다. 이것이 대大에서 소小를 발견하는 것이다.

뜰이 좁을 때는 담과 벽을 자주 엇갈리게 해서 푸른 나무로 장식하고 담쟁이를 덮고 큰 그림이 새겨진 돌을 둔다. 이렇게 하면 창을 열었을 때 작은 산허리를 대하는 것 같다. 즉 소에서 대를 발견하는 것이다.

앞이 막힌 듯한 오솔길이 갑자기 빈터로 통하게 되고, 부엌에서는 뒷문을

나는 건물을 만들 때 항상 전통을 염두에 둔다.
우리가 계승해야 할 점은 과거의 공간 구조가 아니라
그 공간 구조를 구상해 온 민족적 정서다.
왼쪽의 한샘 DBEW 디자인 센터와
오른쪽의 창덕궁이 묘한 조화를 이루고 있다.

없애면 문득 뜰로 나올 수 있게 된다. 이것이 비현실 속에서 현실을 발견하는 것이다.

문은 골목으로 된 오솔길로 통하게 하고, 문 앞에는 바위산이나 대나무넝쿨을 두어 앞의 경치를 감춘다. 그러면 실제로는 없는 그 어떤 것을 암시하게 된다. 실제로는 지붕에 난간이 없지만 있는 것처럼 암시하도록 담 위에는 더 얕은 난간을 만든다. 이렇게 해서 현실 속에서 비현실을 발견한다.

한국 건축은 먼 경치를 빌리는 원차遠借, 가까운 풍경을 도입하는 인차隣借, 낮은 곳을 내려다보는 부차俯借 등의 방법으로 자연을 집 속에 끌어들이고 집이 자연의 일부가 되게 했다. 우리 선조들은 형이상학적 감수성, 유연한 기교, 복잡 미묘함을 가지고 자연과 풍경의 요소에 의미를 주었다.

서양처럼 집이 있고 정원이 있고 경치가 있는 것이 아니다. 집은 정원의 일부이고 정원은 집의 부분이며 경치는 정원의 어느 한 모습이다. 시종始終의 범위가 깊고 넓다. 우리의 그것은 같은 동양이어도 중국의 그것과, 일본의 그것과 같은 듯하지만 본질적 면에서 다르다. 공간 구조가 흡사하면서도 이렇듯 표현이 다른 것은 원리의 형상화 과정을 지배해 온 민족적 정서의 다름에 그 원인이 있다. 우리가 오늘에 계승할 것은 단순한 입지상의 공간 구조가 아니라 그 공간 구조를 구상화해 온 민족적 정서의 율조다.

이것은 사람의 만남, 조직의 형성 과정 등을 바라보는 한국인의 자세에서 비롯하는 것이다. 우리의 마을은 중국이나 일본의 마을과 다르다. 우리에게 질서라는 것, 조직이라는 것은 많은 부분에서 주술적이다. 방들이 모여 집을 이루고 집들이 모여 마을을 만드는 데 있어 우리의 선조들은 주술적 방식, 어떤 원점을 향한 무질서의 집합을 생각했다. 원점에 서면 모든 것은 방향을 가진다. 그리고 각 지점은 독립해서 성립한다. 그러나 자세히 보면 각 지점들은 일종의 미로를 통해 서로 연속한다. 이 경우 각 지점들은 친화적인 결속을 유지한다. 해인사, 종묘, 창덕궁, 흔히 보이는 마을들은 모두 이러한 집합의 양식을 보이고 있다. 한 마을에서 그 원점은 여럿이 된다.

한국 건축의 특질이라고 보이는 가장 중요한 점은 땅과 집이 만나는 부분과, 하늘과 집이 만나는 방식에 있다. 집은 기단 위에 선다. 기단은 입지와 깊이 관련된다. 입지의 맥을 따라 몇 개의 지점이 이루어지고 그것들은 우선 지면의 흐름을 따라 연소한다. 하늘과의 연속은 한국 건축의 한 특징이다. 지붕은 집과 집이 이어지는 율조를 표현하기도 하고 기단이 의도한 대지의 연속성에 어떤 아름다운 시계 [illegible] 를 형성한다.

건물군에 의한 외부 공간의 분절과 연속성, 비대칭적 구성, 건물의 아랫부분을 고정시키고 윗부분을 연속 속에 삽입하는 방식, 재료의 비례적 사용, 그리고 외부 공간의 분절과 상징화 등이 한국 건축의 전통적 기법이다.

한국 건축의 진수를 이해하자면 새로운 안목과 세계관을 가져야 한다. 한국 건축의 기교는 별것이 없다. 우리는 많은 변화를 겪었다. 불교는 독단적 형이상학을, 유교는 전통주의를 우리에게 심어 주었다. 그러나 한국에는 한국 특유의 정신이 있다. 그것은 불교를 지배했고 유교를 지배했다. 지금 우리는 그 정신을 찾아야 한다. 감성의 함정에 빠지지 않고 우리의 과거를 사랑해 보라. 아직 그 정신은 우리들 마음속에 남아 있다.

자연과 집

사는 일 중 큰 행복의 하나가 자연과 교감하면서 생활하는 것이다. 자연과의 사귐은 자연 속에 살 때 시작되는 것이다. 명상 속에서 자연의 큰 모습을 볼 수 있고 서책 속에서 자연의 아름다움을 느낄 수 있으며 작은 분재 앞에서 자연의 깊이를 이해할 수 있기도 하나, 자연과 삶의 자연스러운 만남은 자연 속에 살 때 비롯되는 것이다.

대도시의 삶이 갈수록 더 힘들어진다. 호흡기 질환을 느끼게 하는 도시 공간과 질식할 것 같은 교통 체증 속에서 우리의 하루하루가 소모되고 있다. 도시의 생활은 자연 속의 생활만큼 다른 가능성을 가지고 있다. 인간이 만든 자연인 도시 자체는 우리 문명의 궤적으로서 우리 자신인 역사와 사회의 틀이며 인간 집합의 새로운 국면이 시작되는 장소이기도 하다. 하지만 인간이 만든 자연인 도시의 삶은 삶의 본질적인 모습인 자연과의 사귐을 잊게 한다. 대단지 아파트와 도심 공간을 오가는 생활은 삶의 중요한 부분을 잊고 사는 것이다. 주말에 부지런히 교외로 다니고 좁은 아파트 공간에서 화초를 가꾸고 도심 속의 녹지를 가슴을 펴고 바라보아도 차츰 본질적인 규모의 자연을 잃어 간다. 어느 날 문득 북한산을 바라보다가 매주 그 산을 오르면서도 내가 얼마나 자연과 멀리 떨어져 살고 있는가 하는 느낌을 받은 적이 있었다.

이상적인 생활의 하나는 자연 속에 집을 갖고 대도시에 직장을 두고 두 곳을 오가며 사는 일이다. 특별한 경우가 아니면 대부분 도시에서 살 수밖에 없으므로 자연과의 삶은 자연스럽게 멀어지기 마련이다. 그런 우리에게 전원주택은 가장 도전적인 삶의 한 과제가 되는 것이다. 대개 이럴 때 늘 걱정하는 일이 교육 문제다. 그 문제는 워낙 큰 것이어서 뭐라 말하기가 곤란하나, 부모의 교육이 가장 기본이며 가족과 이웃과 마

자연 풍경과 어우러져 있는
예술의전당 오페라하우스.

을 속에서 건강히 자란 사람이 큰사람이 된다는 사실은 밝히고 싶다. 좋은 학군보다 사랑스러운 가족과 이웃과 마을이 아이들에게는 더 좋은 교육 장소다. 게다가 교육 문제가 없는 경우는 말할 것도 없다. 대중교통의 확충으로 도심에서 제법 먼 거리에서도 다니기가 그렇게 어렵지는 않다. 도심에서 먼 곳은 자연의 모습을 제대로 갖고 있을 뿐 아니라 비교적 쉽게 땅을 장만할 수도 있다. 출퇴근 시간에서 30분씩만 더 수고하면 자연 속에서 살 수 있다. 사는 일 중에 제일 중요한 부분이 바로 자연과의 만남이다. 아파트 단지 속의 삶은 제대로 된 삶이 아니다. 이런 부분까지는 누구나 잘 생각한다. 그러나 막상 일을 시작하자면 보통 일이 아니다. 땅을 어디에 마련해서 어떻게 집을 짓느냐도 문제이지만 과연 살아갈 수 있을지도 자신이 서지 않는다.

뉴욕이나 런던, 파리 등의 대도시 주변 전원주택을 보자. 그들은 자기들의 선택에 따라 대단위 아파트 단지에 살기도 하고 비교적 한적한 저밀도 주거 단지에 살기도 한다. 도시와 자연의 두 세계를 한 일상 속에 갖는다는 것은 멋있는 선택이다. 이럴 때 집 짓는 일도 문제이지만 어느 정도의 집단화를 통한 집합 생활의 편리함과 안전함이 우선되어야 한다. 이제 우리도 막다른 선택이 아닌 삶의 공간을 가질 만한 때가 되었다. 이제 도심지에 가까운 아파트는 많이 비싸졌다. 대부분 살 곳이 못 되는 그 아파트들을 팔면 이상적인 자연 속의 생활공간을 가질 수 있을 것이다. 도시란 워낙 거대한 움직임의 실체여서 여전히 그곳에 살고 싶은 사람이 있기 마련이므로 서두를 필요도 없다. 문제는 집단화를 통해 도시에서 멀리 떨어져 사는 불편의 상당 부분을 해소하는 일과 조직화를 통해 좋은 집을 제대로 짓고 관리할 수 있게 하는 일인데, 이삼 년 내로 그런 일을 할 사람들이 나서게 될 것이다.

한때 너도나도 큰 아파트에 몰렸지만 이제는 좋은 삶의 공간을 찾을 때가 되었다. 사람 사는 일이 무엇인가를 다시 생각할 때가 된 것이다. 자동차 정도의 공학적 완전성을 가진 집들이 아름다운 자연 속에 수십 채씩 모여 지어지고, 그것들을 도심과 잘 연결하고, 떨어져 사는 불편의 상당 부분을 조직화를 통해 줄일 수 있다면, 자연으로 돌아갈 사람이 많을 것이다. 자연 속에서 산다는 것이야말로 사람처럼 사는 일이다. 도시와 자연의 두 세상을 함께 산다는 것만큼 잘난 일이 없는 것이다. 전원주택은 이런 우리의 꿈을 실현시키는 삶의 공간 형식이다. 가족과 이웃과 마을이 모여 도시와 연계되는 더 큰 부락을 이룰 수 있고 삶의 진전을 이룰 수 있는 공간을 만들 수 있다면, 전원주택은 도시 생활의 가장 매력적인 한 방식이 될 수 있는 것이다. 돈은 많은데 거지처럼 사는 사람이 많다. 돈의 맛은 아는데 멋을 모르는 사람들이다. 그런 사람일수록 호화로운 거지의 삶을 산다. 몇억 원씩 하는 닭장 같은 아파트에 사는 우리도 실은 그들 중의 한 사람일 수 있고, 돈이 많아서 몸부림치는 졸부들도 실은 가여운 사람들이다.

전생에 거지였던 사람은 아무리 부와 명예가 높아져도 거지같이 산다. 자연과 함께 사는 삶 속에는 '삶의 빛나는 한때'가 매일 곁에 있다. 어렵고 힘들더라도 하루 30분씩만 더 힘을 들이면 화사한 귀족의 삶을 살 수 있는 것이다. 원하면 할 수 있는 일이다. 우리는 물질의 부자이기보다 정서적인 백만장자이기를 원한다. 자연 속의 삶에 가장 진지한 아름다움이 있다. 도시를 아주 떠나는 것이 아니다. 삶이 바라는 바는 바로 도시 그 자체이므로 낮에는 도시에 있다가 밤이 되면 자연의 품으로, 가족에게로 돌아오는 것이다. 그럴 때 바다는 더 바다스럽고 산은 더 산스럽게 되는 것이다.

도시에 살면서 도시를 떠나자. 최소한 우리가 일용할 야채는 스스로 가꾸자. 우물을 파고 꽃을 심고 나무를 키우자. 오동잎 떨어지는 소리에 가을을 알고 청명한 새벽 한기 속에서 여름밤을 보내고 아랫목의 따뜻함 가운데 겨울을 완성하는 그런 일상의 삶을 되찾아야 한다. 도저히 아파트 단지에서는 되는 일이 아니다. 물론 도시의 외곽 지역이 모두 이니스프리의 섬은 아니다. 그러나 모든 도시들에서 30분만 밖으로 나가면 아름다운 들판이 있다. 서울만 해도 외곽으로 잠시 나서면 도처가 청산이다. 이곳을 두고 삭막한 콘크리트 정글 속에서 살고 있는 것이다. 단독주택에서 살 때는 그나마 나았으나 자연과 등지고 살기는 마찬가지였다. 고급 정원수나 화사한 실내 장식은 정신과 마음의 외로움을 보여 줄 뿐이다. 스스로를 버리고 자연과 함께하는 것이 필요하다. 우리는 두 손에 무엇을 가득 들고 또 무엇을 집으려 한다. 더 큰 것을 갖기 위해서는 지금 들고 있는 것을 버려야 한다.

전원의 삶은 많은 것의 포기를 전제로 해야 할 것이다. 그러지 못했으므로 다들 생각은 많으면서도 어느 사이에 10년, 20년씩, 잠시 살 것 같았던 아파트 단지를 전전하며 살아온 것이다. 이제 귀밑머리가 하얘지기 시작한다. 자연이 무엇인지도 모르는 아이들과, 이제 삶의 본질적인 부분인 자연을 다 잊어버린 우리가 함께 살고 있다. 우리의 아이들은 자연의 아름다움과 진실에 관한 한 가장 불행한 세대로 기억될 것이다. 전적으로 우리의 책임이다. 우리가 아프게 느끼기라도 하는 것은 우리가 자연과 교감하며 어린 시절을 살아왔기 때문이다. 삶과 죽음이 자연에서 나서 자연으로 돌아가는 것인데 정작 자연을 외면하고 살아왔다. 도시 속에 다시 자연을 확대하는 일도 중요하고 우리의 집 속에 자연을 심는 일도 중요하지만, 자연 속에서 사는 일이 더 중요하다. 인간이 만든 학문과 예술의 가장 깊은 경지가 자연의 한 자락에 미치지 못한다. 행복이 가득한 집은 집 속에 자연이, 자연 속에 집이, 가족의 일상 속에 자연이 자리한 그런 집이다.

많은 것을 안다는 일이 결국 무엇인가? 예술을 이해한다는 일이 무엇인가? 삶과 죽음의 무대인 도시와 자연의 참다운 모습을 이해하는 일이 우리의 일상에서 수없이 반복되어야 한다. 도시의 삶과 자연의 삶이 함께할 수 있는 전원주택으로 스스로를 초대할 때가 되었다. 마음의 백만장자다운 결심이 필요하고 이런 일을 하는 사람이 나타나야 한다. 이런 일에는 여자의 결단이 중요하다.

건축의 도전

서울에 서면 자만감이 넘친다. 아무 이룬 것 없이 꿈도 없이 그냥 주어진 편한 입장에서 사는 까닭이다. 이제 그러한 나태와 진부의 늪에서 벗어나야만 한다. 많이 버릴 수 있어야 많이 볼 수 있다. 새벽에 잠이 깨어 일을 하다가 지난 20년간 해 온 일을 다시 생각해 본다. 20대에 건축적 실험의 예언적 스케치를, 30대에 한옥 이후 한국인의 주거를, 40대에 예술의전당과 도시에서 건축의 도전을 시도했다. 이제 건축가로서 최고의 나이가 되었다.

일에 대한 집요함은 건축에서 중요한 부분이다. 현실적 여건에 마음이 약해지다 보면 새로운 공간 형식의 제안이 진부한 건축으로 전락할 수 있다. 욕심이 아닌 흔들리지 않는 집념이 필요한데 쉽게 현실과 타협한다. 건축은 건축주의 것이 아니다. 한시적 주인보다 영원한 주인들에 대한 포괄적 의무를 잊지 말아야 한다. 일 욕심보다 세속의 욕심이 크면 아무리 뛰어난 재능이 있어도 이미 작가가 아니다. 세속적 처세는 스스로를 배반하는 것이다. 지금부터라도 작은 욕심은 버리자. 명예, 부, 권력…… 이런 것에 연연하려면 건축을 버려야 한다. 역사에 참여하여 자기를 실현하려는 순수한 열정을 지녀야 하며 항상 깨어 있어야 한다. 꿈꾸는 것만으로는 되지 않는다. 높은 완성도를 향한 집념이 필요하다. 순간적 발상의 다양함과 완성을 향한 진지하고 지속적인 몰두가 있어야 한다. 예언적 스케치만으로는 건축이 가능하지 않다. 건축에 자신의 모든 것을 걸어야 한다. 새로운 세대를 키울 수 있어야 하며, 비켜서서 그들이 뛸 수 있는 장소를 만들어 주어야 한다.

또한 함께 생각할 수 있는 화두를 마련하는 것도 중요하다. 여럿이 함께 일할 수 있고 스스로 발전할 수 있는 교두보를 우선 만들어야 한다. 기획의 아이디어를 공간 형식으로 변환할 수 있어야 하며 개념을 디자인으로 표현해야 한다. 개념은 언어 형식이고 디자인은 시각 형식이다. 남의 기억이 개입되어서는 고유의 것을 만들 수 없다. 건축은 할수록 더 일이 많다. 미스의 건축이 가진 세밀함을 만들 수 있어야 한다. 그런 관계는 반복을 수없이 거친 끝에 나오는 추상적 경지의 것이다. 현대 건축이 갖는 몰시대성과 몰문화성을 어떻게 고유의 문명적 언어로 표현하는가의 문제도 심각하게 토론되어야 할 문제다. 그리고 건축가로서 어느 누구, 어느 시대와도 다른 나의 구체적 사상과 미학을 정립하는 것이 필요하다. 건축가는 도시와 건축, 전통과 현대의 이원 합일을 자신의 공간 형식으로 한 건축물 속에 실현해야 한다.

유럽에서 건축가의 역할과 한국에서 건축가의 역할은 다르다. 유럽에서는 건축가가 기존의 도시와 건축이 갖는 내용을 이해하여 주어진 부지와 주제의 해석을 스스로의 건축 표현으로 실현해야 한다. 반면에 한국에서는 도시 문명이라는 것이 없는 상황이므로 건축가는 건축 표현 이전에 도시적 내용의 상당수를 건축에서 실현해야 한다.

르 코르뷔지에의 건축을 보면 대부분 반세기 이전에 지어진 집인데, 바로 오늘 우리들이 하는 건축보다 더 오늘의 건축이다. 그곳에는 시공을 초월한 공간 형식의 건축 언어가 있다. 건축가가 시공간의 상형문자로 인간과 그의 집에 대해 말하고 있는 것이다. 세부 공간의 형상에서도 그의 눈부신 미술적 재능이 가득하다. 그러나 크게 느껴지는 것은 그의 건축이 뛰어난 새로움임에도 불구하고 서양 건축사적이라는 것이다. 그의 건축은 서양 건축의 부정으로 시작된 전위 형식이나 오히려 가장 서양 건축사적이다. 무엇보다 그의 건축에는 내부 공간이 있고, 공간의 상형문자인 형태가 있다.

발표되기 위한 건축과, 도시와 마을과 더불어 역사적 실체가 되는 건축은 다르다. 우리는 전자의 건축에 익숙해 있다. 건축가는 여느 예술가와는 다른 본질적 책임 의식이 있어야 한다. 예술가는 자기의 것을 다하면 되지만 건축가는 역사와 사회에 구체적 의무를 가져야 한다.

우리 시대에는 일그러진 영웅 같은 건축이 많다. 새로운 현대 건축의 대부분이 건축적 유희에 머물러 있다. 많은 건축의 새로움이 옛 건축의 역사의식에 못 미치고 있다. 아무나 건축을 할 수 있는 현실은 미래를 생각하면 불행한 일이다. 도시는 도시의 역사적 실체를 이해하고 이를 증언할 수 있는 선택된 소수에게 맡겨져야 한다. 그래서 지금의 문명 도시가 있어 온 것인데, 돈만으로 만들어진 대부분의 최근 건축은 민망스럽다. 위대한 건축은 역사적 관점에서도 중요한 역할을 할 수 있어야 하지만, 건축 그 자체로서도 아름다워야 한다. 최근 건축과 인테리어의 이론은 흐름이나 사조가 아니라 논리적 취향에 불과하다. 대부분의 건축가들이 미술적 감수성에 매인 채 언어의 논리와 수사에 매달리는 독자적 세계에 빠져 있는 인상이다. 물론 자기의 것을 그려야 한다. 그러기 위해서는 자기 문명의 것을 보여 주어야 한다. 그것은 건축의 기반인 인간 공동체다. 이웃과 마을이 한 도시인 그런 건축을 시도해야 한다. 미래의 한국 도시는 도시와 건축의 통합 속에서 자신을 실현해야 한다. 도시적 의미를 가진 건물이 등장할 때다. 도시란 자연과 역사의 생명이 하나의 실체일 때 시작되는 것이다. 도시적 메커니즘이 도시를 만드는 것은 아니다. 도시적 메커니즘을 넘어선 실제의 도시인 건축이 등장해야 한다.

한 번도 정복되어 본 적이 없는 산텔모 성Castel Sant'Elmo에서는 나폴리 시가지 전체가 내려다보인다. 산상에서 산은 스스로 하나의 성이 되어 있다. 바위산이 허공으로 산화한 뒤에 남은 거대한 성채다. 성의 맨 위로 가면 하늘의 광장이 나타나고 키리코의 가로와 건물이 푸른 하늘 사이를 가로지른다. 도시 형식으로 만들어진 건축이다. 바로 이곳에서 나폴리 시 한가운데를 가로지르는 스파카나폴리Spaccanapoli가 산과 바다를 도시에 가득히 틈입시키는 장관을 볼 수 있다. 도시 계획의 아름다운 파괴가 붕패의 성 산텔모를 나폴리의 명소로 만들고 있다. 서울의 산이 도심을 가로질러 한강으로 이어질 수 있도록 아름다운 파괴를 시도해야 한다.

이 시대의 건축가로서 내가 무엇을 할 수 있고, 무엇을 해야 하며, 무엇을 하고 있는가를 다시 생각해 보아야 한다.

도시 형식으로 만들어진 건축인 산텔모 성. © Lalupa

한국의 공간

공간은 빛에 의해 존재한다. 자연은 원초의 물상이다. 자연은 빛에 의해 공간이 된다. 공간은 보이지 않는다. 우리가 보는 것은 공간의 표상이다. 사람은 공간과 시간 속에 실재하나 공간의 표상과 시간의 궤적을 알 뿐이다. 사람은 자기가 태어나서 자란 자연과 역사에 깊이 뿌리내리고 있다. 시간과 공간 사이에서 인간의 삶은 제한적이고 한시적이지만, 자신의 시간과 공간을 통해 다른 시간과 공간을 알 수 있다.

한국인의 시간과 공간은 어떤 것이었을까? 한국인이 살다 간 원초의 공간인 자연과 그 위에 세워진 도시와 건축은 어떤 모습이었을까? 한국의 자연 같은 것은 세계 어디에도 없다. 그런 자연 위에 한국 문명의 유전인자가 빚은 한국의 도시와 건축의 특질은 어떤 것일까?

한국 문명의 원류는 삼국시대에 있고 삼국시대는 도시 문명의 세기였다. 고구려 · 백제 · 신라의 문명이기보다 평양 · 부여 · 경주의 문명이었다. 우리는 종종 국가 형식으로 우리의 고대사에 접근해 왔다. 그러나 그것은 오늘의 자로 어제를 재는 부담을 안고 있다. 그런 이유에서만은 아니겠지만, 우리는 우리의 옛 도시를 너무나 모르고 있다. 평양, 부여, 경주, 개성에 대해서는 말할 것도 없고 600년 전 정도 당시의 서울에 대해서도 잘 알지 못한다. 천 년 도시 경주에 대해서 알고 있는 것이라고는 역사적 서술 몇 줄뿐이다. 천 년 동안 한 국가의 수도였던 도시에 대한 상형문자의 기록이 없다. 우리가 아는 한국인이 만든 공간은 마멸된 옛 건축의 자취뿐이다. 한국의 공간을 알기 위해서는 먼저 옛 미술과 건축에 대한 연구가 필요하다.

1962년 대학 입학 때 한국 철학사와 한국 건축사를 쓰겠다고 다짐했으나 마음뿐이지 이룬 것이 없다. 그러나 알고자 했다. 한동안 경주에 있기도 하고 전국의 옛 건축을 찾아 십수 년간 다녀 보기도 했다.

한국과 일본, 중국의 문화와 그 공간의 특질이 무엇인지에 대해 많이 생각하고 글도 써 보았다. 예술의전당, 베니스 비엔날레 한국관, 의왕 세계연극제 거리 등을 설계하면서 끊임없이 생각한 것은, 한국인들이 터 잡고 있는 원초적 공간인 한국의 자연과 하나로 어우러진 우리 문명의 상형문자를 건축 공간 형식으로 표현하는 방법이었다.

어둠에 잠겨 드는 불국사에 서면 전신을 감싸 오는 전율을 체험할 수 있다. 해인사에서 새벽 예불 때 느끼던 공간 체험은 다른 문명의 건축 공간에서와는 다른 본질적 깨달음 같은 것이었다. 석굴암의 위엄 있는 감동은 한동안 잊을 수 없었다. 다보탑 앞에 서면 눈으로가 아닌 마음으로 와 닿는 빛 가운데 놓인 공간의 실체를 느낀다. 시각 형식을 넘어선 언어 형식의 공간이 한국의 옛 건축에 있는 까닭이다.

고려자기의 더할 수 없이 아름다운 색채와 선은 고려의 공간 형식이며, 조선 목기에서 보이는 고담적 미학은 조선 성리학의 공간적 표현이다. 헬기를 타고 경주를 2시간, 해인사를 1시간 돌아보았다. 남산에서 동해 바다로 이어지는 서라벌 옛터에서는 천 년 도시 국가의 공간 형식을 볼 수 있었고, 가야산의 토지 형국 속에서는 원초의 공간 위에 이룬 한국인의 공간을 느낄 수 있었다.

한국 건축 공간의 특질은 무엇일까? 그것은 사학史學을 기반으로 한 공간 미학의 세계다. 보이지 않는 공간이 시각 형식을 넘은 언어 형식의 모습으로 펼쳐진다. 한국의 옛 공간은 자연과 하나가 되어 있다. 일본의 공간은 자연과 이원적으로 만난다. 중국의 옛 건축에서는 인간의 공간이 자연의 공간에 대립한다.

한국인이 만든 건축 공간과 자연은 어둠과 밝음, 비와 바람, 여름과 겨울을 함께한다. 한국의 건축 공간은 완성되지 않은 상태에서 자연과 함께 감응하여 완결된다. 변화 속에 절제를 표현한다. 일본의 상징적 공간인 이세신궁에서는 완결된 건축 공간이 변화하는 자연에 대응한다. 자금성에서는 성벽으로 둘러싸인 하늘 아래로 거대한 산문의 공간만이 한없이 겹쳐 온다. 가장 중국적인 천단에서도 역시 인간의 공간과 자연의 공간은 대립적이다. 한국의 자연과 건축은 있는 그대로 서로 감응한다.

한국의 조형 언어는 성리학과 도교의 논리가 하나가 된 형이상학적 공간의 세계를 표현한다. 암사동의 선사 유적은 한강과, 가야의 토기는 낙동강과 하나가 되어 있다.

그러나 한국의 옛 공간이 다 그런 것은 아니다. 우리가 오늘날에 우리 주변에서 보듯이 옛날에도 많은 아류의 공간이 있었다. 남대문이 국보 1호인 것은 우습다. 남대문은 형이상학적 질서의 세계를 조형 언어로 표현해 낸 한국의 옛 공간 중 낮은 수준의 것이다. 전통 건축에서 한국의 공간 특유의 것을 이룬 것이 많지 않다.

경복궁 근정전에 서면 마음이 닫힌다. 한국 건축의 정수가 어디에도 없는 까닭이다. 옛 한국의 공간을 무조건 높게 보려는 것은 감상이다. 우리의 옛 공간이 다른 문명은 이루지 못한 형이상학적 깨달음과 시적 아름다움의 높은 경지를 실현하고 있으나, 한국의 더 많은 옛 공간은 단조로운 건축적 문법에 집착하거나 미학적 수사에 그치고 있다. 그러나 종묘 정전, 부석사 무량수전, 방화수류정, 함안의 상림에 서면 우리 문명의 위대한 공간을 만날 수 있다. 그곳에는 우리의 자연과 역사가 상형문자로 기록되어 있다.

20세기 한국의 도시와 건축은 삼류에 머물러 있었다. 600년 전에 계획된 서울은 세계의 어느 도시와 다른, 자연에 깊이 뿌리박고 인간의 공간과 자연의 공간을 하나로 만든 유기적 도시였다. 그곳에는 우리의 자연과 역사가 상형문자로 기록되어 있었다. 한국의 공간을 아는 일, 그것은 우리 속의 참다운 우리를 발견하는 일로부터 시작되어야 한다. 우리의 것이면서 세계의 것일 수 있는 한국의 공간을 찾아야 할 때다.

한국인이 만든 건축 공간은 자연과 함께 감응해야 비로소 완성된다. 한샘 DBEW 디자인 센터 내부.

이상한 세 공공 건축

국립중앙박물관

“한국의 국립박물관은 범세계적 컬렉션인 루브르 박물관, 대영 박물관, 메트로폴리탄 박물관과는 다른 한국 문명만의 박물관이다. 특정 시대에 한정된 이집트의 카이로 박물관과도 다르고 역사의 현장을 재현하려는 베이징의 고궁박물원과도 다르다.

한국의 국립박물관이 지향하는 개념을 먼저 이해해야 한다. 국립박물관은 서울시에서 국가 문화재를 수장하는 가장 중요한 공공장소다. 서울을 형성하는 도시 공간의 기본 틀에 구체적으로 닿아 있어야 하며, 서울 어디서나 쉽게 닿을 수 있는 곳에 있어야 한다. 서울의 기본 형국을 담을 토지에 대한 이해와 한국 문명이라는 주제의 해석을 종합할 수 있는, 도시의 흐름과 서울의 그린 네트워크를 하나로 만들 수 있는 장소라야 한다. 국립중앙박물관은 한민족의 문화적 정체성을 증언할 수 있는 역사적 실체가 되어야 한다. 과거와 현재와 미래의 시공간을 담은 민족의 유전인자가 각인된 건축이어야 한다.”

1995년 국립중앙박물관 국제 현상설계가 공모되었을 당시에 내가 발표한 글의 일부다. 현상이 공모되었을 때, 예술의전당과 쌍벽을 이루는 문화 공간을 만들고 싶어 나도 참여했다. UIA(세계건축가협회)에서 심사위원을 지명하기로 했으나 국내 건축가가 문제였다. 예술의전당 때는 심사위원 선정에서 국내 건축가를 철저하게 배제하고 해외 건축가들만 대상으로 했기 때문에 공정한 심사가 가능했지만, 로비에 상대적으로 약한 국내 건축가가 심사위원으로 참여한다면 공정한 심사는 어려운 일이었다. 대형 사무실 위주의 한국 건축계 현상을 유도한 장본인들이 그룹을 형성해 모든 상황을 좌지우지하고 있었다. 국립박물관인 만큼 세계적인 건축가, 건축물을 쓰게 될 사용자위원, 지식인과 공공 기관장으로 이루어진 심사위원단을 구성해야 한다고 주장했지만 받아들여지지 않았다. 그래서 국립중앙박물관을 가 보지도 않은 건축 전문가들이 심사에 나서게 될까 봐 경계하기 위해 글을 쓴 것이다. 그러고 나서도 여전히 걱정스러워서 다음 문장을 덧붙였다.

"국립중앙박물관은 모든 사람과 모든 시대로 열린 공간이어야 한다. 언어 형식을 시각 형식으로 전환한 특유의 시공간 형식을 실현하여 보편적이면서 고유한 것을 만들어야 한다."

박물관에서 가장 중요한 장소는 전시 공간이다. 한국의 국가적 보물들을 위한 최고와 최선의 전시 형식이 되어야 함은 물론, 이것들을 관람하는 사람의 흐름에도 관심을 가져야 한다. 다른 문화 공간과 달리 역사적 유물을 시대별로 전시하게 되는 국립중앙박물관의 경우, 전시 형식과 동선 체계는 전시의 근본 틀이 된다. 전시 방식과 관리에 많은 신경을 써야 하며 역사적 가치와 경쟁하려는 무모한 공간 만들기를 피해야 한다. 건축가들은 아름다운 공간에 집착한다. 아름답고 독특한 공간이 오히려 반反박물관적일 수 있다. 건축가 자신을 과시하기보다 전시 대상을 깊이 이해하고 사랑하는 자세가 필요하다.

이런 원론적 논의와 함께 검토되어야 할 사안은 확장에 대한 대비다. 메트로폴리탄 박물관은 창립 100주년인 1970년부터 확장을 위한 마스터플랜을 계획했다. 25년 사이에 기존 건물의 틀 속에서 2배의 면적을 확보하는 것을 성공적으로 수행했으며, 다시 새로운 미래에 대한 청사진을 준비하고 있다. 그 과정에서 많은 것을 배워야 한다.

국립중앙박물관을 짓고자 할 때 나온 말이 지금도 충분히 큰데 왜 증축을 고려하느냐는 것이었다. 그러나 증축은 항상 불가피한 것이다. 70년 전, 메트로폴리탄 박물관이 매킴 미드 앤드 화이트 건축사무소Mckim, Mead and White의 안에 따라 증축되었을 때도 너무 크다는 말이 있었다. 그러나 국가의 상징인 박물관은 아무리 커도 충분하지 않다. 국립중앙박물관은 한국 역사의 모든 시대, 모든 장소의 집합체이므로 끊임없는 발전과 창조가 이어지는 살아 있는 유기체와 같은 곳이다. 그러므로 이 공간은 이 시대의 건축가로서 무엇을 할 수 있고, 무엇을 해야 하며, 무엇을 하고 있는가를 다시 생각해 보게 하는 우리 시대의 거울이어야 한다.

문화 공간에서 무엇보다 중요한 것은 대중교통과의 연계다. 공연장과 박물관에 오는 사람들 대부분은 대중교통을 이용한다. 지하철에서 내려 박물관 부지까지 걸어 보았다. 너무 멀었다. 지하철역 입구의 미8군 부지를 박물관 부지에 포함시켜 달라고 요구했으나 헬기장이 있다는 핑계로 이루어지지 않았다.

박물관은 당연히 남산과 하나의 공간을 이루도록 구상되어야 했다. 건물이 대로에 직각으로 들어섰다면 남산을 마주했을 것이고 인근 아파트도 숲에 가려졌을 것이며, 또한 주어진 상황에서 최단 거리로 지하철역에서 박물관 정문까지 가도록 할 수 있었을 것이다.

같은 문화 공간이지만 공연장과 박물관은 다르다. 그 핵심을 알고 설계하는 것이 건축가의 역할 중 하나다. 공연장은 무대에서 모든 일이 일어난다. 무대와 객석이 교감을 이루는 것이 가장 중요하다. 박물관에서는 끊임없이 걸어야 하기 때문에 동선이 가장 중요하다.

박물관에서는 도시와의 전이 공간이 필수적이다. 전이 공간은 도시 공간에서 목적 공간으로 가는 과정의 행위가 이루어지는 공간이다. 루브르 박물관의 유리 피라미드, 메트로폴리탄 박물관의 메인 로툰다가 그런 공간이다.

박물관의 전시 공간은 주제에 따라 나누어져야 한다. 한국의 역사박물관이라면 크게 선사, 고조선, 삼국, 고려, 조선시대 등 대여섯 개의 공간으로 나누어질 것이다. 이외에 특별전시를 위한 공간이 있어야 한다. 전이 공간과 전시 공간을 우선 구성한 뒤 수장고와 외부 창고 등을 다루어야 한다. 끊임없이 증축되어야 하는 박물관의 특성을 고려해 수많은 내부 개혁이 가능한 안을 만들어 제출했다.

용산에 있는 국립중앙박물관의 내부 공간. © Ian Muttoo

국제 현상이 진행되면서 세계적 건축가들이 한국을 방문했다. 피터 아이젠만이 1차 심사에서 우리 안이 올랐다는 이야기를 듣고 나를 찾아와 보드카를 마시며 "당신이 심사에서 영향력이 있는 모양이니 내 안이 어떻게 되었는지도 알아봐 줘요"라고 했다. 그러나 현상에 참여한 이상 심사위원들과 연락하지 않는 것이 나의 원칙이다. 예술의전당 국제 현상 당시에 심사위원이던 마이클 토드로부터 "당선자가 연락을 하지 않은 경우는 당신이 처음입니다"라는 말을 들을 정도였다.

주한 이탈리아 대사관에서 주최한 파티에 참석했을 때 한 여자가 다가와 나를 껴안으며 축하한다고 법석이었다. 오르세 역을 미술관으로 재탄생시킨 이탈리아 건축가 가에 아울렌티Gae Aulenti였다. 국립중앙박물관 국제 현상에서 우리 안이 최고였다고 했다. 근래 최고의 미술관을 설계한 건축가에게서 받은 평가라 놀랍고 반가웠다.

그러나 국제 현상설계의 결과는 가작이었다. 상금 5천만 원을 받았으나 건축물의 실현을 목표로 하는 건축 현상에서 가작은 최악의 경우다. 상금을 몽땅 털어서 사흘 동안 술을 마셨다. 당시 정권의 실력자가 영향을 미쳤다는 소문도 있었고 박물관 중심 공간에 경천사 10층석탑을 두라는 설계 지침을 따르지 않은 것이 원인이라고도 했다. 경천사 10층석탑이 한국 문명을 대표할 만한 문화예술품이라고 판단되지 않아 2층으로 올라가는 계단참 중간에 두었던 것이다. 모든 사람이 볼 수 있도록 해야 한다는 조항은 지켰지만 중심 공간에 두지 않은 점이 문제가 되었던 모양이다. 이제는 다 지난 일이다.

정양모 전 국립중앙박물관장이 미국에서 열린 회의에서 "한국의 국립박물관다운 안은 단 하나 있었습니다. 1차 심사에서 최고의 안으로 올라왔으나 한국 건축가들의 집중 공격으로 당선되지 못했습니다"라고 했다는 이야기를 듣고 그나마 위안이 되었다.

내가 사랑하는 공간은 오페라하우스보다는 박물관이다.

지금도 일주일에 한 번 국립중앙박물관에 간다. 지하철역에서 박물관까지 가는 것은 나에게는 머나먼 길이다. 날이 추우면 더 멀다. 택시를 타더라도 정류장에서 박물관 정문까지는 300미터 이상을 걸어야 한다.

박물관에 도착하면 파사드가 아파트를 마주하고 있다. 아파트 후면의 다용도실과 부엌이 박물관을 내려다보고 있다. 갈 때마다 아파트를 보지 않으려 노력한다. 한 나라를 대표하는 박물관이라면 형태와 외부 공간에서부터 특별한 품격과 분위기가 느껴져야 하는데 격이 없다. 재료를 대리석으로 쓴다 하여 격조 있는 건물이 되는 것은 아니다.

박물관에 들어서면 전이 공간에서 원하는 주제의 전시관으로 바로 갈 수 있어야 한다. 어느 때는 고려 미술을 보고 싶고, 어느 때는 삼국시대 미술을 보고 싶은 것이다. 그러나 국립중앙박물관 건물에 들어서서 고려 미술을 보기 위해서는 3층 가장 구석까지 몇백 미터를 걸어야 한다. 매주 고역을 겪으며 이런 안을 당선시킨 심사위원들을 미워한다. 건축가라는 허울만 입은 비문화인들이 공연장과 박물관을 심사하게 해서는 안 된다.

위대한 건축이 많은 도시의 시민들은 행복하다. 대한민국을 대표하는 문화예술을 모아 놓은 공간은 착한 건축이어야 한다. 매주에 한 번씩 박물관에 가는 사람으로서 국립중앙박물관은 불편하고 민망하다. 단 하나 위안이 있다면 예술이 정말 좋아서 박물관에 온 사람들은 예술품에 빠져 건축을 보지 않는다는 것이다.

서울시 신청사

서울시 신청사를 설계할 때 가장 중요한 문제는 구청사와 시청광장에 대한 접근 방식이다. 이에 대한 고려 없이 현상설계를 한들 무의미할 뿐이다. 이와 관련된 글을 『월간중앙』 2008년 3월호에 이미 실은 바 있다.

서울은 사대문 안에 국가 공공 기관이 밀집해 있는데, 인구가 100만에서 1000만 명으로 늘면서 행정 수요도 폭발적으로 증가하여 기존의 시청사로는 이를 감당하기 어려워졌다. 그래서 새로 청사를 짓기로 한 것이다. 새로 짓는 서울 시청사는 세계 도시의 시청사들과 겨룰 만한 것이어야 했다. 파리와 런던과 뉴욕 시청사는 역사 공간을 보존한 상태에서 창조적 공간을 만들어 내었으며, 공공 공간과 문화 인프라가 상업 건축군, 주거 건축군과 아름다운 조화를 이루게 했다. 우리의 신청사도 서울의 역사 공간과 공공 공간을 집합하여 문화 인프라의 축을 살려야 했으나 그러지 못했다.

이명박 시장 시기에 공모한 안이 오세훈 시장 시기에 중단되고 재공모가 진행될 당시, 나는 서울시 신청사의 설계가 나아가야 할 올바른 길에 대해 여러 차례 제안을 했다. 그동안은 몸이 좋지 않아 십수 년째 헤매고 있는 시청사 설계에 대해 한 발 물러서 있었는데, 더 이상 모른 체하는 것은 작가와 지식인의 의무를 포기하는 것이라는 생각이 들었기 때문이다.

새로 짓는 서울 시청사가 뉴욕, 런던, 파리 등 세계 도시의 시청사와 겨룰 수 있으려면, 서울의 역사 공간과 공공 공간을 집합한 문화 인프라의 축을 중심 공간으로 삼는 도시 설계가 우선되어야 했다. 서울의 도시 경쟁력은 도시 산업에 달려 있고 서울의 삶의 질은 서울의 공공 공간과 문화 인프라에 달려 있기 때문이다. 내가 제안한 안은 경복궁과 남대문(숭례문) 사이의 공간 축을 훼손하고 들어선 구청사 자리에 시청광장과 덕수궁을 전면 광장으로 하는 한성 제1청사를 짓고, 한강에 한강 제2청사 즉 신청사를 건립하자는 것이었다. 10~20만 명을 전제로 만들어진 사대문 안의 서울에 1000만 도시 청사의 기능을 모두 모으는 것은 자충수이기 때문이다. 사대문 안에는 제1청사만 세우고 사대문 안 서울과 바로 연결되는 장소이자 서울의 실질적 중심인 한강에 제2청사를 짓는다면, 이는 강남과 강북의 공동 시청사이지 남과 북의 공동 시청사가 될 수 있을 것이다.

서울 시청사의 자리는 정도전의 한양 설계 당시에는 계획에 없던 공간이다. 조선 500년간 방치한 공간을 고종이 아관파천 이후에 대한제국을 선언하면서 새로 활용했다. 서울의 정문인 남대문과 정궁인 경복궁의 대문 광화문 사이에 광장을 만든 것이다. 그런데 10년도 지나지 않아 일본이 강점하면서 그 자리에 경성부 청사를 지었다. 이것이 현재 서울시 구청사다.

서울시 구청사를 보존하려다 보니
그 뒤에 뒤틀리게 지어진 신청사.

경성부 청사를 지을 당시 오사카 시청사와 교토 시청사가 동시에 지어졌다. 오사카 시청사는 현상설계로 건축가를 선정하고 교토 시청사는 교토 대학교 교수가 설계했지만, 경성부 청사는 이름 없는 조선총독부 건축 과장이 설계했다. 더구나 임시 건물로 지었기에 건축비도 두 건물에 비해 많이 낮았을 뿐 아니라 일본 입장에서는 서울의 도시 원리를 고려해 조선총독부 건물을 지을 이유가 없었다. 이 건물을 보존해야 하는 역사적 필연성과 도시적 맥락이 전혀 없는 것이다. 세 건물 중 가장 잘 지었다는 오사카 시청사도 1985년에 헐고 새로 지었다.

헐었어야 하는 서울시 구청사를 그대로 두려다 보니 거기에 맞춰 비틀리고 꼬이게 지어진 신청사는 억지 춘향이 될 수밖에 없었다. 근대 서양 건축과 현재 유행하는 건축이 뒤섞여 국적 불명의 건축이 되었다.

서울은 조선의 수도였다. 조선을 이어 가려면 서울 시청사를 헐어야 한다. 조선의 수도에는 시민들이 역사적, 지리적, 인문적으로 받아들일 만한 서울시청이 서야 한다. 정도전, 무학대사 등이 풍수지리와 『주역』의 음양오행 논리에 의해 위치와 모양새를 정한 서울에는 그에 걸맞는 서울 시청사가 현재 없다.

600년 역사 도시 한성에 제1청사를 짓고 현대 도시 서울의 중심인 한강에 제2청사를 만들어야 한다. 그래서 한성 청사에서는 600년 역사의 중심에 있다는 것을 느끼게 하고 한강 청사에서는 1000만 인구의 웅대한 규모를 느끼게 해야 한다.

동대문 디자인 플라자

동대문 디자인 플라자에는 유감이 많다.

1994년 서울 정도 600년을 기해서 '사대문 안 개혁'을 발표했다. 그때

5개 프로젝트를 제안했다. 경복궁 정문과 남대문을 잇는 서울 1번 가로를 만들자는 1안, 경복궁과 창덕궁 사이의 북촌을 역사 구역으로 지정해 복원하자는 2안, 내청룡인 청계천을 복원하자는 3안, 북한산 일대의 기운을 응봉에서 창덕궁을 통해 남산으로 잇는 종묘-남산 간 그린 브로드웨이를 만들어 서울의 녹지 축을 재건하자는 4안, 그리고 동대문 일대에 디자인 시티를 만들자는 5안이 있었다.

동대문 일대는 예전부터 시장이었고 현재도 세계에서 가장 경쟁력이 있는 디자인 시장이다. 패브릭fabric부터 단추, 의류 완제품에 이르는 대부분의 것을 제조하는 곳이며, 사금융이 있고, 수백 명의 디자이너와 노동자들이 재봉틀을 돌리고 관련 상품을 판매하는 곳이다. 이러한 동대문이 세계 시장이 되려면 거대한 디자인 플라자가 있어야 한다.

자하 하디드Zaha Hadid가 설계하고 2014년 완공 예정인 동대문 디자인 플라자를 보았을 때 그녀가 유럽에서 전시한 의자 디자인이 생각났다. 그것과 너무 흡사했다. 동대문시장은 서울의 600년 역사에서 가장 큰 시장이었고 현재도 역사의 폐허를 딛고 일어선 자생적인 디자인들이 살아 있는 곳이다. 동대문과 서울 600년의 역사와 풍수지리가 뒤엉켜 있는 활력 넘치는 곳이기에, 이런 의미와 내용이 얽혀 있는 것을 만들어야 했다. 그곳에 디자인의 모태를 만들고자 한 것인데, 건축가가 자기 자신이 디자인하고자 하는 의자를 하나 놓고 만 것이다.

건축의 형상과 공간 사이에는 근본적으로 정직성이 있어야 한다. 구겐하임 미술관과 롱샹 성당의 외관은 모두 내부 공간을 형상화시킨 것이다. 그러나 동대문 디자인 플라자는 내부 공간의 형상화와 상관이 없다. 내부 공간과 상관없는 외부 형태를 만들었다. 공空과 간間이 따로 놀고 있다. 그리고 그 어떠한 해설도 없다. 우리는 몰라도 좋은 모양이다.

부록

예술의전당에서 강남북 상징 가로로

예술의전당에서 강남북 상징 가로로

건축과 도시는 본질적으로 모든 사람의 것인데 모두의 것인 건축과 도시에 대해서 서로 말하지 않는다. 건물이 붕괴하고 다리가 무너져야 화제가 된다. 외국 건축가들이 우리 도시의 주요 건축물을 설계하는 일을 어떻게 받아들여야 할지, 신도시들은 제대로 된 것인지, 저밀도 아파트 단지를 고밀도로 재개발하는 것은 잘하는 일인지, 경부고속철도는 제대로 가고 있는지, 사라져 가는 천 년 도시 경주와 부여를 어찌해야 하는지에 대해 우리 지식인들은 아무 말도 하지 않는다. 우리가 사는 세상인 건축과 도시는 전문 영역의 일이 아니다. 나는 건축가이기 전에 지식인으로서 우리 세상의 문제에 대해 항상 깨어 있으려 했다. 도시 내부에 지진이 일어나는 것을 감지하지 못하는 자라면 그는 지식인이 아니다. 지식인은 미래를 감지하는 능력을 가져야 하고 미래와 감응할 수 있으려면 현실과 감응할 수 있어야 한다. 한국의 언론에는 정치, 경제, 사회, 문화만 있다. 그것은 움직이는 세상을 다루는 일이다. 세상 그 자체에 대해서 말해야 한다. 도시와 건축 이야기가 일상의 대화가 될 수 있어야 하고, 도시와 자연, 건축과 미학을 함께 말하는 사회가 되어야 선진 사회인 것이다.

예술의전당에서 강남북 상징 가로로

50년 전에 수리철학의 세계를 떠나 건축과 도시의 세계로 들어섰을 때 역사에 남을 건축과 도시를 만들겠다는 야심과 자신감에 차 있었다. 한강과 여의도 마스터플랜을 하면서 한강을 사이에 두고 500만 도시 2개를 만들겠다는 꿈을 세웠으나 물상적으로만 이루어졌을 뿐, 한강은 천만 도시 서울의 강이 아니라 서울 바깥의 강이 되어 버렸다.

또한, 일생의 작업으로 생각한 예술의전당을 만인의 건축으로 만들고 경복궁과 짝을 이루도록 하여, 강남북 상징 가로를 통해 만인의 도시를 만들고자 했으나 이 역시 아직 이루지 못하고 있다.

건축은 도시의 부분이고 위대한 건축은 위대한 도시에서 이루어진다.

루브르 박물관의 유리 피라미드는 자크 르메르시에Jacques Lemercier와 루이 르 보Louis Le Vau, 가스통 르동Gaston Redon, I. M. 페이 등 300년에 걸친 건축가들의 위대한 협동 작업이다. 또한, 루이 13세에서 나폴레옹 3세에 이르는 200년 동안에 루브르 박물관, 튈르리 정원, 콩코르드 광장, 에투알 개선문을 잇는 파리의 상징 가로 샹젤리제 거리가 이루어졌다.

천 년 도시이자 천만 인구의 도시 서울에서 세계적인 도시 가로가 될 수 있는 곳은 샹젤리제와 거의 규모가 같고 예술의전당, 대법원, 국립중앙도서관을 잇는 서초대로다. 잠수교, 반포대교, 서울고속버스터미널 등으로 뒤엉킨 강변 일대를 대대적으로 정비하여 한강 아레나Arena를 만들고, 우면산과 남산과 북악산을 잇는 녹지 축을 이곳에 접속시키면 세

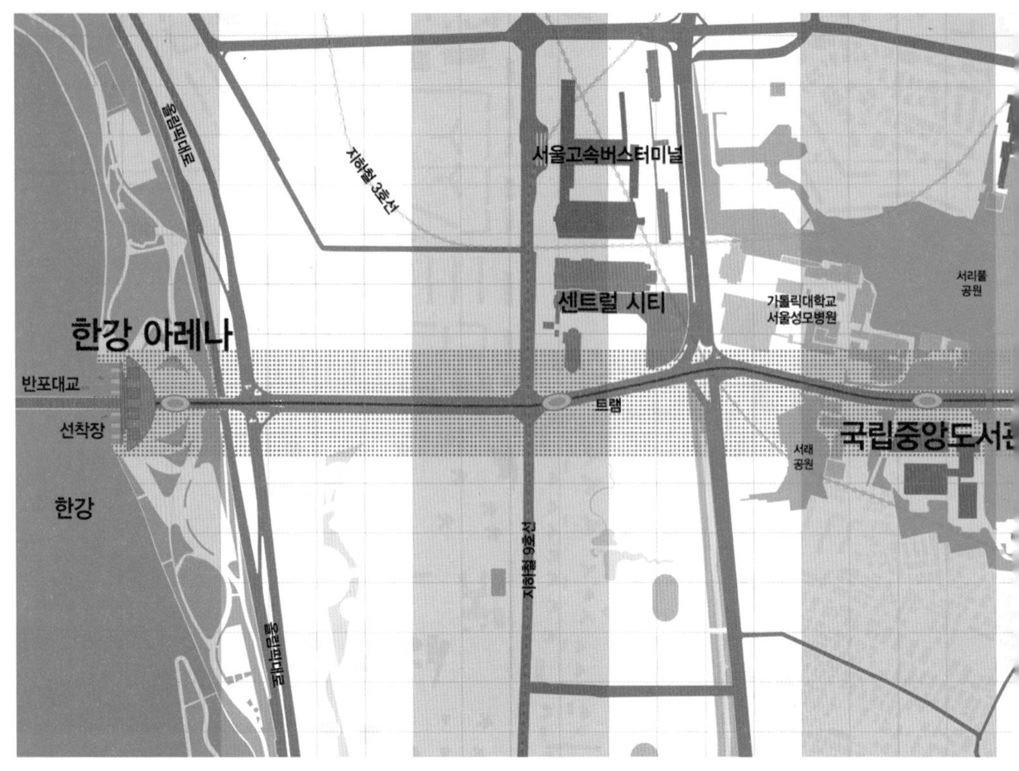

한강 아레나–센트럴 시티–국립중앙도서관–대법원 광장–예술의전당을 잇는 서초 문화 가로.

계적 도시 가로를 만들 수 있다.

예술의전당 음악당이 완성되었을 때 이탈리아의 건축 도시 잡지 『스파치오 에 소치에타Spazio e Società』에서는 이 건물을 골조 상태인 오페라하우스와 함께 특집 기사로 실었고, 『A+U』에서는 예술의전당 오페라하우스를 리옹 오페라하우스와 함께 특집 기사로 소개했다. 하지만 예술의전당을 10년에 걸쳐 완성하다 보니 전체를 종합하여 정리하지 못했다. 25년간 골조로 있던 지하 광장도 이제 완성되었고 우면산과 지하 광장 사이의 야외 공간도 일부 정리되었다. 일단 예술의전당 자체의 윤곽은

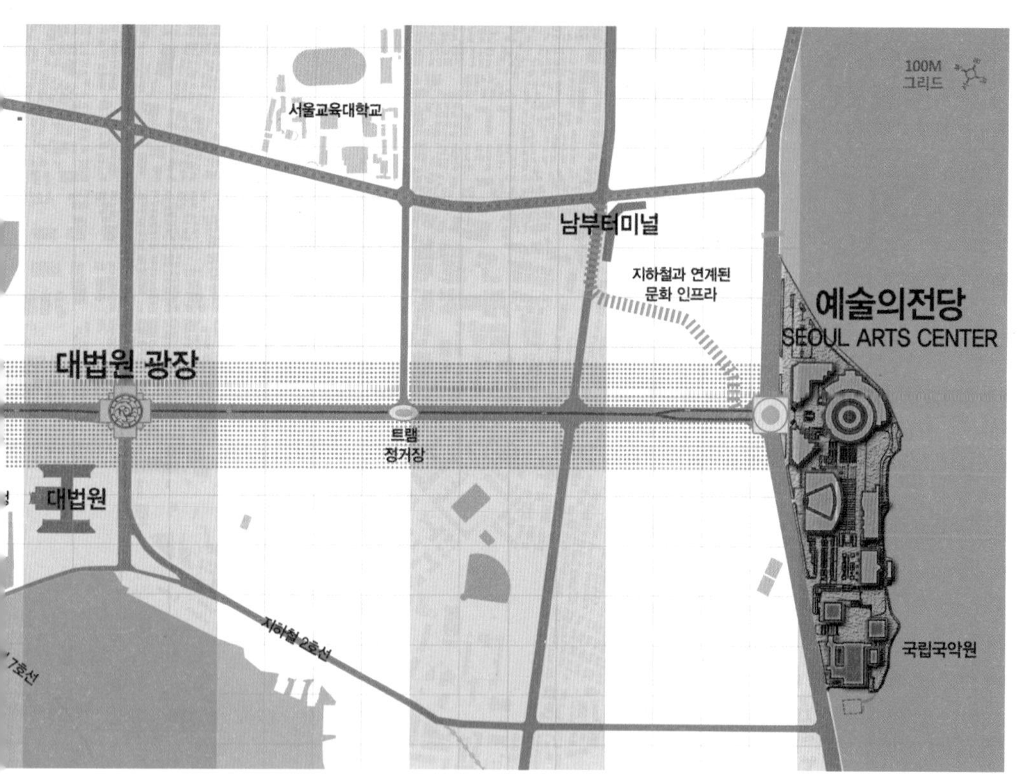

어느 정도 정리되었으나 우면산과 이어지는 야외무대를 포함한 옥외 공간은 조경 요소와 야외 기능군의 세부에서 아직 미완성이다. 현재 야외 공간에 있는 카페 모차르트와 같은 공간이 더 들어서야 한다.

이 책이 출간되는 2013년이면 예술의전당 25주년이 된다. 이를 기념하여 이 책의 부록인 이번 장에 관련 자료들을 실었으니 참고하기 바란다.

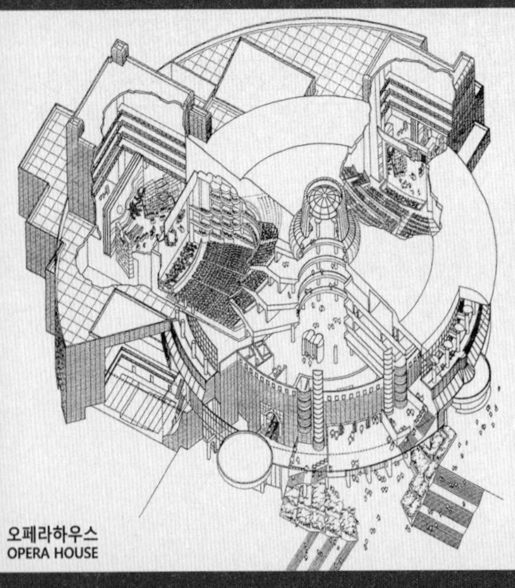
오페라하우스
OPERA HOUSE

1. 오페라하우스
   오페라극장
   토월극장
   자유소극장
2. 음악당
   콘서트홀
   IBK 챔버홀
   리사이틀홀
3. 한가람미술관
4. 한가람디자인미술관
5. 서울서예박물관
6. 국립국악당
7. 비타민스테이션
8. 신세계스퀘어 야외무대
9. 음악광장
10. 한국예술종합학교

예술의전당 전경.

오페라하우스 오페라극장 객석에서 바라본 무대.

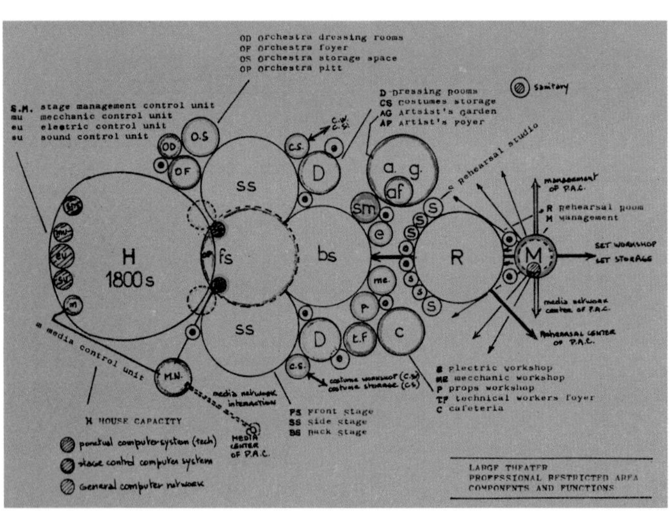

오페라하우스의 기능 조직도.

오페라하우스 오페라극장 무대에서 바라본 객석.

예술의전당 오페라하우스

예술의전당의 꽃은 오페라하우스와 콘서트홀이다. 이 두 개를 핵으로 미술관, 예술 학교, 문화 광장 등이 구성되어 있다. 예술의전당이 나타나기 전까지는 한국에는 오페라하우스도 콘서트홀도 없었다. 아시아에서도 2~3천 석 규모의 음악홀은 없었다. 콘서트홀에서 가장 중요한 것은 무대와 객석의 융합이다. 오페라하우스에서는 무대와 객석 외에도 앞의 메인 홀들, 보이지 않는 무대 장치와 백 스테이지back stage가 또한 중요하다. 이곳은 무대 기술의 천재인 슈나이더가 만들어 낸 것으로, 세계적인 최첨단 무대 4개를 가지고 있으며 최첨단 테크놀로지를 완벽하게 실현했다. 바스티유 오페라하우스 관계자들은 실내부터 무대 장치까지 완벽하게 갖춘 오페라하우스는 여기 말고는 없다고 했다.

오페라하우스 자유소극장.

오페라하우스 토월극장.

예술의전당 입구인 비타민스테이션에서 오페라하우스로 이어지는 단면도.

예술의전당 오페라하우스 자유소극장 · 토월극장

자유소극장은 규모는 작지만 모든 형식의 공연이 실현되고
무대와 객석이 전환되는 신공간이다. 오페라극장은 오페라 중심.
토월극장은 연극 중심의 공간이지만, 자유소극장은 모든 공연이 가능한 곳이다.

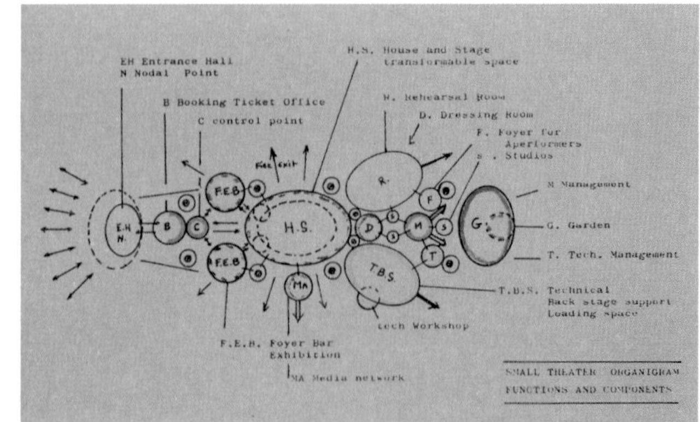

오페라하우스
자유소극장의 기능 조직도.

가을의 오페라하우스 외부 전경.

신세계스퀘어 야외무대 공연.

오페라하우스 로비(위)와 로툰다(아래).

음악당 콘서트홀.

므스티슬라프 로스트로포비치 Mstislav Rostropovich**(지휘자, 첼리스트)**

세계적으로 음향이 훌륭한 연주 홀은 드물다. 나는 수많은 홀에서 연주를 해 보았는데 이 음악당은 '최고 중 하나'라고 생각한다. 연주할 때 받은 느낌은 소리가 매우 맑다는 것이다. 이러한 음향 조건에서는 관객들이 연주가 훌륭한지 서툰지를 쉽게 알아차릴 수 있다. 다시 말해 유능한 음악인에게는 즐겁고 쾌적한 연주장이 되겠지만, 그렇지 못한 음악인에게는 공포의 연주장이 될 것이다. 무대 지원 공간의 모든 설비가 완벽하다는 점에서 깊은 감명을 받았다.
–1988년 3월 28일 음악당 콘서트홀 독주회 후 인터뷰

톰 맥아더 Tom MacArthur
(영국 로열 오페라하우스 총감독)

탁월한 건축과 아름다운 산을 배경으로 한 예술의전당은 우아함과 생동감이 넘치면서 동시에 한국적 아름다움을 정교하게 표현한 공간으로, 음악 공연을 감상하는 데 완벽한 분위기를 창출할 것이다. 세계 어느 공연장에도 뒤지지 않는 우수한 예술 공간이다. 공연예술 공연장에서 제일 중요한 것은 음향이다. 음향을 말할 때 잊지 말아야 할 점은 음악 홀은 단순한 공간이 아니라 거대한 악기와 같다는 점이다. 예술의전당 오페라하우스와 음악당은 음향, 무대 조명, 컴퓨터 조정 장치 등이 잘 어우러진 거대한 명기다. 예술의전당이 서울의 문화 생활을 한층 더 풍부하고 윤택하게 할 것이다. 이렇게 아름다운 문화 시설을 갖게 된 것은 모든 서울 시민의 행운이다.

2005년 콘서트홀에서 열린 필라델피아 오케스트라 공연.

예술의전당 음악당 콘서트홀

콘서트홀에서는 오페라하우스에서의 백 스테이지만큼 중요한 것이 음향이다. 콘서트홀은 그 자체가 악기다. 오페라하우스에서는 뮌헨 오페라하우스의 그로서와 로열 오페라하우스의 톰 맥아더의 전폭적인 도움이 있었고, 콘서트홀의 음향을 위해서는 세계적인 음향 전문가들의 참여가 있었다. 에이럽Arup의 해리슨과 메트로폴리탄 오페라하우스의 나난 박사가 바로 그들로, 우리는 이들과 최고의 음향을 위해 2년여에 걸친 공동 작업을 했다.

음악당 리사이틀홀.

음악당 IBK 챔버홀.

콘서트홀 이외의 음악 전용 홀로는 600석의 IBK 챔버홀과 350석의 리사이틀홀이 있다. 음악 전용으로 사용되는 홀이 대, 중, 소 크기로 세 곳이 있는 것이다. 이 세 개의 홀은 메인 로비를 통해 하나로 연결된다.

음악당 로비.

음악당과 분수광장.

음악당 콘서트홀 객석.

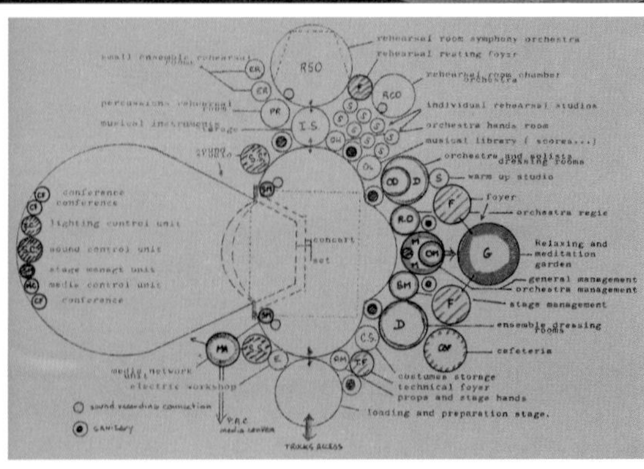

음악당의 기능 조직도.

한가람미술관.

예술의전당 한가람미술관

한가람미술관에서는 루브르 박물관에서 모마MoMA에 이르기까지 전 세계 미술관의 수장품들을 가져다 전시하는 경우도 있지만, 새로운 미술 시장을 개척하는 다양한 시도를 하기도 한다.

2012년 8월 《루브르 박물관전》.

2011년 12월 《스키타이 황금문명전》.

예술의전당 한가람디자인미술관

한가람디자인미술관의 전경.

2010년 9월 《포뮬러 원F1》.

2003년 《이미지. 코리아》.

예술의전당 서울서예박물관

1

2

3

4

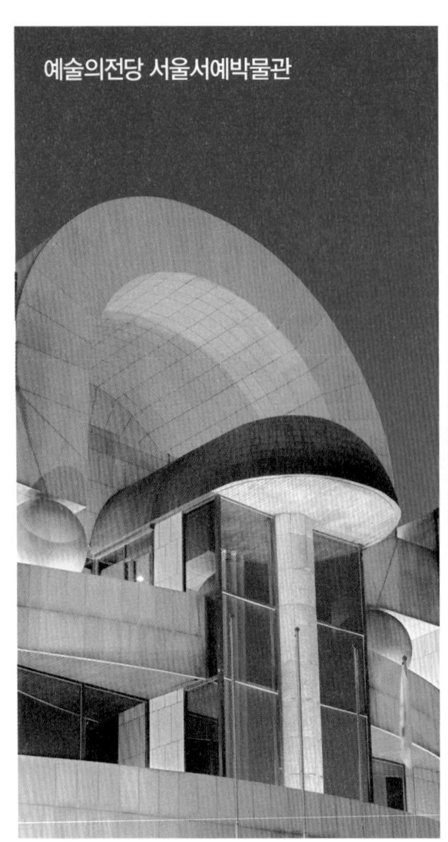

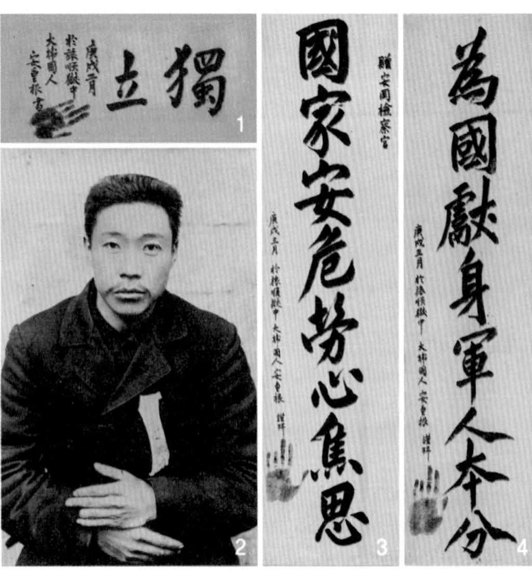

2009년 《안중근 의사 의거 100주년 기념 유묵전》의 전시물
1 〈독립獨立〉, 1910년 2월, 히타라 마사즈미設樂正純 소장.
2 안중근의사숭모회 소장, 서울역사박물관 기탁 보관.
3 〈국가안위 노심초사國家安危 勞心焦思〉, 1910년 3월, 보물 569-22.
4 〈위국헌신 군인본분爲國獻身 軍人本分〉, 1910년 3월, 보물 569-23.

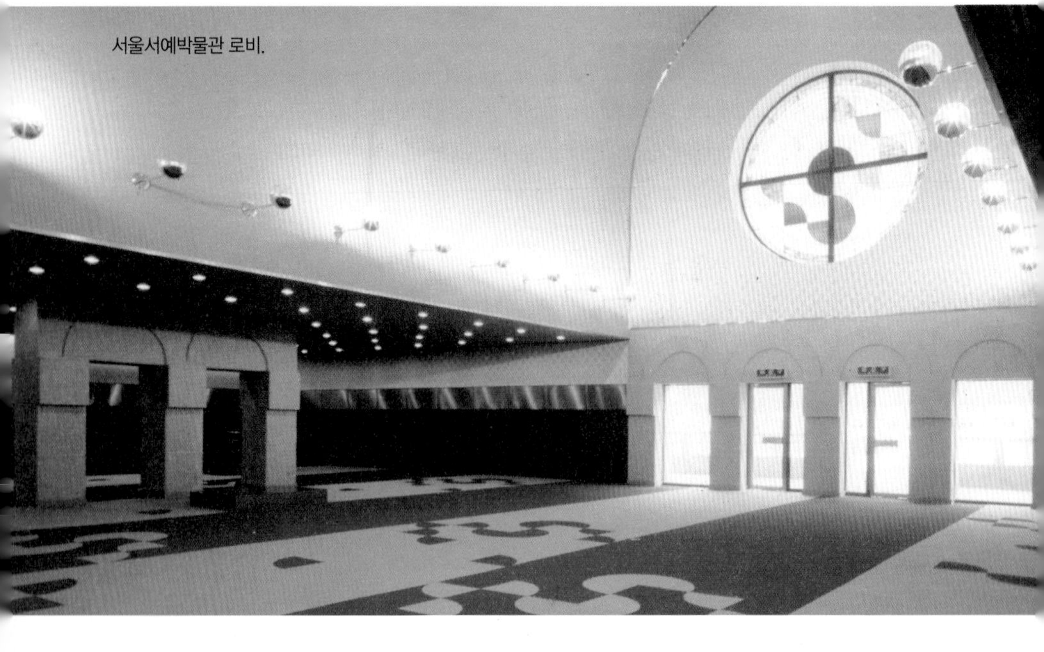
서울서예박물관 로비.

예술의전당 야외 공간

야외 공간은 우면산 자락, 인공 토지, 지하 광장으로 이어진다.

카페 모차르트.

예술의전당 비타민스테이션

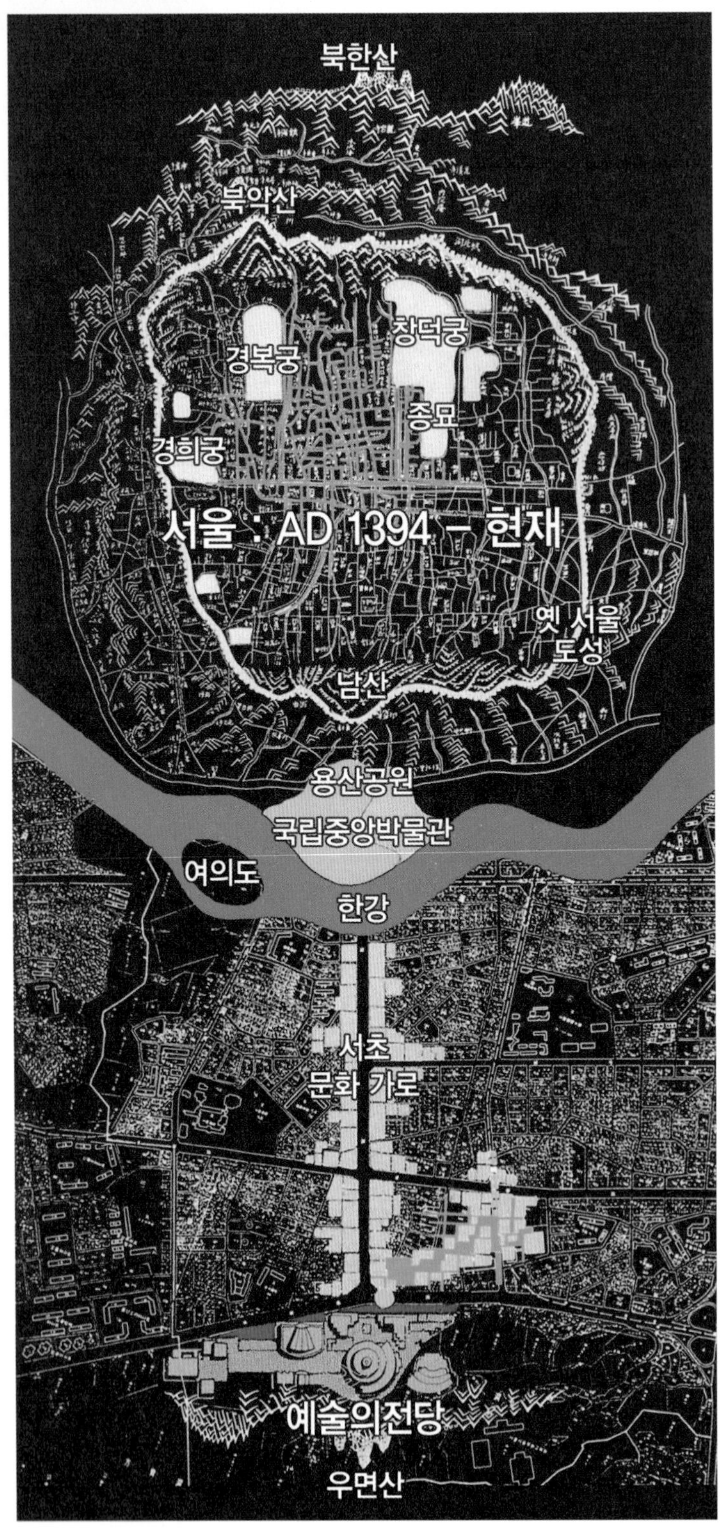

예술의전당과 강남북 상징 가로.

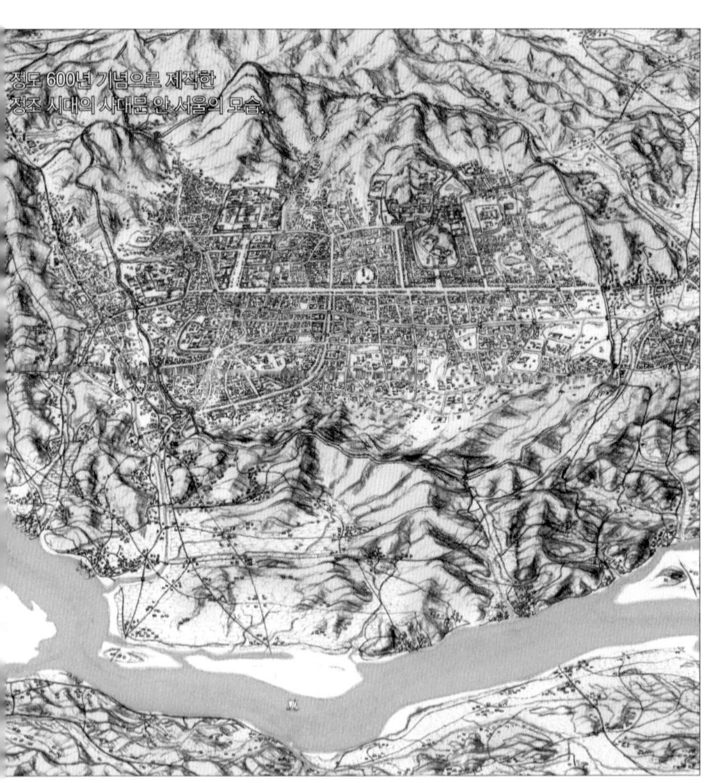

정도 600년 기념으로 제작한 정조 시대의 사대문 안 서울의 모습.

예술의전당과 강남북 상징 가로

예술의전당이 예술의전당–대법원 광장–국립중앙도서관–국립중앙박물관과 남대문–광화문–경복궁을 잇는 천 년 도시 서울의 상징 가로의 초석이 되어야 한다. 광화문에서 남대문에 이르는 강북 서울의 1번 가로와 강남 서울의 가로를 연결시킨 강남북 상징 가로는 30년 전의 국제 현상 때부터 우리가 제안한 예술의전당 안으로, 우리 안이 선정된 주된 이유이기도 했다. 샹젤리제는 개선문을 통해 라 데팡스의 라 그랑드 아르슈La Grande Arche로 이어지면서 신 · 구 파리의 도시 축이 되었다. 서울도 강남북 상징 가로가 완성되면 천만 서울의 도시 축이 만들어져 파리 못지않은 세계적 명소가 될 것이다.

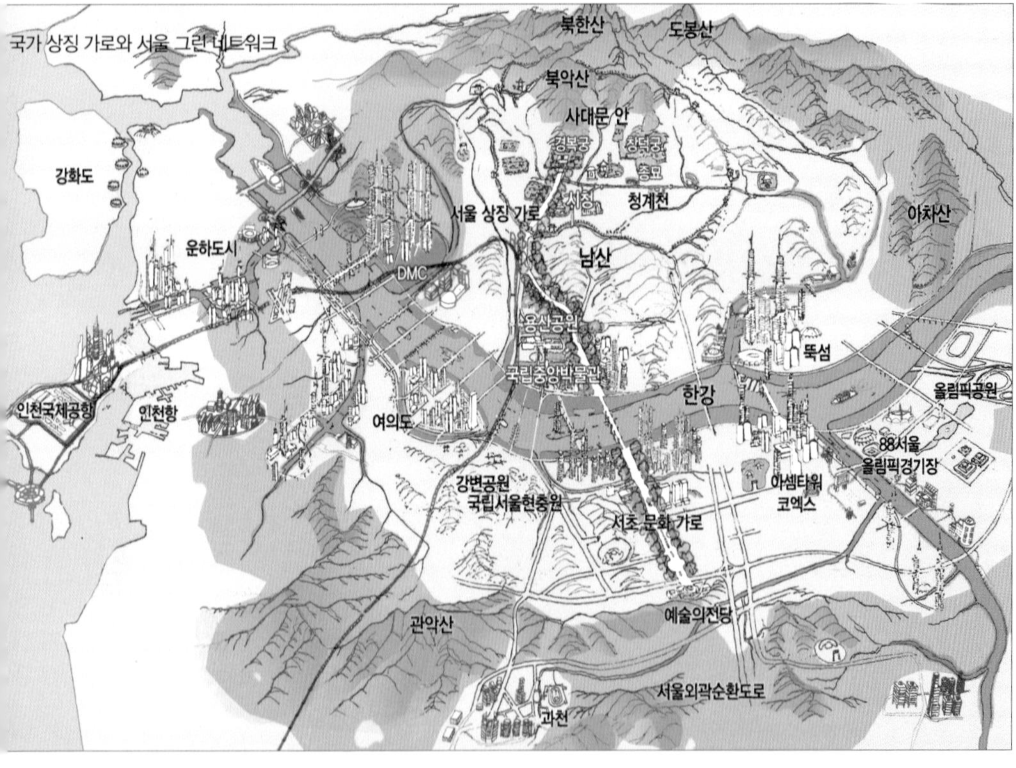

국가 상징 가로와 서울 그린 네트워크

북한산
도봉산
북악산
사대문 안
경복궁
창덕궁
종묘
서울 상징 가로
서청
청계천
강화도
운하도시
DMC
남산
아차산
용산공원
국립중앙박물관
뚝섬
인천국제공항
인천항
여의도
한강
올림픽공원
88서울 올림픽경기장
강변공원 국립서울현충원
아셈타워 코엑스
서초 문화 가로
예술의전당
관악산
서울외곽순환도로
과천

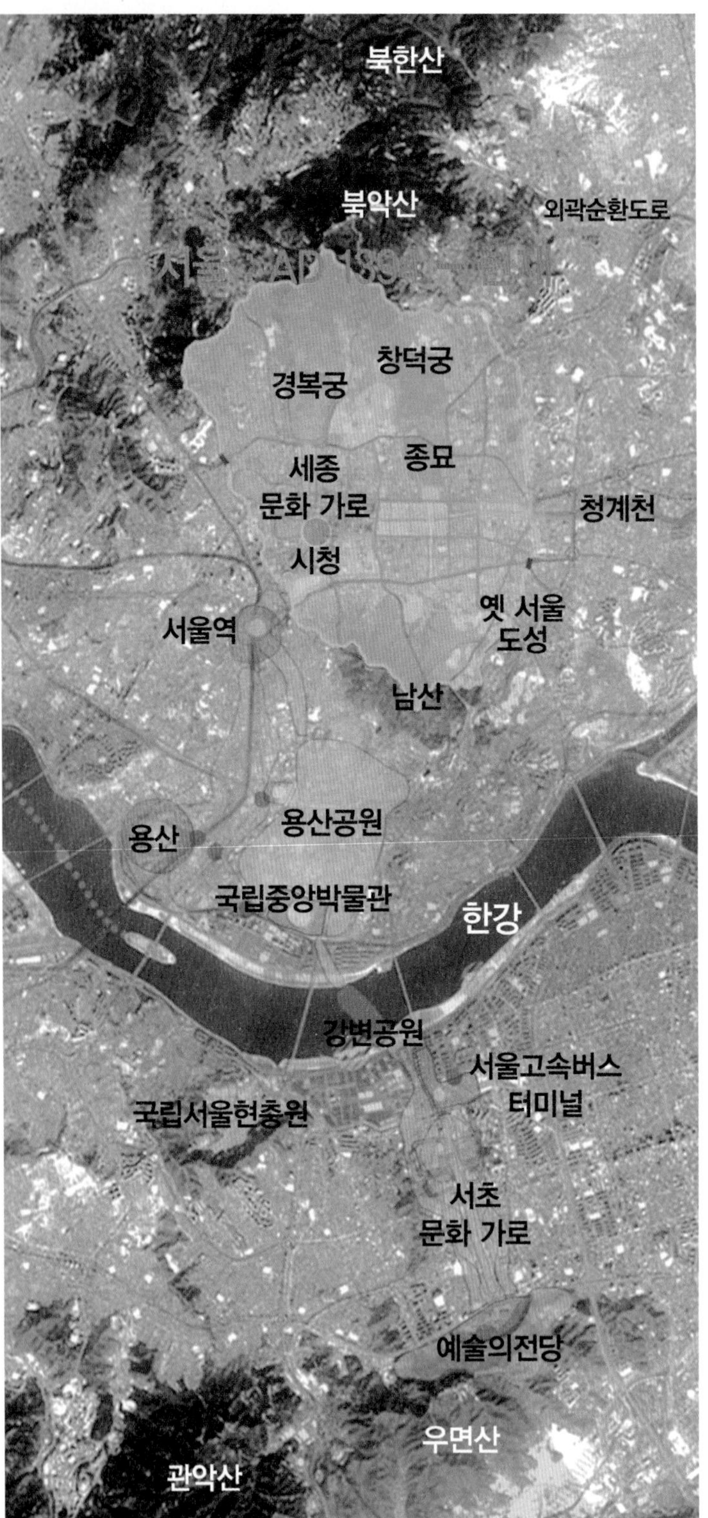

1983년부터 구상한
'경복궁과 예술의전당을 잇는
국가 상징 가로 안'으로
2000년 베니스 비엔날레에서
발표되었다.

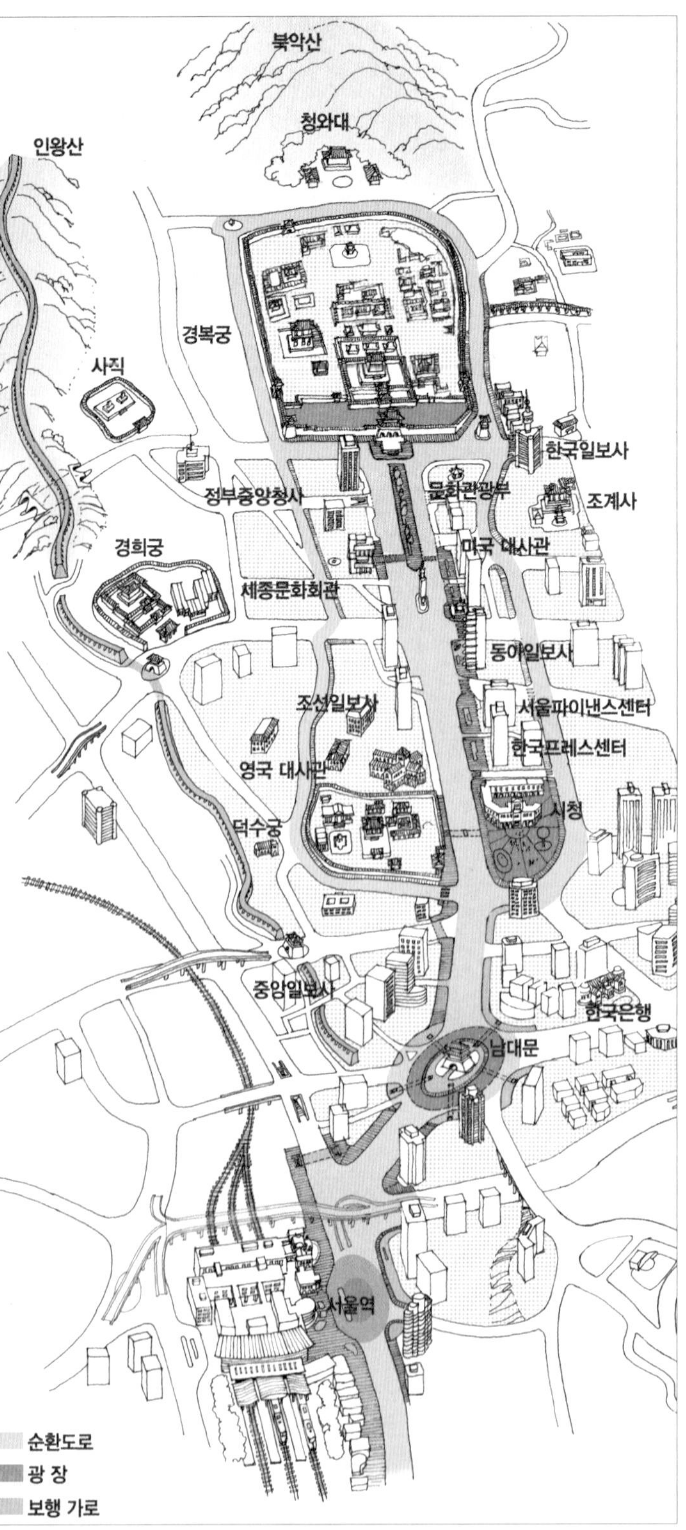

1983년부터 구상한
'사대문 안 서울의 상징 가로 안'으로
2000년 베니스 비엔날레에서
발표되었다.

기존의 강남북 상징 가로 안을 발전시킨 '사대문 안 서울에서 예술의전당을 잇는 국가 상징 가로 안'. 2008년 『월간중앙』 8월호에 발표.

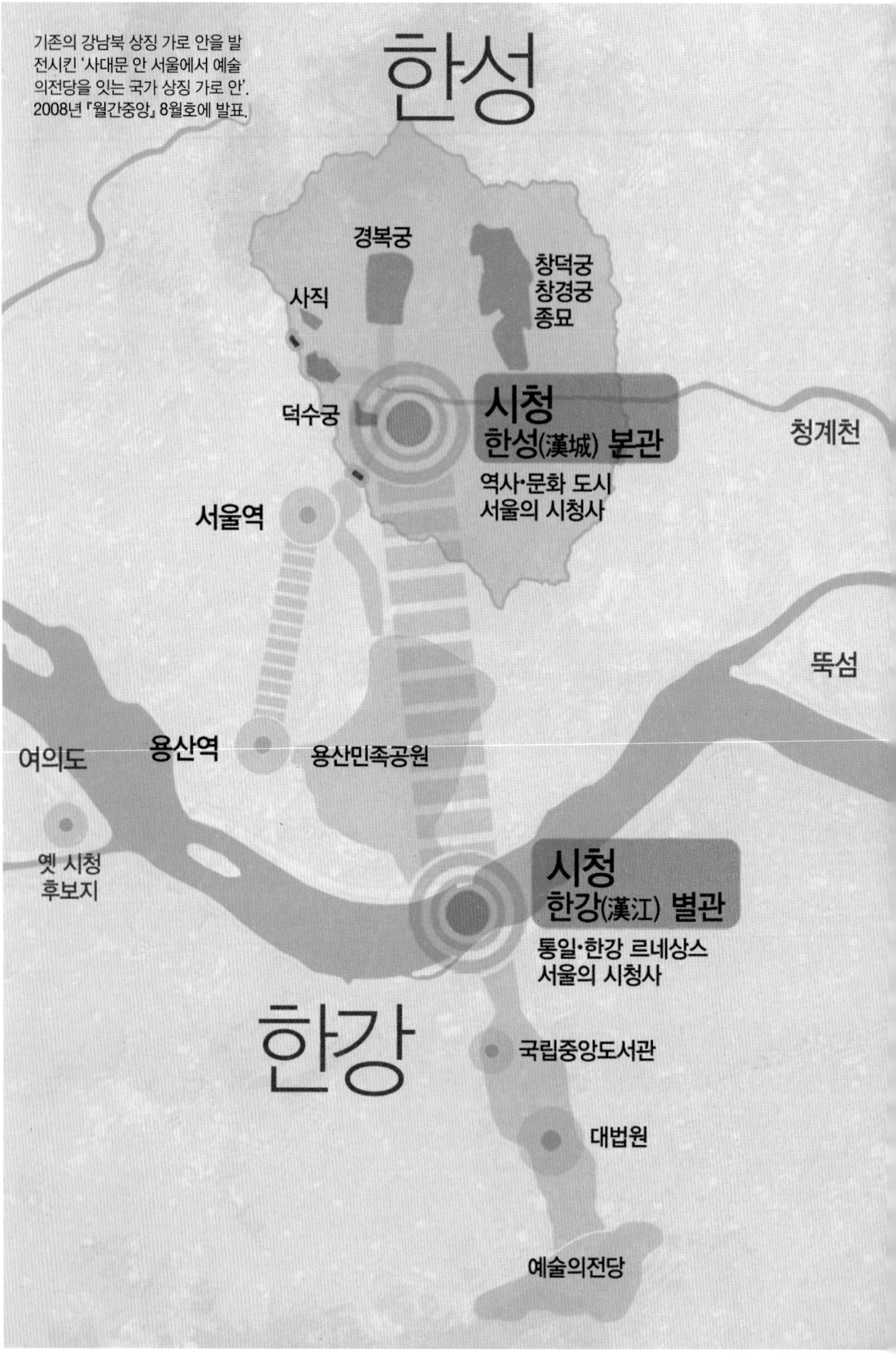

한성

경복궁

창덕궁
창경궁
종묘

사직

시청
한성(漢城) 본관

덕수궁

청계천

역사·문화 도시
서울의 시청사

서울역

뚝섬

여의도

용산역

용산민족공원

옛 시청
후보지

시청
한강(漢江) 별관

통일·한강 르네상스
서울의 시청사

한강

국립중앙도서관

대법원

예술의전당

기존의 강남북 상징 가로 안을 발전시킨 '경복궁-서울역, 동대문-장충동, 한강 아레나-예술의전당, 이 세 문화 가로를 연결시키는 국가 상징 가로 안'.

만인의 건축 만인의 도시

2013년 2월 27일 초판 1쇄 인쇄
2013년 3월 8일 초판 1쇄 발행

지은이 | 김석철
발행인 | 전재국

발행처 (주)시공사
출판등록 1989년 5월 10일(제3-248호)

주소 | 서울특별시 서초구 사임당로 82(우편번호 137-879)
전화 | 편집 (02)2046-2844 · 영업 (02)2046-2800
팩스 | 편집 (02)585-1755 · 영업 (02)588-0835
홈페이지 www.sigongsa.com

ISBN 978-89-527-6828-5 03100